SAÚDE, DIREITO E TRANSFORMAÇÃO SOCIAL

Um estudo sobre o Direito à Saúde no Rio Grande do Sul

Coleção **Direito e Transformação Social**

Coordenadora
Sandra Regina Martini

Conselho Editorial da Coleção
Carlos María Cárcova – Universidad de Buenos Aires (UBA)
Daniel Mendonca – Universidad Católica de Asunción (UCA)
Eligio Resta – Università degli Studi Roma Tre (UNIROMA3)
Fernando Aith – Centro de Estudos e Pesquisas de Direito Sanitário (CEPEDISA-USP)
Francesco Bilancia – Università degli Studi "G. d'Annunzio" Chieti-Pescara (UNICH)
Gloria Origgi – Institut Jean Nicod/Centre National de la Recherche Scientifique (CNRS)
Jorge Luis Tomillo Urbina – Universidad de Cantabria (UNICAN)
Leonel Severo Rocha – Universidade do Vale do Rio dos Sinos (UNISINOS)
Manoel Jorge e Silva Neto - Universidade Federal da Bahia (UFBA)
Maria Célia Delduque – Fundação Oswaldo Cruz (FIOCRUZ e UnB)
Paula Lobato de Farias – Universidade Nova de Lisboa(UNL)
Sueli Gandolfi Dallari – Universidade de São Paulo (USP)
Têmis Limberger – Universidade do Vale do Rio dos Sinos (UNISINOS)
Wilson Engelmann – Universidade do Vale do Rio dos Sinos (UNISINOS)

Apoio Técnico
Bárbara Paties – Bolsista de Iniciação Científica do Programa Institucional de Bolsas de Iniciação Cientifica (PROBIC)/Fundação de Amparo à Pesquisa do Rio Grande do Sul (FAPERGS).
Gabriel Scherer da Silva – Bolsista de Iniciação Científica Voluntário do Programa de Prática Acadêmica (PRATIC) / Universidade do Vale do Rio dos Sinos.
Gabrielle Kölling – Bolsista de Doutorado / Coordenação de Aperfeiçoamento de Pessoal em Nível Superior (CAPES) / Univeridade do Vale do Rio dos Silnos.
Luíza Blanco Guimarães – Bolsista de Iniciação Científica Voluntário do Programa de Prática Acadêmica (PRATIC) / Universidade do Vale do Rio dos Sinos.
Mártin Marks Szinvelski – Bolsista de Iniciação Científica do Programa Institucional de Bolsas de Iniciação Científica (PIBIC) / Conselho Nacional de Desenvolvimento Científico e Tecnológico (CNPq).

Dados Internacionais de Catalogação na Publicação (CIP)

S255   Saúde, direito e transformação social : um estudo sobre o direito à saúde no Rio Grande do Sul / Sandra Regina Martini (coordenadora); Camília Susana Faler ... [et al.]. – Porto Alegre: Livraria do Advogado Editora, 2015.
180 p. ; 23 cm. (Coleção Direito e Transformação Social; v. 2)
ISBN 978-85-69538-11-0

1. Direito à saúde - Rio Grande do Sul. 2. Transformação social. 3. Judicialização da saúde. 4. Política de saúde - Rio Grande do Sul. 5. Saúde mental. 6. Proteção judicial coletiva. 7. Saúde - Políticas públicas - Rio Grande do Sul. I. Martini, Sandra Regina. II. Faler, Camília Susana. III. Série.

CDU 34:614(816.5)
CDD 342.8165085

Índice para catálogo sistemático:
1. Direito à saúde : Rio Grande do Sul   34:614(816.5)

(Bibliotecária responsável: Sabrina Leal Araujo – CRB 10/1507)

COLEÇÃO
Direito e Transformação Social
Volume 2

Sandra Regina Martini
Coordenadora

SAÚDE, DIREITO E TRANSFORMAÇÃO SOCIAL

Um estudo sobre o Direito à Saúde no Rio Grande do Sul

Camília Susana Faler
Denise Oliveira Cezar
Francisco Donizete Gomes
Germano Schwartz
Maria Isabel Barros Bellini
Mártin Marks Szinvelski
Míriam Dias
Paula Pinto de Souza
Roger Raupp Rios
Sandra Regina Martini
Têmis Limberger

Porto Alegre, 2015

© dos autores, 2015

Capa, projeto gráfico e diagramação
Livraria do Advogado Editora

Revisão
Rosane Marques Borba

Direitos desta edição reservados por
Livraria do Advogado Editora Ltda.
Rua Riachuelo, 1300
90010-273 Porto Alegre RS
Fone: 0800-51-7522
editora@livrariadoadvogado.com.br
www.doadvogado.com.br

Impresso no Brasil / Printed in Brazil

Esta coleção é dedicada a todos os sociólogos-juristas ou juristas-sociólogos que fazem a diferença na construção de uma sociedade melhor. O papel destes é fundamental para que as "opacidades" do direito sejam desveladas, por isso, dedicamos de modo muito especial para o professor Carlos María Cárcova, pois ele mostra que a luta por um Direito melhor é possível, e este processo depende dos atos e ações de todos. Ao "nosso" querido Cárcova, com nosso respeito, admiração e carinho pela sua brilhante atuação.

Prefácio

A saúde tem sido discutida e (re)definida segundo vários parâmetros nos mais variados períodos históricos. Embora a definição moderna abarque a integralidade do viver em sociedade, vemos que a saúde ainda aparece como um valor, claro que um dos valores mais afirmados e visíveis no panorama simbólico da sociedade atual. Não é estranho que seja assim, já que qualquer outro valor pressupõe que os indivíduos estejam aptos para gozar o próprio bem-estar corporal e mental. Se não temos saúde para tal, os demais valores se tornam inexequíveis. A doença, especialmente se for grave, ataca a possibilidade da liberdade ou da igualdade do indivíduo e pode inclusive colocar em discussão a própria dignidade.

Com a evolução da sociedade atual, observamos que alguns valores se tornam direito. E aqui novas complexidades surgem: se a saúde é um valor, e como tal deve ser garantida para todos a tal ponto que aparece em grande parte das Constituições modernas, temos que ter programas e estruturas que permitam a transposição de um valor em um direito, ou seja, uma vez estabelecido que a saúde é um direito inalienável, devem existir condições para que este direito seja garantido. O problema é como e onde estabelecer os critérios para que o sistema da saúde e do direito possam operar, ou melhor, como este direito possa ser decidido na estrutura do sistema da saúde. De fronte a esta situação temos que considerar também o sistema da política, que do seu ponto de vista vê a afirmação, também constitucional, dos direitos com um ponto "indiscutível", sem preocupar-se com as consequências deste direito. Saúde para todos, assim como trabalho para todos ou igualdade de oportunidades, são clássicas lutas sociais. O problema (e a solução) está exatamente nestes "todos", pois todos se distinguem de "nenhum", assim estamos diante do risco que nenhum ou somente poucos possam verdadeiramente usufruir destes direitos. Porém, a política, se é democrática, não pode decidir senão pensando em todos, a qualquer custo.

São estas e outras reflexões que, durante alguns anos estamos fazendo não apenas no Rio Grande do Sul, mas em todos os cantos do planeta. Os temas e os autores que ora apresentamos fazem parte do grupo de operadores sociais que lutaram e lutam pela concretização deste direito e fizeram parte do grupo de pesquisa que buscou identificar formas de realização e consolidação da saúde como direito. A questão fundante de todas as reflexões é: Como é possível identificar ações que podem sim viabilizar o direito à saúde?

A obra está dividida em duas partes. Na primeira, apresentaremos os resultados da pesquisa tanto do ponto de vista empírico como teórico. A segunda parte apresenta artigos que versam sobre as ações desenvolvidas para efetivação do direito à saúde no Estado de atores que participaram ativamente da pesquisa e da vida do direito à saúde, nas mais diversas Instituições.

Desde a promulgação da Constituição de 1988 e, especialmente a partir da década de 90, vivemos, no Brasil, um novo momento, no qual a implementação de políticas públicas objetiva a efetivação de vários direitos sociais; entre eles, o direito à saúde. No Rio Grande do Sul, em particular, este processo foi marcante tanto na área da saúde como na área judicial. Os primeiros casos de judicialização de saúde foram neste Estado. Observamos como os operadores do sistema da saúde e do sistema do direito têm atuado e quais os efeitos dessas atuações para a implementação do aperfeiçoamento na prestação desses serviços públicos. Estudar *o direito a ter direito à saúde*, fundado em novos referenciais teóricos, que levem em conta a necessidade de atuação concertada da gestão pública e do Poder Judiciário, significa compreender o leque da complexidade da sua efetivação e do seu potencial de melhor desempenho quando é compreendida a necessidade de atuação conjunta das diversas esferas de atuação do Poder Público, e assim contribuir para o enfrentamento da questão do direito a ter direito à saúde de forma a realizar políticas públicas voltadas ao senso de comunidade, de bem comum, de humanidade e, indubitavelmente, de fraternidade.

Atualmente, as discussões sobre o direito à saúde têm tomado novas dimensões, pois vivemos em uma sociedade única, em um mundo globalizado, na era da inclusão universal. Viver na *era dos direitos* não coincide com o acesso a esses; por isso, os mais diversos sistemas sociais devem, constantemente, responder às demandas de complexidade crescente. O sistema do direito, que por muito tempo ficou distante do sistema da saúde, passa a ter uma função importante na efetivação deste direito fundamental. Nesse processo, encontram-se envolvidos diferentes atores, tanto do sistema da saúde como do sistema do direito, exigindo que debrucemos um olhar atento sobre como cada um deles opera e que ações desenvolve para efetivação do direito à saúde no Estado.

Para estudar nosso problema de pesquisa, partimos do ponto de vista transdisciplinar. Utilizamos várias técnicas de pesquisa, em especial entrevistamos operadores jurídicos, políticos, sanitários que atuaram no processo de transformação do valor saúde em direito à saúde. Para isso, buscamos saber quais foram as demandas mais relevantes de 1990 a 2010, nas esferas judiciais e extrajudiciais, indo além de pesquisas meramente jurisprudenciais, buscando saber o que possibilitou uma melhor organização do aparato responsável pela efetivação do direito à saúde consagrado na Constituição Federal de 1988. Na primeira parte do livro, faremos uma análise teórico-empírica da saúde como um sistema social, para então analisarmos as peculiaridades inerentes ao direito à saúde, a operação do sistema da saúde a partir do código negativo. Abordaremos, ainda, a relação da crise do sistema com a constante necessidade de reforma. Apresentaremos os casos emblemáticos que marcaram o processo de efetivação do direito à saúde e analisaremos os dados oriundos da pesquisa com o Ministério Público, o Poder Judiciário e a Defensoria Pública.

Apresenta-se, ainda, uma análise focada no sistema da saúde no que tange a uma análise construtivista a partir da teoria dos sistemas sociais, bem como o enfrentamento do sistema da saúde como sistema efetivamente, o que demonstra um avanço na compreensão da teoria dos sistemas sociais. A análise apresenta, ainda, a relação da transdisciplinaridade com a saúde, bem como a constante necessidade de reforma desse sistema. São abordadas, ainda, as peculiaridades da operação com base no código negativo da saúde. No que diz respeito à reforma, destacaram-se as proposições legislativas correlatas ao sistema da saúde, além das audiências públicas realizadas no Supremo Tribunal Federal.

Posteriormente, o artigo intitulado "Origens da judicialização da saúde na Justiça do Estado do Rio Grande do Sul – 1990/2010" delineia os principais aspectos da judicialização da saúde no Estado, considerando as prestações do Poder Público, problematizando o princípio da separação dos Poderes e o princípio da reserva do possível, bem como o percurso da jurisprudência na compreensão do Tribunal de Justiça do Rio Grande do Sul. O resultado da pesquisa, em relação aos julgamentos proferidos no período compreendido entre 1990 e 1999, restringiu-se às decisões de segundo grau, selecionadas no Setor de Jurisprudência do Tribunal de Justiça do Estado, as quais permitiram o resgate da história de efetivação do direito à saúde.

A análise dos precedentes judiciais aponta que pretensões envolvendo o acesso à saúde foram inicialmente deduzidas por meio de ações mandamentais e de ações civis públicas, posteriormente passaram a ser exercidas por meio de ações ordinárias. A jurisprudência colaborou de forma bastante significativa com os seus precedentes, inclusive em razão do precoce enfrentamento das questões que foram trazidas a juízo e que até aquele momento sequer eram objeto de discussão ou de prestação estatal.

No artigo "Percursos bibliográficos do direito à saúde no Estado do Rio Grande do Sul de 1988-2010", a análise centrou-se no que se convencionou chamar de direito à saúde, dentro de uma delimitação temporal que corroborou o período abrangido entre a positivação constitucional do direito à saúde no Brasil (1988) até o ano de 2010. Nesse contexto, o autor apresentou o amadurecimento da discussão do direito à saúde em relação à produção científica do tema e no plano dogmático, bem como em relação ao Judiciário.

No artigo "Proteção judicial coletiva do direito à saúde: reflexões a partir da experiência da justiça federal", os autores abordaram as dimensões objetiva e subjetiva do direito à saúde, especialmente no que concerne à titularidade do direito à saúde e as modalidades de proteção judicial; bem como sua classificação e a proteção judicial coletiva dos direitos à saúde de caráter metaindividual. Por fim, foram analisadas seis experiências de demandas coletivas no Judiciário federal.

O artigo "Direito à saúde e intersetorialidade: desafios presentes na história da política de saúde no Brasil" se propôs a realizar uma análise acerca das experiências empíricas do grupo de pesquisadores do NETSI (Grupo de Estudo e Pesquisa em Ensino na Saúde e Intersetorialidade/GEPESI do NETSI/Programa de Pós-Graduação da Faculdade de Serviço Social da PUCRS), centralizando a discussão na trajetória do direito à saúde (na perspectiva pública) no cenário brasileiro. O artigo está fundamentado no "desvendar" das relações e contradições existentes nas políticas de saúde. Na atualidade, é essencial (re)pensarmos práticas inovadoras para que essas sirvam de subsídio à formulação das políticas sociais, bem como para a formação de profissionais vinculados aos setores públicos, caracterizando, assim, a intersetorialidade na saúde.

O tema da saúde mental foi enfrentado por meio do artigo "Saúde mental no Rio Grande do Sul: marcos da mudança e desafios". Na discussão, delineou-se a sistematização do panorama da política pública de saúde mental do estado do Rio Grande do Sul, demonstrando-se as mudanças e inovações a partir da década de 1980. Abordou-se, ainda, a reforma psiquiátrica na perspectiva da luta antimanicomial, indicando-se os novos conceitos produzidos e institucionalizados na nova conjuntura de política pública de atenção às pessoas com sofrimento psíquico.

O artigo intitulado "Ações de saúde e a Defensoria Pública do Rio Grande do Sul" apresentou as alterações que ocorreram na Defensoria Pública do Estado do Rio Grande até o ano de 2009, especialmente no que diz respeito à nova perspectiva acerca da efetividade do direito à saúde. A defensoria adotou a técnica de Ação de Planejamento e de Gestão Sistêmicos para as demandas de saúde. O artigo apresenta a relação e os efeitos da judicialização da saúde no contexto dessa nova técnica.

Por fim, o artigo "Políticas Públicas de saúde e burocratização: o (des)caminho trilhado para efetividade do direito à saúde – um olhar sobre a década de 1990 a 2000 no Estado do Rio Grande do Sul" aborda a temática da burocracia e da saúde, no sentido de analisar se as estruturas burocráticas são ferramentas para aperfeiçoar e/ou democratizar as políticas públicas de saúde no Estado, no período supracitado.

É oportuno destacar que essa obra se propõe a pensar os limites e as possibilidades do direito à saúde na ótica sistêmica, fraterna e prática. Destaca-se, ainda, que os artigos elaborados e publicados ao longo do desenvolvimento da pesquisa foram utilizados na obra para subsidiar as discussões ora apresentadas.

Fica aqui o meu agradecimento à Fundação de Amparo à Pesquisa do Estado do Rio Grande do Sul, pelo apoio financeiro concedido ao Projeto "Mapeamento das ações para a efetivação do direito à saúde de 1990 a 2010", e aos bolsistas e orientandos de graduação, mestrado e doutorado.

Progresso, inverno de 2015.

Sandra Regina Martini
Coordenadora

Sumário

Parte I..15

1. O direito à saúde no Rio Grande do Sul de 1990 a 2010: casos emblemáticos que marcaram o processo de efetivação
Sandra Regina Martini e Mártin Marks Szinvelski..................................15

2. Sistema da saúde e transformação social
Sandra Regina Martini..49

3. O Sistema da Saúde e o Sistema da Educação: uma reflexão sobre as expectativas e a constante necessidade de reforma
Sandra Regina Martini..67

Parte II...91

4. Origens da *judicialização da saúde* na Justiça do Estado do Rio Grande do Sul – 1990/2010
Denise Oliveira Cezar...91

5. Percursos bibliográficos do direito à saúde no Estado do Rio Grande do Sul de 1988-2010
Germano Schwartz..105

6. Direito á saude e intersetorialidade: desafios presentes na história da política de saúde no Brasil
Maria Isabel Barros Bellini e Camília Susana Faler............................115

7. Saúde mental no Rio Grande do Sul: marcos da mudança e desafios
Míriam Dias..129

8. Ações de saúde e a Defensoria Pública do Rio Grande do Sul
Paula Pinto de Souza..141

9. Proteção judicial coletiva do direito à saúde: reflexões a partir da experiência da Justiça Federal
Roger Raupp Rios e Francisco Donizete Gomes..................................151

10. Políticas públicas de saúde e burocratização: o (des)caminho trilhado para efetividade do direito à saúde – um olhar sobre a década de 1990 a 2000 no Estado do Rio Grande do Sul
Têmis Limberger...169

PARTE I

— 1 —

O direito à saúde no Rio Grande do Sul de 1990 a 2010: casos emblemáticos que marcaram o processo de efetivação

SANDRA REGINA MARTINI[1]
MÁRTIN MARKS SZINVELSKI[2]

Sumário: Introdução; 1. A contextualização jurídico-sanitária; 2. Os casos emblemáticos selecionados, 2.1. O Rio Grande do Sul como pioneiro na área da saúde mental; 2.2. O caso do Município de Giruá: a tentativa de privatizar o sistema público?; 2.3. A questão do tabagismo: uma sentença que proibiu o fumo em aviões; 2.4. A questão transexual: uma Ação Civil Pública que assegurou a cirurgia de transgenitalização pelo SUS; 3. Reflexões sobre a atuação institucional; 3.1. Método de pesquisa; 4. Ministério Público; 4.1. À guisa de introdução, um pouco do histórico do órgão; 4.2. Justificativa; 4.3. Resultados; 5. Poder Judiciário; 5.1. À guisa de introdução; 5.2. Justificativa; 5.3. Resultados; 6. Defensoria Pública; 6.1. À guisa de introdução; 6.2. Justificativa; 6.3. Resultados; 7. Conclusões.

Introdução

> *As peculiaridades da relação entre o Rio Grande do Sul e o Brasil ficam evidenciadas de forma simbólica na bandeira do Estado, que é formada por três faixas coloridas: uma verde, a outra amarela, ambas evocando as cores da bandeira nacional, separadas por uma vermelha, denotando o sangue que foi derramado na história do Estado.*[3]

---

[1] Doutora em Direito, Evoluzione dei Sistemi Giuridici e Nuovi Diritti, Università Degli Studi di Lecce e pós-doutora em Direito, Università Degli Studi di Roma Tre. É professora da Universidade do Vale do Rio dos Sinos, da Fundação do Ministério Público, da Scuola Dottorale Internazionale Tullio Ascarelli e professora visitante da Università Degli Studi di Salerno. Foi Diretora da Escola de Saúde Pública do Rio Grande do Sul de 2007 a 2010, e é membro do Conselho Superior da Fundação de Amparo à Pesquisa do Estado do Rio Grande do Sul (FAPERGS). Contato: srmvial@terra.com.br

[2] Graduando em Direito pela Universidade do Vale do Rio dos Sinos. Bolsista de Iniciação Científica do Programa Institucional de Bolsas de Iniciação Científica do Conselho Nacional de Desenvolvimento Científico e Tecnológico (PIBIC/CNPq).

[3] OLIVEN, Ruben George. Na fronteira da Nação: o regionalismo gaúcho. In: Luiz Roberto Pecoits Targa (org.). *Breve inventário de temas do sul*. Porto Alegre: UFRGS: FEE; Lajeado: UNIVATES, 1998, p. 307.

A sociedade brasileira é constituída de diferenças regionais marcantes. Comparar cada unidade federativa implica descobrir um quadro de especificidades nos âmbitos social, educacional, econômico e ambiental.[4] O federalismo pressupõe uma conjugação de centros políticos autônomos sem que exista uma hierarquia entre cada unidade, porém existindo uma distribuição de competências. A estrutura de Estado Federal possibilita uma maior vinculação democrática entre o governante/governado, tendo em vista que o governo de cada unidade respeita as peculiaridades regionais.[5] A União destes Estados-Membros, fundada num ideal de solidariedade, permite uma espécie de planificação de atuação. Entretanto, é justamente essa a principal crítica levantada ao modelo de Estado Federal, por ser impossível dar pesos políticos semelhantes a membros distintos e, fundamentalmente, por criar uma igualdade forçada por meio de engajamento solidário apenas formal.[6] Nesse contexto, o Sistema de Saúde, pós-1988, foi instaurado na lógica do modelo federativo, com base na divisão de responsabilidades, de financiamento e de competências, com vista ao aspecto prestacional do Estado, no intuito de mudança do *status quo*. Esse contexto expressa a preocupação do constituinte em erradicar os determinantes sociais que promovem a desigualdade social no tocante ao aspecto sanitário, haja vista que todos devem ter acesso a essas prestações positivas do Estado, bem como acesso aos meios mais benéficos no que concerne à qualidade de vida e, por conseguinte, ao direito à saúde.[7]

No caso específico do direito à saúde, temos iniciativas governamentais e não governamentais que passaram a ser incrementadas a partir da década de 90, fruto do processo de democratização vivenciado que marcaram a história não só do Rio Grande do Sul, mas também do Brasil. Este artigo pretende demonstrar como algumas ações no contexto do direito à saúde no RS foram importantes para a criação de legislação e políticas públicas para esta área, através da apresentação dos resultados da pesquisa desenvolvida com apoio da Fundação de Amparo à Pesquisa do Estado do Rio Grande do Sul (FAPERGS) sobre

---

[4] BARBUGIANI, Luiz Henrique Sormani. O direito sanitário no federalismo brasileiro: da legalidade da edição de normas sanitárias pelas diversas esferas de poder e a inexistência de conflito entre elas. *Revista de Direito Sanitário*, Brasil, v. 7, n. 1-3, p. 109, out. 2006.

[5] Nas palavras de Dalmo Dallari, o Estado Federal preserva os "particularismos" de cada região. DALLARI, Dalmo. *Elementos de Teoria Geral do Estado*. 20 ed. São Paulo: Saraiva, 1998. p.258-261.

[6] Esse caráter de "solidariedade" é fruto da divisão constitucional de competências na matéria de saúde, ou seja, a saúde é dever do Estado em todas suas esferas. Paralelamente a isso, não podemos olvidar que a característica da fraternidade está implícita nesses "mandamentos constitucionais", haja vista que para haver a solidariedade é necessário que haja pacto, pacto entre iguais, e no modelo federativo é essencial que se tenha "igualdade" entra esses, já que a saúde é fruto de *pactuações*, de decisões.

[7] SCHWARTZ, Germano; GLOECKNER, Ricardo Jacobsen. *A tutela antecipada no direito à saúde*. A aplicabilidade da Teoria Sistêmica. Porto Alegre: SAFE, 2003. p. 85-86.

o *Mapeamento de ações para efetivação do direito à saúde no Rio Grande do Sul de 1990 a 2010*. Tivemos como indagação inicial a seguinte questão: Quais foram as ações desenvolvidas para efetivação do direito à saúde no Estado, de 1990 a 2010, no âmbito do Sistema Único de Saúde? Para responder a este questionamento, entrevistamos operadores dos mais diversos sistemas sociais que, após uma rápida explicação teórico-metodológica, serão compartilhadas e analisadas, sem fazer deste artigo o relatório da pesquisa.

É oportuno alertar que o Rio Grande do Sul, embora tenha contribuído de forma significativa para a efetivação do direito à saúde no nosso país, não foi o único Estado que colaborou. Nossa reflexão vai mostrar alguns aspectos que foram historicamente importantes para o encontro entre saúde e direito. Não pretendemos com este artigo exercitar qualquer espécie de bairrismo, mas descrever e analisar eventos significativos e que tiveram repercussão além do âmbito estadual. Certamente, as demais unidades federativas contribuíram em outras ações que, somadas, nos fazem ver a evolução de vários direitos sociais. Apenas pretendemos destacar "peculiaridades", sem defender posições antinacionalistas ou separatistas ou, ainda, qualquer enfoque de gênero. Defendemos a unidade do Brasil, buscando nas melhores experiências locais "modelos que sirvam a toda terra", como diz o Hino Rio-Grandense, mas reforçando a ideia segundo a qual, especialmente na área da saúde, é fundamental a união dos entes federados.[8] Assim, esclarecido este aspecto, é preciso também fazer outra observação: vamos apresentar dados relativos também ao sistema da educação, exatamente porque defendemos o conceito amplo de saúde, e um dos principais fatores para o efetivo bem-estar físico, mental e social é sem dúvida o nível educacional, o qual influencia inclusive nos indicadores de mortalidade infantil, por exemplo.

Por isso, vamos trabalhar com dados da atualidade do Brasil, pois a saúde não pode ser analisada separadamente de outros sistemas sociais, em especial, no caso desta reflexão, dos sistemas da educação, política e direito.

---

[8] Sobre o tema da saúde e federalismo, são oportunas as reflexões de Gilberto Bercovici: "A importância dessa atuação conjunta da União com Estados, Distrito Federal e Municípios, na área de saúde, é tanta que, inclusive, um dos motivos que justificam a decretação de intervenção federal nos Estados , ou de intervenção nos Municípios, é o de assegurar a aplicação do mínimo exigido da receita dos entes federados nas ações e serviços públicos de saúde".BERCOVICI, Gilberto. Complexo Industrial em Saúde, desenvolvimento e proteção constitucional ao mercado interno. In: *Revista de Direito Sanitário*, São Paulo, v. 14, n. 2, jul./out. 2013, p. 15. Sobre assunto, cabe uma consideração: o Conselho Regional de Medicina do Estado do Rio Grande do Norte chegou a pedir uma intervenção para garantir a prestação em saúde e diminuir o caos em hospitais públicos, embora o Ministério da Saúde e Governo Federal tenham descartado a hipótese.

A relação do direito à saúde com a efetivação de outros direitos sociais é evidente em função do que determina uma condição de saúde. Exsurge dessa conectividade a importância do registro de algumas experiências que produziram uma transformação social. Uma ação extremamente importante foi na área da saúde mental, tendo em vista que o Rio Grande do Sul teve a primeira Lei de Reforma Psiquiátrica, cujo impacto provocado em todo o movimento em torno do tema foi definitivo para que vários Estados criassem a sua lei e, de certo modo, obrigassem o governo federal a ter uma Lei Federal, a qual ocorreu somente em 2001.[9] Esta ação iniciada no Estado teve uma repercussão nacional significativa, motivo pelo qual trataremos de alguns aspectos do contexto em que foi criada a lei e buscaremos relatar fatos "esquecidos", mas que foram determinantes para esta conquista.

A questão da saúde mental é apenas um exemplo de que direito, saúde, política e democracia estão interligados. A pouca visibilidade desta aproximação faz com que as transformações sociais pareçam isoladas, entretanto observamos que no período da pesquisa (1990-2010), tanto os movimentos na área da saúde como no direito estavam efervescendo: mesmo que não tivessem uma articulação direta, ambos tratavam do mesmo objetivo, qual seja a democratização do país, iniciada nos anos 80 e ainda não consolidada plenamente, já que os mais importantes direitos sociais ainda continuavam longe de uma parcela significativa da população.

Esta reflexão histórico-sanitária foi construída metodologicamente com vários instrumentos: pesquisa nos órgãos sanitários e jurídicos, entrevistas com os operadores dos sistemas da saúde e do direito. O destaque que daremos é para as entrevistas que realizamos, pois elas trazem relatos de especificidades que nem sempre aparecem descritas em artigos ou textos, por isso agregam valor para a história. Devem ser não apenas vivenciadas, mas precisam ser registradas. Além das entrevistas realizadas pela equipe, também utilizamos outras pesquisas realizadas no Rio Grande do Sul durante o período. Com isso, estruturamos o presente artigo em duas partes: (i) a contextualização jurídico-sanitária e (ii) a apresentação de casos específicos. No primeiro ponto, apresentaremos os movimentos sociais em ambos os sistemas, mostrando que, embora não tivessem uma aproximação cotidiana, estes movimentos sociais tinham como ponte de ligação a democracia, ou melhor, a luta por ações e atuações que levassem ao fortalecimento da frágil democracia. No segundo, relataremos alguns

---

[9] BRASIL. Lei nº 10.216, de 6 de abril de 2001. Dispõe sobre a proteção e os direitos das pessoas portadoras de transtornos mentais e redireciona o modelo assistencial em saúde mental. Disponível em: <http://www.planalto.gov.br/ccivil_03/leis/leis_2001/l10216.htm >. Acesso em: 15 dez. 2014.

casos específicos, entre eles a saúde mental, o caso de Giruá, o caso do fumo em aviões e o transexualismo.

1. A contextualização jurídico-sanitária

A partir do final da década de 80, observamos o retorno dos movimentos sociais no Brasil, em várias áreas. Esses movimentos iniciam isolados um do outro, mas todos passam a lutar pela democratização do país, pelo acesso a direitos, por uma nova Constituição. O espaço público passa a ter um novo significado, a população se reapropria dos "lugares perdidos". Tanto na área da saúde como na do direito ocorreram fortes mobilizações. Os protagonistas mudaram a história e fizeram, de fato, um processo de transformação social. Na área da saúde, tivemos a criação de fóruns para debates que iniciaram com o tema da municipalização da saúde; dessas reflexões decorreram iniciativas como: "Nossa Casa", em São Lourenço do Sul, sendo a primeira experiência a tratar doentes mentais fora dos modelos tradicionais hospitalares; e em Venâncio Aires, iniciou-se um forte movimento de Prefeitos para a efetivação da descentralização das ações de saúde, falando-se na municipalização da saúde. Ainda no final da década de 1980, vimos um grande número de municípios realizando concursos, ou seja, os municípios passaram a se preparar para o novo momento sanitário. Do mesmo modo, na área do direito: observamos que artigos sobre crítica ao direito começaram a surgir, especialmente o Movimento do Direito Alternativo, assim como o debate sobre direito e psicanálise. O Estado do Rio Grande do Sul ficou conhecido pela atuação "alternativa" de juízes e promotores; os magistrados do trabalho iniciaram um debate centrado na ideia de "juiz-cidadão", tema que teoricamente vinha sendo estudado por Agostinho Ramalho Marques Neto.[10] Estes movimentos abriram os debates tanto nas conferências de saúde como nas conferências jurídicas, tendo forte impacto na criação de políticas públicas e na reforma do ensino jurídico.

Tratando especificamente do Movimento Sanitário, vemos que ele foi um espaço importante para repensar a saúde pública. O protagonismo do RS pode ser visto, por exemplo, na primeira experiência brasileira de saúde da família, com a Unidade de Saúde de São José do Murialdo, em Porto Alegre. Esta e outras iniciativas permitiram a estruturação do controle social em saúde como, por exemplo, a criação dos conselhos de saúde, os quais foram e continuam sendo muito atuantes, já que esses representam, também, uma articulação de ações so-

---

[10] MARQUES NETO, Agostinho Ramalho. *O Poder Judiciário na perspectiva da Sociedade Democrática – o juiz-cidadão.* Revista ANAMATRA, 1994.

ciais que conseguem ocupar um espaço legitimado pelo Estado. Isso ocorre com a inserção constitucional dos conselhos de saúde na Constituição de 1988. O movimento sanitário, entendido como *um conjunto organizado de pessoas e grupos partidários ou não, articulados ao redor de um projeto*,[11] tinha na sua base de articulação diversos saberes envolvidos, o que possibilitava o questionamento ao Estado, envolvendo as mais diversas demandas de saúde. Era um modo de influenciar a própria dinâmica do Estado.

Seria impossível pensar nas estruturas de efetivação de direitos sem percorrer o caminho histórico que retrata os movimentos sociais ocorridos em ambos os sistemas desde 1990, mostrando que, embora não tivessem uma aproximação cotidiana, estes movimentos sociais tinham como ponte de ligação a democracia, ou melhor, a luta por ações e atuações que levassem ao fortalecimento da frágil democracia. O Estado Brasileiro, que até há bem pouco tempo ambicionava ser uma das cinco primeiras nações com o maior Produto Interno Bruto (PIB), no limiar da década de 1990, não era estruturado e aparelhado como é atualmente, sem mencionar que as instituições responsáveis pela aproximação com os Sistemas Sociais ainda estavam em fase de maturação, como é o caso do Ministério Público Federal e da Defensoria Pública, instituição criada no Estado do Rio Grande do Sul em 1994. Uma análise econômica indicaria que a progressiva ampliação da tutela de direitos sociais e, por conseguinte, a ampliação da capacidade de investimento em instituições e estruturas sociais responsáveis pela prestação do serviço de saúde pública, recebeu uma forte influência da estabilização econômica vivida a partir de 1995, com a redução da inflação da taxa de 916,43% (1994) a 22% (1995). Nos anos seguintes, o índice de inflação acumulado, que antes beirava a casa dos milhares/ano, atingiu patamares inferiores a 10% ao ano.[12] Exemplos mais próximos ao momento em que vivemos são os índices marcados em 2010, 2011, 2012 e 2013 que atingiram montantes situados entre 5,83% e 6,5% a.a.[13] Até dezembro de 2014, esta taxa havia acumulado um

---

[11] PAIN, Jairmilson Silva. Bases conceituais da reforma sanitária brasileira. FLEURY, Sonia. A questão democrática na saúde. In: *Saúde e Democracia* – A luta do CEBES. Sonia Fleury (Org.). São Paulo: Lemos Editorial & Gráficos Ltda., 1997. p.11.

[12] O Instituto Brasileiro de Geografia e Estatística (IBGE) afere o Índice Nacional de Preços ao Consumidor Amplo (IPCA) mensalmente e esta taxa é utilizada pelos economistas e pelo governo brasileiro como índice para verificação da meta inflacionária. Cumpre ressalta que no ano de 2002 a taxa ficou em 12,53%, único ano que a taxa ficou acima da dos 10% a.a. BRASIL. Instituto Brasileiro de Geografia e Estatística. *Índice Nacional de Preços ao Consumidor Amplo* – IPCA e Índice Nacional de Preços ao Consumidor – INPC, 2014. Disponível em: <http://www.ibge.gov.br/home/estatistica/indicadores/precos/inpc_ipca/defaultinpc.shtm>. Acesso em 10 dez. 2014.

[13] No ano de 2010, marco final da pesquisa que busca mapear as ações em saúde de 1990 a 2010, o índice de foi de 5,90% a.a. Maiores informações no Portal do IBGE. BRASIL. Instituto Brasileiro de Geografia e Estatística, *Op Cit,*, 2014.

índice de 5,58% a.a, resultado de uma retração econômica e da redefinição da agenda econômica que o país se proporá no âmbito nacional e internacional, notadamente em um rumo diferente dos últimos 12 anos, sem mencionar o tensionamento político pós-eleitoral e ampliação da repercussão de operações deflagradas pela Polícia Federal que atingiram frontalmente empresas brasileiras direita ou indiretamente ligadas ao Executivo Federal.

No plano educacional, o quadro evolutivo mostra semelhante modificação. Não estamos falando somente da ampliação ou modificação da população universitária, com ingresso de mais pessoas de baixa renda na academia. Antes, os estratos sociais mais desfavorecidos beiravam taxas de 1,5% do total de universitários, quadro alterado para cerca de 7,0% em 2013.[14] Mais do que isso, o tempo de anos de estudo para pessoas com idade superior a 18 anos no período compreendido entre 2002 e 2012 foi alterado consideravelmente: os índices que se aproximavam de 6 anos em 2002 atingiram os 7 anos e meio em 2012. As taxas de analfabetismo também reduziram de um percentual de 11,9% (2002) para 8,9% (2012), com destaque aos índices da população com idade entre 15 e 19 anos, cuja taxa caiu de 2,9% a 1,2%, o que representa que, a longo prazo, a população brasileira tenderá a ter índices mais baixos de analfabetismo.[15] Estes são dados incomparavelmente inferiores aos registrados na década de 90, cujas estimativas do IBGE marcavam números de 19%[16] para a mesma faixa etária. Embora os índices educacionais indiquem este quadrante informacional, os dados que foram apresentados (2014) a partir das provas realizados no âmbito do *Programme for International Student Assessment* (PISA) revelaram que entre os 44 países participantes analisados, o Brasil encontra-se na 38ª posição. Sem dúvida, este dado é tratado como alarmante pelos especialistas e, fundamentalmente, pressionam os gestores por novas políticas educacionais, cujo sucesso nem sempre depende somente da atuação do administrador público, mas do empenho do aluno e das condições ecológicas (ambiente) em

---

[14] BRASIL. Instituto Brasileiro de Geografia e Estatística. *Síntese de Indicadores Sociais do IBGE*, 2013. Disponível em: <ftp://ftp.ibge.gov.br/Indicadores_Sociais/Sintese_de_Indicadores_Sociais_2013/pdf/educacao_pdf.pdf>. Acesso em 10 dez. 2014.

[15] Cumpre mencionar que estão excluídos desta apresentação uma análise mais aprofundada da qualidade de ensino, tanto no âmbito do ensino médio e fundamental quanto no âmbito universitário, no sentido de dizer que um maior acesso à educação e a melhora nos índices educacionais não representa uma transformação social autoevidente: esta, somente o tempo dirá. Entretanto, a alteração nos informes oficiais dão indícios do cambio na formação de pessoal doravante está alterada e o perfil do cidadão será (e já é) diferente daquele que estavam entre 15 e 19 anos de idade em 1990. BRASIL. Instituto Brasileiro de Geografia e Estatística, *op. cit.*, 2013.

[16] BRASIL. Instituto Brasileiro de Geografia e Estatística, *op. cit.*, 2013.

que ele se insere: dos determinantes sociais que envolvem a efetivação dos direitos.

A educação no Estado do Rio Grande do Sul se insere em um ambiente paradoxal. O Programa das Nações Unidas para o Desenvolvimento (PNUD)[17] divulgou em 2013 um panorama do Índice de Desenvolvimento Humano (IDHM) registrado em cada Estado brasileiro com base nos dados coletados no censos realizados pelo IBGE em 1990, 2001 e 2010, sendo que um dos fatores relevantes é o desenvolvimento educacional. A paradoxalidade reside no fato de que embora o índice tenha se elevado em cada um dos itens levados em conta para aferir o IDHM, o Estado gaúcho vem caindo nas posições de melhores índices educacionais.[18] O índice de reprovação apontado pelo último Censo Escolar (em 2013) indicou que são gaúchos os maiores índices de reprovação em sala de aula (cerca de 20%)[19] resultado de uma maior precisão estatística e das condições estruturais de cada Estado. O que ocorre na educação também pode ser verificado no Sistema da Saúde, como veremos a seguir.

A Saúde Pública no Brasil analisada e pensada na atualidade deve ser compreendida para além da intensa luta pela universalização da prestação do serviço de saúde antes do marco Constitucional e da consolidação do Sistema Único de Saúde desencadeado pela hiperinflação normativa após a Lei n° 8.080/90, que registra cerca de 70 mil atos normativos. A saúde não pode mais ser reduzida a locução "direito de todos e dever do Estado", como ainda se reitera e se escreve, como se nada de novo tivesse sido produzido ou como se as maneiras de abordagem não pudessem ser alteradas e falseadas. De certo modo, a inegável mudança de paradigma na saúde pública exige novas abordagens e novas interpretações, especialmente se compararmos os informativos.

O primeiro ponto de análise é simples: a redução nas taxas de mortalidade infantil, que entre 1990 a 2010 caíram mais da metade[20]

---

[17] Para maiores informações sobre o ranqueamento, ano a ano, inclusive com os dados de cada município, consultar: Programa das Nações Unidas para o Desenvolvimento. Disponível em: <http://www.pnud.org.br/atlas/ranking/Ranking-IDHM-UF-1991.aspx>. Acesso em: 31 dez. 2014. BRASIL. *Atlas do Desenvolvimento Humano*. Brasil, 2013.

[18] O índice de desenvolvimento humano educacional vem crescendo de média de 0,328 (em 1991), passando por 0,505 (em 2000) até atingir 0,642 (em 2010). BRASIL. Atlas do Desenvolvimento Humano. Brasil, 2013.

[19] O método mais simples de pesquisar estes dados, com a devida clareza, é disponibilizado pelo IBGE. Disponível em: <http://seriesestatisticas.ibge.gov.br/series.aspx?vcodigo=M12>. Acesso em 01 jan. 2015.

[20] De um índice 120,7 óbitos a cada mil nascimentos para uma 19,88/mil. O índice é alto se comparado com países europeus. Para ter acesso à reportagem informativa do assunto, consultar: BBC. *Mortalidade infantil no Brasil cai 61% em 20 anos, diz estudo*. Disponível em: <http://www.

(cerca de 62%). No Rio Grande do Sul, a média caiu cerca 3% entre 2000 e 2011.[21] Tal avanço é resultado de uma pluralidade de fatores que transitam do político ao jurídico, passando pela educação e pela busca por uma maior proximidade entre administrador/administrado. De certo modo, reflete uma característica do Estado: uma espécie de vanguarda no desenvolvimento de políticas públicas. Além disso, confirmam a tese de que a saúde é constantemente determinada por outros fatores, que inicialmente são exógenos ao sujeito e passam a ser endógenos de acordo com o meio social e as estruturas que ele possui a seu dispor. Neste caso, por exemplo, o dado da mortalidade vem acompanhado de uma série de outros que, no caso brasileiro, são importantes determinantes. Exemplos como a ampliação da cobertura das políticas educacionais relacionadas ao pré-natal e do acompanhamento durante a gravidez, e especialmente um programa criado durante o período da pesquisa, o Primeira Infância Melhor (PIM),[22] cujos resultados foram comprovados por pesquisas que avaliaram o programa, demonstrando a repercussão nacional e internacional das políticas pioneiras desenvolvidas no Estado. Mais que isso, outro exemplo da interdependência da efetividade dos Programas de Saúde com outros fatores sociais (determinantes) é a ampliação da rede de fornecimento de água potável e de esgotamento sanitário no Brasil, cuja cobertura em relação à necessidade se aproximam de 90% e 80%, respectivamente. Em comparação com os dados de 1990, nesses mesmos itens, a cobertura chegava a apenas 67%.[23] Especificamente no Rio Grande do Sul, a tendência dessa ampliação do fornecimento de água potável (apenas 1% da população não tem água tratada em casa) facilita a identificação das principais demandas em saúde e a preocupação governamental passa a ser outra, em um nível de atuação mais elevado, cuja prestação estatal está voltada à provisão de uma alta variedade de medicamentos, próteses e cirurgias, que certamente complexificam a atuação do Sistema de Saúde. As inadequações e as carências do Sistema acabam por levar certos deveres estatais à apreciação e resolução por meio de instituições jurídicas.

---

bbc.co.uk/portuguese/noticias/2010/05/100524_mortalidadeinfantil_ba.shtml> Acesso em: 27 dez. 2014.

[21] De um índice de 15 mortes por mil nascimentos entre 1998/2000, passamos para índices situados na faixa entre 11,6 e 12 a cada mil nascimentos. RIO GRANDE DO SUL. Secretaria de Planejamento, Gestão e Participação Cidadã (SEPLAG). *Atlas Socioeconômica do Rio Grande do Sul, 2014*. Disponível em: <http://www.scp.rs.gov.br/atlas/conteudo.asp?cod_menu_filho=814&cod_menu=811&tipo_menu=INDICADORES&cod_conteudo=1426. > Acesso em: 01 jan. 2014.

[22] RIO GRANDE DO SUL. *Primeira Infância melhor*. Disponível em: <http://www.pim.saude.rs.gov.br/v2/>. Acesso: 01 jan. 2014.

[23] BRASIL. Instituto Brasileiro de Geografia e Estatística, *op. cit.*, 2013.

No âmbito do Sistema do Direito, a partir de 1990, o quadro das demandas judiciais hipnotiza os operadores do Direito por sua monstruosidade numérica. Desde 1995, a intensificação do processo de acionar as instituições jurídicas com o fito de obter uma prestação jurídica compatível com os anseios individuais em relação à saúde do demandante provocou um amontoamento de expedientes judiciais e extrajudiciais nas instituições estatais responsáveis pelo tratamento jurídico de demandas sociais relacionadas à saúde. Poderíamos referir aqui diversas matérias jornalísticas que expuseram o tema e desvelaram de vez as chagas da saúde pública do Estado do Rio Grande do Sul, por exemplo. E, para isso, não precisaríamos ir muito longe. Em 1993, o Rio Grande do Sul possuía cerca de 30 mil leitos hospitalares, quantitativo que, em 2012, reduziu para 12 mil leitos.[24] Mais além, a informação de que, em 2010, cerca de 47% dos remédios utilizados e fornecidos no Estado estavam fora da Relação Nacional de Medicamentos (RENAME),[25] permitiu, à época, avaliarmos que a judicialização da saúde estava em um processo de inflação que tornava uma importante parte do orçamento do Estado comprometido em saldar tratamentos em saúde, o que depois foi confirmado pela pesquisa do Conselho Nacional de Justiça[26] (em 2011), apontando que existiam cerca de 240 mil ações judiciais em matéria de saúde e que o Estado do Rio Grande do Sul era aquele em que mais demandas existiam. As ações judiciais, mesmo que o número total de ações tenha reduzido, permanecem sendo um importante personagem no cenário da Secretaria de Saúde do Estado: somente em 2013, cerca de 200 milhões de reais foram gastos em medicamentos por ordem judicial.[27]

O fato de tornar um assunto de saúde pública em objeto da atuação jurisdicional, por exemplo, repercutiu na temática do acesso à justiça. Nesse sentido, a possibilidade de assistência jurídica gratuita permitiu uma maior inclusão daqueles que antes não conseguiam

---

[24] G1 – RIO GRANDE DO SUL. *Número de vagas no SUS cai 33% no RS para população 15% maior*. Disponível em: <http://g1.globo.com/rs/rio-grande-do-sul/noticia/2013/07/vagas-no-sus-cairam-33-em-20-anos-no-rs-para-populacao-15-maior.html>. Acesso em: 01 jan. 2015.

[25] CORREIO DO POVO. *Medicamentos fornecidos pelo Estado estão fora do Rename*. Disponível em: <http://www.correiodopovo.com.br/Impresso/?Ano=115&Numero=216&Caderno=0&Noticia=134238>. Acesso em: 20 dez. 2014.

[26] BRASIL. Conselho Nacional de Justiça. *Brasil tem mais de 240 mil processos na área de Saúde*. Disponível em: <http://www.cnj.jus.br/noticias/cnj/14096-brasil-tem-mais-de-240-mil-processos-na-area-de-saude>. Acesso em: 01 jan. 2015.

[27] FEDERAÇÃO DOS MUNICÍPIOS DO ESTADO DO RIO GRANDE DO SUL. *Workshop sobre assistência farmacêutica debate judicialização no RS*. Disponível em: <http://www.famurs.com.br/comunicacao/noticias/workshopsobreassistenciafarmaceuticadebatejudicializacaonors#.VIWG4DHF_T8> Acesso em: 27 dez. 2014.

acessar o Sistema do Direito,[28] bastando rememorar que na década de 1990 as demandas judiciais em saúde buscavam uma prestação estatal não coberta pelo Sistema Único de Saúde e pelos planos de saúde privados. Em realidade, as demandas buscavam tratamentos caros relativos à compra de medicamentos importados e inclusive a realização de cirurgias no exterior. A partir de 2000, ocorreu uma mutação no perfil de demandas e uma ampliação da cobertura que o Sistema Único disponibilizava, dentro das possibilidades regionais. A atuação jurisdicional passou a ser opção aos vácuos de efetividade do Sistema de Saúde no ambiente de ampliação da demanda e da aparente redução da estrutura de cobertura, sendo que a estrutura e os investimentos em saúde pública aumentam a cada ano. Por parte dos municípios do Estado do Rio Grande do Sul, por exemplo, os investimentos em saúde, desde 2006, ficaram dentro do mínimo de investimentos em saúde exigidos pela Emenda Constitucional nº 29 (15% do orçamento).[29]

2. Os casos emblemáticos selecionados

2.1. O Rio Grande do Sul como pioneiro na área da saúde mental

O tema da saúde mental recebe destaque na nossa pesquisa, não apenas porque foi no Estado que tivemos a primeira lei de reforma psiquiátrica, mas pelo impulso crítico dado pelo direito. Os movimentos sociais na área jurídica têm algumas fortes raízes no Rio Grande do Sul, mais especificamente dois movimentos: *Movimento do Direito Alternativo* e *Direito e Psicanálise*. Papel relevante nestes movimentos foi o do Prof. Luiz Alberto Warat, que além de conferências, lançou um "polêmico" texto: "A ciência jurídica e seus dois maridos".[30] Em outros Estados também tivemos reflexões importantes a esse respeito, vários juristas se dedicaram a essa área. Oportunas são as reflexões de Jeanine Philippi:

> Sustentado na própria funcionalidade de seus mitos, o saber jurídico resguarda o exercício do poder político através dos ritos silenciosos de manipulação do segredo. Discurso altamente codificado, expresso em símbolos pouco acessíveis aos homens de

---

[28] VENTURA, Miriam; SIMAS, Luciana; PEPE, Vera Lúcia Edais; SCHARAMM, Fermin Roland. Judicialização da saúde, acesso à justiça e a efetividade do direito à saúde. *Physis Revista de Saúde Coletiva*, Rio de Janeiro, 20 [1]: 77-100, 2010.

[29] Para maiores informações, consultar: RIO GRANDE DO SUL. Tribunal de Contas do Estado do Rio Grande do Sul. *Consulta a indicadores – Despesas em saúde*. Disponível em: <https://portal.tce.rs.gov.br/portal/page/portal/tcers/consultas/indicadores/saude>. Acesso em: 02 jan. 2015.

[30] WARAT, Luiz Alberto. *A ciência jurídica e seus dois maridos*. Santa Cruz do Sul: Faculdades Integradas de Santa Cruz do Sul, 1985.

boa vontade , o direito de requerer, portanto, uma leitura diferenciada capaz de redecifrar seus códigos particulares. Esta releitura, enfim, viabiliza um interdisciplinariedade fecunda entre direito e psicanálise.[31]

Era este o "novo clima" dos anos 90: várias áreas do conhecimento se aproximavam para o debate da consolidação de formas de vida mais democráticas, certos de que a democracia é algo que precisa ser consolidado no dia a dia. Este foi o grande debate que envolveu o direito dos pacientes com sofrimento psíquico no Estado do Rio Grande do Sul. Assim, no que tange à saúde mental, o Estado teve um papel relevante na consolidação de um novo paradigma para saúde pública brasileira, podendo-se destacar alguns pontos nos quais o Rio Grande do Sul se mostrou inovador, quais sejam: em 1991, foi criado o Fórum de Saúde Mental; em 1992, realizou-se a 1ª Conferência Estadual de Saúde Mental; em 1993, foi editada a Carta Instituinte São Pedro Cidadão. Essa carta foi relevante para a mudança de paradigma no enfrentamento do tratamento do doente mental. Em 07 de agosto de 1992, foi publicada a Lei de Reforma Psiquiátrica do Rio Grande do Sul e que serviu de base para o processo da reforma em âmbito nacional. Em 1997, realizou-se em Porto Alegre o III Encontro Nacional de Luta Antimanicomial. Os referidos eventos tinham o escopo de apresentar uma crítica ao tradicional modelo hospitalocêntrico e manicomial adotado no âmbito do Sistema Único de Saúde. O ponto central da discussão residiu na redistribuição do poder, no resgate da cidadania da pessoa com sofrimento psíquico e com transtorno mental, bem como socialização dos saberes para tentar fazer com que os indivíduos portadores dessas patologias pudessem conviver em sociedade, com tratamento e acompanhamento. Ou seja, o reconhecimento do doente mental como um doente e como um cidadão dotado de dignidade, de direitos como qualquer outro.

É oportuno observarmos o que Foucault[32] salienta: "[...] a doença só tem realidade e valor de doença no interior de uma cultura que a reconhece como tal". Dito de outro modo, a doença não pode ser tratada de modo isolado e apartado do coletivo. A relação do "são/doente" ou do "normal/anormal" existe na sociedade. Essa ideia reforça o paradigma de que o melhor tratamento é o realizado por serviços extra-hospitalares com base comunitária, experiência que não foi apenas teórica, pois na I Primeira Conferência Estadual de Saúde Mental, mais de 30 municípios já tinham instalado "serviços alternativos" à hospitalização. Fato é que o debate da saúde mental repercutiu em

---

[31] PHILIPPI, Jeanine Nicolazzi. Direito e Psicanálise: na trilha da interdisciplinaridade. In: Direito e Democracia. Katie Argüelo (org.) Florianópolis: Letras Contemporâneas, 1996. p. 126.
[32] FOUCAULT, Michel. A constituição histórica da doença mental. In: FOUCAULT, Michel. Doença mental e psicologia. Rio de Janeiro: Sexta. v.11, 2000 [1972]. p. 75-86 e p. 85.

várias áreas, exigindo inclusive dos operadores do direito um novo olhar para a saúde, mas também para o próprio direito, como observou Jeanine N. Philippi. Ou como podemos observar nas decisões do Tribunal Justiça gaúcho, que até hoje utiliza essa Lei nas suas decisões.

2.2. O caso do Município de Giruá: a tentativa de privatizar o sistema público?

O caso de Giruá será analisado a partir da Apelação Cível n° 2003.71.05.005440-0, que tramitou no Tribunal Regional Federal da 4ª Região, cujo objeto de discussão era a diferença de classe no Sistema Único de Saúde e cujos litigantes eram o Conselho Regional de Medicina do Estado do Rio Grande do Sul e o Município de Giruá. Trata-se de uma das decisões mais impactantes na proposta do SUS. A título de demonstrar o que se pretendia no processo, citamos o trecho da intimação do Juiz Federal Substituto Lademiro Dors Filho, cujo intuito era permitir:

> [...] o acesso do paciente à internação pelo SUS e o pagamento da chamada diferença de classe, para obter melhores acomodações, pagando a quantia respectiva, quer ao hospital, quer ao médico; abstenha-se de exigir que a internação só se dê após exame do paciente em posto de saúde (outro médico que não o atendeu), e de impedir a assistência pelo médico do paciente, impondo-lhe outro profissional.[33]

Invariavelmente, é um tema complexo. Tanto é verdade que o Desembargador Federal utiliza-se do parecer exarado pelo Ministério Público Federal em suas razões de decidir. Trazemos um pequeno trecho desta citação, antes de iniciarmos a crítica propriamente dita. Vejamos:

> Em seu parecer, a fls. 237/240, anotou o douto MPF, *verbis*: [...] A pretensão (i) supostamente atende aos interesses dos usuários do SUS, dos prestadores de serviços de saúde e dos profissionais médicos. *Os pacientes podem ter interesse* em obter internação em acomodações privativas ou semi-privativas, mesmo que tenham que pagar por isso [...].[34]

Nota-se o quão interessante é a fundamentação e atente-se para o grifado na decisão: "os pacientes podem ter interesse". Observa-se que interesse, nessa perspectiva, recebe o *status* de direito. Não há a necessidade de ser operador do sistema jurídico para saber que interesse é algo distinto de direito. Ora, interesse pode ser quase tudo, menos direito (!), especialmente se assumirmos que a Constituição alude ao direito à saúde e não ao interesse pessoal de cada um. Se a

---

[33] BRASIL, Tribunal Regional Federal da 4ª Região, Apelação Cível n° 2003.71.05.005440-0.
[34] Ibidem.

lógica do interesse vai permear o sistema, então o fim está próximo, pois a lógica liberal do interesse aniquila o caráter universalista do Sistema Único de Saúde, visto que só quem poderá pagar é que terá um serviço mais digno. Acaba, também, com o aspecto igualitário do sistema de saúde, pois será uma luta de classes: quem pode pagar x quem não pode pagar.

Há que se destacar que esse tipo de decisão estabelece a ideia de que o serviço público é deficitário. Isso leva-nos a sustentar a necessidade de continuar lutando por um Estado de fato mais democrático, em que a política pública é efetiva. Por enquanto, continuamos questionando se o cidadão deve pagar para receber um atendimento adequado e se o serviço prestado não deveria ser no mínimo digno. Aceitar um prestação sanitária ineficiente por parte do Estado é também resignar-se com a inefetividade do direito à saúde. Além disso, reforça a ideia presente no senso comum de que aquilo que é público não é bom, se levarmos em conta o serviço privado. Em nosso sentir, esse tipo de decisão pode modificar as bases normativas do Sistama Único de Saúde.

O caso de Giruá transitou em julgado no ano de 2010, e o precedente desse caso aceitou a possibilidade do pagamento da diferença de classe. No entanto, o que causa maior preocupação é que essa decisão não é única! O Supremo Tribunal Federal tem decidido (ou ainda está) Recursos Extraordinários que chegaram ao Supremo nos anos de 1998 e 1999 (RE 226.835/RS e RE 261.268/RS). Em meio a essas "novas" demandas, destaca-se o RE 5811488 (oriunda de Canela/RS), cujo Relator é o Ministro Dias Toffoli. O STF ainda não julgou o caso e, inclusive, realizou uma audiência pública em 26 de maio de 2014 para discutir a temática.

Em que pese o uso do instrumento da audiência pública seja bastante progressista e inovador para o Judiciário, caso haja manutenção da jurisprudência da corte, a tendência é o esfacelamento do sistema de saúde e é a privatização do público. Isso porque efetivar o direito à saúde é, também, concretizar a cidadania. Se o direito à saúde foi progressivamente estendido a toda sociedade, então seria um retrocesso segregar aqueles que podem pagar daqueles que não podem, uma vez qua a perspectiva de um serviço eficiente e digno para todos, indistintamente, sempre deverá ser mantida.

2.3. A questão do tabagismo: uma sentença que proibiu o fumo em aviões

A questão que envolve o tabagismo não fica isenta de uma análise em que é possível visualizar a complexidade das decisões que transcendem uma dimensão político-sanitária. A decisão de regulamentar a publicidade de produtos nocivos à saúde,[35] como bebidas alcoólicas e fumo, no âmbito da autorização constitucional para fazê-lo (art. 220, § 4º), trouxe uma série de desafios que subjazem à redução dos custos previdenciários e de tratamento, pelo Sistema de Saúde. O primeiro deles é superar a pressão da indústria e dos representantes dos agricultores, pertencentes a uma cadeia produtiva que movimenta a economia (em especial, as das zonas produtivas que se distanciam dos grandes centros urbanos), favorecendo a circulação de capital desde a produção propriamente dita até a comercialização. A segunda dificuldade é a superação dos argumentos jurídicos que tratam de que a regulação excessiva corresponderia a uma intervenção indevida na autonomia do sujeito, em sua liberdade de decidir o que consumir. Sobre este último, em particular, cumpre dizer que as medidas regulatórias se justificam por buscar reduzir o número de dependentes da nicotina, mas sem interferir diretamente nas escolhas individuais, sendo utilizada como alerta aos não usuários, embora a indústria tabagista sustente uma discriminação e que teria o direito de divulgar seus produtos como qualquer outra indústria. A informação é a principal arma de contenção do uso de fumígenos, responsável por cerca de 350 mortes/dia no Brasil e pelo dispêndio de cerca de R$ 21 bilhões todos os anos no tratamento de diferentes tipos de câncer.[36]

Essa situação poderia ter maiores desenvolvimentos, contudo nos distanciaríamos do objeto deste artigo. Cumpre mencionar que dependência da nicotina está inserida na Classificação Internacional de Doenças (CID), sendo potencialmente agravada no transcorrer da vida do fumante, uma vez que a zona cerebral responsável pelo prazer cria tolerância às substâncias inaladas. Se para o indivíduo fumante os riscos de intoxicação e possibilidades de desenvolvimento de cânceres são elevados, para aqueles que não fumam, os riscos também são expressivos: nos últimos tempos, tem-se comentado sobre os percentuais de intoxicação nos chamados "fumantes passivos". Ao contrário do que muitos possam pensar, as substâncias nocivas à saúde presentes na fumaça estão presentes em maiores quantidades do que aquelas que são consumidas pelos fumantes: isso significa mais monóxido de carbono, mais nicotina, mais substâncias cancerígenas e...

---

[35] Para maiores informações, consultar a Lei 9294/96. BRASIL. *Lei 9294/96*, de 15 de julho de 1996. Dispõe sobre as restrições ao uso e à propaganda de produtos fumígeros, bebidas alcoólicas, medicamentos, terapias e defensivos agrícolas, nos termos do § 4º do art. 220 da Constituição Federal. Disponível em: <http://www.planalto.gov.br/ccivil_03/leis/l9294.htm>. Acesso em: 01 jan. 2015.

[36] BRASIL. Instituto Nacional do Câncer (INCA). Disponível em: <http://www1.inca.gov.br/tabagismo/index.asp>. Acesso em: 01 jan. 2015.

mais mortes. Se o ambiente em que se fuma é fechado, as probabilidades de intoxicação aumentam ainda mais.

Muito embora as políticas públicas tenham sido contestadas judicialmente, inclusive com decisões do Tribunal Regional Federal da 4ª Região no sentido de negar as investidas de entidades vinculadas à indústria do fumo no Estado do Rio Grande do Sul[37] e outras no sentido de assentar a jurisprudência favorável às empresas no que tange à responsabilidade civil das empresas (no sentido de negar o dever de indenizar), o caso emblemático selecionado para tratarmos dos efeitos do fumo e de suas consequências individuais e ao próprio Sistema da Saúde foi a Ação Civil Pública 98.00.25524-9[38] contra a União, visando a que fosse determinada a proibição de fumar a bordo de aeronaves até a regularização das maneiras de se transpor a fumaça. O caso é relevante por envolver uma série de aspectos. O primeiro deles é a normatização pela Lei Federal nº 9.294, de 1996, no sentido de que se poderia fumar em ambientes fechados, desde que existisse um ambiente exclusivo para fumantes. Ocorre que as companhias aéreas separaram apenas fisicamente fumantes e não fumantes, sem o isolamento adequado que impedisse que a fumaça se espalhasse por toda a aeronave.[39] Trate-se de um problema de aplicabilidade da legislação. O segundo aspecto é a dificuldade de adaptar a própria legislação. O texto inicial dispunha que não se poderia fumar em aviões, "salvo quando transcorrida uma hora de viagem e houver nos referidos meios de transporte parte especialmente reservada aos fumantes". O referido trecho somente foi modificado em 2000 e alterado em

---

[37] BRASIL. Tribunal Regional Federal (4ª Região; 4ª Vara Cível de Porto Alegre).*Apelação Cível nº 0026898-63.2008.404.7100/RS.*Apelante: Sindicato da Ind. do Fumo do Estado do Rio Grande do Sul. Apelado: Agência Nacional de Vigilância Sanitária. Relator: Desa. Federal Maria Lucia Luz Leiria. Porto Alegre, 28 de abril de 2010. Disponível em: <http://www.actbr.org.br/uploads/conteudo/781_TRF4_advertencias_sanitarias_sindifumoRS.pdf >. Acesso em: 01 jan. 2015. RIO GRANDE DO SUL. Tribunal de Justiça. *Apelação Cível nº 70024030868/2008/RS.* Apelante: Rui de Freitas Vieira. Apelado: Souza Cruz S/A e Philip Morris Brasil Indústria e Comercio Ltda. Relator: Jorge Luis Lopes do Canto. Porto Alegre, 12 de novembro de 2008. Disponível em:<http://actbr.org.br/uploads/conteudo/573_3_TJRS_70024030868_prescricao.pdf>. Acesso em: 01 jan. 2015.

[38] BRASIL. Tribunal Regional Federal (4ª Região; 4ª Vara Cível de Porto Alegre). Sentença. Processo nº 98.00.25524-9. Demandante: Ministério Público Federal. Demandada: União Federal. Porto Alegre, 22 de outubro de 1998. O processo recebeu o seguinte número no Tribunal Regional Federal da 4ª Região: 2000.04.01.017495-3. Ambas as decisões não estão disponíveis *online*.

[39] Nas palavras do Juiz Federal Substituto da 4ª Vara Cível de Porto Alegre, Guilherme Pinho Machado, em liminar proferiu a decisão com: "efeito de proibir o uso de produtos fumígenos, até o julgamento final, a bordo de todas as aeronaves civis brasileiras de transporte aéreo público e privado, doméstico e internacional, independentemente do tempo de duração do voo ou local de decolagem e pouso da aeronave, que não tenham ambientes reservados aos fumantes, devidamente isolados e com arejamento independente, para impedir, de modo efetivo, a propagação de fumaça originada pelo consumo de produtos fumígenos, por todo o ambiente, sempre com aparelhos de ar condicionados separados, em respeito à saúde de todos".

2001, embora a eficácia jurídica do texto inicial tenha sido suspensa pela sentença judicial do caso selecionado e confirmada pelo Tribunal Regional Federal em 1999. O terceiro ponto seria uma espécie de movimentação internacional no sentido de restringir a liberdade de fumar,[40] nitidamente com efeitos no Brasil, tendo em vista que os Estados e municípios brasileiros proibiram a possibilidade de fumar em locais coletivos, medidas legislativas contestadas judicialmente. Um último ponto: a modificação da Lei em 9.294/96. Em 2011, o Congresso extinguiu de vez a possibilidade de se fumar em locais fechados, medida regulamentada pelo Decreto nº 8.262, de 2014, e cuja eficácia jurídica começou a transcorrer a partir de dezembro de 2014. O desdobramento fundamental da nova legislação: ampliar o âmbito protetivo àqueles que não desejam ser afetados pela fumaça do cigarro.

O caso em questão revela o quanto saúde e Direito acabam se vinculando. E mais: que tais medidas repercutem no campo da educação. O Direito torna-se o instrumento mais eficaz no sentido de tornar um ideal de saúde uma medida concreta, mesmo que este intervencionismo acarrete uma série de atritos e de críticas sobre sua constitucionalidade. O fato é que a saúde, como bem de todos, não pode continuar a ser afetada pela sede do lucro. E que o Sistema de Saúde, que sabemos que tem carências, deve ter sua carga de atuação paulatinamente reduzida quanto falamos de doenças evitáveis, como as que decorrem do fumo: tudo depende da ampliação da prevenção.

2.4. A questão transexual: uma Ação Civil Pública que assegurou a cirurgia de transgenitalização pelo SUS

No Estado do Rio Grande do Sul, um dos casos de maior destaque que envolve os direitos dos transexuais foi a Ação Civil Pública (2001.71.00.026279-9/RS) ajuizada pelo Ministério Público Federal com o fito de incluir na lista dos procedimentos do SUS as cirurgias de transgenitalização, tendo em vista os argumentos de que a exclusão perfazia uma ofensa aos direitos fundamentais da pessoa, de sua liberdade e de que não haveria sustentação na ordem constitucional para tal atitude. O ajuizamento da ação data do ano de 2001, e o julgamento do Acórdão no Tribunal Regional Federal da 4ª Região data do ano de 2007.

De início, o que se pode observar, a partir das alegações da União, é a tendência de considerar a transexualidade como doença e de se

---

[40] Podemos fazer referência às medidas restritivas ocorridas na França em 2007, mas que em âmbito europeu não eram novidade. Países como Itália, Espanha e Suécia já haviam cominado sanções civis para quem descumprisse as determinações.

sustentar que o Sistema Único de Saúde não pode promover a tutela e proteção desse grupo minoritário pelo caráter experimental desse tipo de cirurgia e pela natureza programática do direito à saúde. Em primeira instância, a sentença extinguiu o feito sem julgamento de mérito pela *impossibilidade jurídica* do pedido elaborado pelo Ministério Público e da inadequação da via escolhida para a tutela desse tipo de demanda à época, tendo em vista que o Poder Judiciário não poderia resolver questões de natureza global, ainda mais existindo uma disposição administrativa para regulamentar a cirurgia. O processo foi reiteradamente suspenso a pedido do órgão ministerial. Subiram os autos ao Tribunal, que reconheceu que a exclusão da lista de procedimentos configura uma considerável discriminação, e que a saúde não pode ser compreendida como de mera natureza programática, pois é um direito fundamental da pessoa e possui aplicabilidade imediata, sob pena de esvaziamento da força normativa constitucional. Ainda, afastou a tese da reserva do possível e o caráter experimental da cirurgia, assegurando que a cirurgia em transexual não configura ilícito penal. Por fim, vinculou sua decisão a todo território nacional e condicionou a aplicação de multa diária à Administração caso não cumpra a ordem judicial de inclusão dos procedimentos na lista.

A demanda mencionada está implicada com uma série de questões de direito processual e material. Como foi dito, a primeira questão que a União levantou é relativa à legitimidade do Ministério Público em promover tais demandas, cujo caráter é difuso e transindividual. Tendo em vista que o direito à transgenitalização consiste em um direito coletivo, pertencente a um grupo específico, não restou dúvida em relação à legitimidade do Ministério Público em promover tal demanda. Sustenta-se a noção de que nenhum transexual poderia exigir judicialmente a inclusão na lista dos procedimentos, mas tão só pleitear individualmente que o Sistema Único de Saúde tome uma providência que obrigue a prestação individual. A ação do Ministério Público permite a ampliação do âmbito da decisão, permitindo que os efeitos da sentença se estendam a todos os possíveis interessados. Passemos a um pequeno comentário.

A compreensão da transexualidade não se esgota em uma leitura biomédica; todavia, é por ela que se inicia a discussão. Afirma-se que a transexualidade é um distúrbio de identidade marcado pela incompatibilidade entre a designação sexual do sujeito e sua percepção em relação à sua identidade sexual. Não raro, é atribuída a esta condição humana a explicação de "erro natural", que somente poderia ser resolvido pela medicina. Nesse ponto, o indivíduo é analisado sob uma perspectiva social, que surge como um forte determinante do futuro da cirurgia de transgenitalização, porquanto é a percepção médica que define aquele que se adapta ou não ao padrão social de "agir" de uma mulher ou de um homem. No caso selecionado em questão, o enquadramento classificatório formulado por um terceiro é criticada por contornar as garantias individuais rumo a uma rigidez binária de gênero, visivelmente incompatível com a tutela da autonomia que o constitucionalismo contemporâneo buscou resguardar. Mais do que isso, é fruto dessa binarização a violência contra pessoas que buscam construir seu próprio eu, ser este diferente do socialmente comum e motivo pelo qual a intolerância expande-se. Talvez seja este um ponto paradoxal do Sistema Social da Saúde: à medida em que o Sistema do Direito e da Política garantem novas possibilidades àqueles que antes estavam desprotegidos, o próprio Sistema Social acaba irritando a si mesmo por suas próprias decisões. Quer dizer: no momento em que se garantem novas possibilidades ao transexual (como, por exemplo, realizar uma cirurgia), e esta possibilidade é veiculada pelos canais de comunicação, registramos uma forte onda de violência social e moral sobre esses sujeitos. Nem precisaremos aqui relembrar dos índices de violência contra transexuais e que muitos deles acabam se suicidando pela incapacidade de construir alternativas de fortalecimento da sua identidade. Aqueles que conseguem materializar o direito à saúde, o fazem individualmente. Resulta de um conjunto de fatores complicadores o reconhecimento da importância da ação movida pelo órgão ministerial federal.

Até 2007, quando foi julgada a Ação Civil Pública, a transexualidade era tida como doença mental pela Organização Mundial da Saúde. A tendência é que ocorra a retirada do Catálogo Internacional de Doenças (CID-11) ainda em 2015, seguindo o que o Ministério da Saúde da França decretou, em 2010. Resta saber o impacto desse tipo de proposição nos Sistemas de Saúde de diferentes países. No Brasil, o Projeto de Lei 5.002/2013, de autoria de representantes de grupos gênero minoritários, propõe a desburocratização e simplificação do processo de transgenitalização, prevendo aos maiores de 18 anos a possibilidade de realizarem a cirurgia sem a exigência de tratamento ou decisão judicial.[41] Além disso, o Superior Tribunal de Justiça vem garantindo o direito do transexual a modificar o registro civil, muito embora, pela polêmica do tema, alguns juízes adotem posições divergentes.

Casos como estes revelam que o Sistema Social da Saúde e o Sistema do Direito acabam exercendo uma dupla função. Em um primeiro

---

[41] BRASIL. Projeto de Lei 5002/20013. Dispõe sobre o direito à identidade de gênero e altera o artigo 58 da Lei 6.015 de 1973. Disponível em: < http://www.camara.gov.br/proposicoesWeb/fichadetramitacao?idProposicao=565315.> Acesso em: 01 jan. 2015.

momento, referimo-nos à disponibilização da prestação dos procedimentos de saúde, resumindo-se na criação de novas possibilidades. Em uma análise indireta, está vinculada à criação de uma estrutura protetiva de direitos, um arcabouço cujo fito maior é impedir a discriminação de sexo. Nesse ponto, enganam-se aqueles que pensam que esta estrutura restringe-se aos pacientes transexuais. A transformação da realidade se amplia a todos aqueles que sofrem alguma restrição em seu direito de exercer a autonomia, no sentido de afirmar que o acesso à tutela jurisdicional reafirma a própria sensação de segurança nas instituições. Processos como esse, que procuram superar barreiras culturais, permitem que mulheres, homossexuais e transexuais antes oprimidos comecem a sentirem-se como sujeitos de uma proteção eficaz: à medida que esta proteção se consolida, a própria democracia se afirma. O mais interessante disso é que o catalizador desse processo é uma demanda iniciada pelas carências estruturais do Sistema da Saúde que, quando resolvida, permite-nos avaliar e refletir que a saúde tornou-se uma espécie de "ponte" capaz de unir a insuficiência à plenitude, a intolerância à democracia, num processo que assegura a todos o direito de serem o que pretenderem ser.

3. Reflexões sobre a atuação institucional

Apresentaremos, nesta parte alguns resultados da pesquisa empírica. Inicialmente traremos os dados referentes às ações do Ministério Público para a concretização do direito à saúde. Posteriormente, abordaremos os resultados relativos ao Poder Judiciário e por fim os da Defensoria Pública. Para cada um desses atores envolvidos, faremos, *prima facie*, uma contextualização do órgão, depois uma breve justificativa acerca dos motivos que fundamentam nosso interesse em adentrar nas práticas e ações para a efetivação do direito à saúde por parte do órgão, para então descrevermos e indicarmos os resultados. Exporemos em seguida como foi realizada a pesquisa no Ministério Público, no Poder Judiciário e na Defensoria Pública.

3.1. Método de pesquisa

Iniciaremos com a apresentação do método no Ministério Público. Para verificar as estratégias utilizadas pela instituição em relação às demandas de saúde, foram realizadas entrevistas (semiestruturadas) com promotores de justiça e a coleta de dados nos Sistema Informatizados do Ministério Público, especialmente na Promotoria de Direitos Humanos de Porto Alegre. As entrevistas foram transcritas, e os resultados parciais da pesquisa no sistema foram confrontados com o pensamento de grupos de pesquisa de outras regiões do país, cujos encontros foram realizados na Universidade de São Paulo e em Congresso na Universidade de Brasília, nos anos de 2012, 2013 e 2014[42]. Nesses encontros, os resultados do Poder Judiciário e da Defensoria Pública também foram apresentados.

A pesquisa no órgão feita nos dados do Sistema de Gerenciador de Promotorias (SGP) levou em conta as peculiaridades do próprio sistema, que permite a inserção de palavras-chave para realizar a consulta ao banco de dados, oferecendo a descrição, o número do processo e a data do registro da demanda[43]. As informações então obtidas foram separadas em arquivos, de acordo com o ano, e, depois, divididas em pastas, conforme o conteúdo do relatório. Na análise dos dados, as demandas que poderiam ser mencionadas pelo sistema em mais de um relatório foram anotadas. Eventualmente, se repetidas, excluídas do cômputo.

No Poder Judiciário, em relação às demandas de saúde foram realizadas entrevistas (semiestruturadas) com juízes e a coleta de dados no Sistema informatizado. Mesmo que pastas contendo as sentenças sobre o tema tivessem sido incineradas pelo Tribunal de Justiça do Estado do Rio Grande do Sul, acreditamos que com base nas entrevistas e no material jurisprudencial coletado, além do referencial bibliográfico nas revistas oficiais dos Tribunais, conseguiremos relatar brevemente as principais resultados pesquisados. Na Justiça Federal, o tipo de demanda é diferenciado, motivo pelo qual o objetivo da pesquisa foi traçar alguns indicadores sobre a matéria que se judicializa. Observamos que o fato de não obtermos dados anteriores ao ano 2000 se deve ao fato de que os assuntos específicos relativos ao direito à saúde ainda não haviam sido criados no sistema, portanto, presume-se que no período de 1990 a 1999 foram ajuizadas demandas em saúde, contudo, estas foram castradas no sistema sob outros assuntos gerais, o que torna inviável uma pesquisa quantitativa deste período. Desse modo, com relação ao período de 1990 a 1999 somente é possível realizar uma pesquisa por amostragem através da Revista de Jurisprudência do Tribunal Regional Federal da 4ª Região.

---

[42] Com esta "abertura" na metodologia da pesquisa, pretende-se, como já afirmava Lev Nikolaevic Tolstoj, penetrar na complexidade do fenômeno, o que significa penetrar na infinidade, já que muitos fenômenos são, para a mente humana, inacessíveis, e a acessibilidade se dará (dentro de certos limites, é claro) através da pesquisa. TOLSTOJ, Lev Nikolaevic. *Guerra e pace*. Sesto San Giovanni: Edizioni "A. Barion" della Casa per Edizioni Popolari, 1933. Vol. 1, p. 509.

[43] Inserimos palavras-chaves como: "medicamentos", "irregularidades", "investigar", "UTI", "SUS", "Vigilância", "administração", "clínicas", "funcionamentos", "exames", "consultas", "cirurgias", "SAMU", "internação", "leitos", "vacina", entre outras.

Para verificar as estratégias utilizadas pela Defensoria Pública em relação à efetividade do direito à saúde preferimos utilizar as entrevistas como instrumento principal de obtenção de dados. Como não é possível quantificar o número de demandas no período da pesquisa (1990-2010), por motivos de informatização recente, optamos por selecionar as principais demandas em que atuam os Defensores Públicos, de modo a indicar que tipo de tutela é oferecido pela instituição.

4. Ministério Público

4.1. À guisa de introdução, um pouco do histórico do órgão

Para este trabalho, não faremos um aprofundamento histórico sobre as origens e a amplitude da atuação do Ministério Público do Estado do Rio Grande do Sul, mas faremos uma releitura do que tornou a instituição uma espécie de braço direito do cidadão.[44] Do ponto de vista histórico, a Ordenança de Felipe IV, de 1302, havida como o marco inicial da instituição do Ministério Público no ocidente, bem como as disposições sobre os Procuradores da Coroa Portuguesa que em 1521 organizaram o funcionamento da justiça não serão objeto do estudo por demandar um mergulho histórico que desvirtuar-nos-ia do caminho perseguido. Além disso, o conhecido momento da fundação do Estado de Direito, em que o interesse do Estado deixa de materializar a vontade do rei e passa a coadunar com o interesse comum dos cidadãos, embora de fundamental importância para a compreensão das origens institucionais do órgão, não serão objeto da presente apresentação. Optamos por uma análise mais próxima da realidade, inspirada pelas consequências da Carta de 1988, em que o órgão deixa de representar o Poder Executivo (como historicamente o fazia) e passa, única e exclusivamente, a tutelar os *interesses da sociedade* com base na rigorosa observância da lei. Evidente, pois, que no ambiente da sociedade de massas, os interesses da sociedade são objeto de uma proteção legislativa mais atenciosa, por meio da funcionalidade introduzida pelo Código de Defesa do Consumidor (Lei 8.078, de 11.09.1990) aliada à ampliação do rol de possibilidade de cabimento da Lei da Ação Civil Pública (Lei 7.347, de 24.07.1985). Por isso, possuem uma maior afinidade com o tema do presente estudo, uma vez que a previsão constitucional do direito à saúde importou maiores

---

[44] Como Gunter Axt diria: "um castelo forte de uma cidadania mais participativa, livre e consciente". AXT, Gunter. *O Ministério Público no Rio Grande do Sul: evolução histórica*. Porto Alegre: Procuradoria-Geral de Justiça. Projeto Memória, 2001. p. 130.

responsabilidades ao órgão e, sobretudo, tornou-o uma instituição mais próxima da sociedade.

Os ventos e os albores da Nova República[45] tornaram o ano de 1981 emblemático nos âmbitos estadual e federal: a reformulação da organização do Ministério Público. Nesse ano, com a Lei Complementar 40 (de 14.12.1981), pela primeira vez a instituição aparece como "essencial à função jurisdicional, como responsável pela defesa da ordem jurídica e dos interesses indisponíveis da sociedade". No âmbito estadual, ocorreu a ampliação do número de procuradores e promotores. Sem dúvida, este foi o marco inicial da construção de uma instituição forte na defesa dos direitos da sociedade, o que é confirmado pela Lei da Ação Civil Pública e pela materialização dos movimentos pela democracia na Constituição da República que vem em seguida. A consequência das reformulações organizacionais é a ampliação das possibilidades de atuação dos promotores de justiça, o que foi fundamental para o processo de efetivação de muitos direitos, em especial o direito à saúde. Nesse processo, a especialização de promotorias promoveu (i) um acesso maior dos cidadãos à instituição e, fundamentalmente, o dever da instituição de dar satisfações das reclamações do cidadão, em sede administrativa, o que representa a ampliação do acesso à justiça; (ii) um melhor aparelhamento das promotorias e a especialização dos promotores, o que tornou a prestação do serviço mais célere e conforme a especificidade que por vezes determinadas ações ou procedimentos em saúde demandam; (iii) um maior controle dos atos da Administração Pública, devido ao maior conhecimento das carências e das possibilidades de atuação ou intervenção do Poder Público; e (iv) ampliação da confiança da população no Ministério Público, como defensor dos interesses sociais e individuais indisponíveis.

4.2. Justificativa

Optamos por descrever em um parágrafo os motivos que fundamentam nosso interesse em adentrar nas práticas e ações para a efetivação do direito à saúde por parte do Ministério Público Estadual do Rio Grande do Sul. Primeiramente, o compromisso da instituição

---

[45] Axt, no que diz respeito aos anos oitenta, assegura o quanto este período foi importante. Em seu dizer, esse período representou "uma salto qualitativo importante ao Ministério Público, tornando-o o órgão de Poder Público que mais cresceu no período. Pela primeira vez, desde os tempos imemoriais dos reis de Portugal, as garantias funcionais aos promotores de justiça tornaram-se garantias ao cidadão. As prerrogativas do Ministério Público, bramidas no passado em benefício da soberania do rei, da Nação, do chefe político ou da Administração Pública, estariam doravante comprometidas com a soberania da cidadania". AXT, Gunter. *O Ministério Público no Rio Grande do Sul: evolução histórica*. Porto Alegre: Procuradoria-Geral de Justiça. Projeto Memória, 2001. p. 119.

com a organização social e com as responsabilidades incorporadas em 1988, diante do papel notável desenvolvido na construção institucional da democracia brasileira na década de oitenta, foi o principal móvel da pesquisa. Mas não só isso, por ter se tornado uma espécie de "quarto poder", é importante refletirmos como a atuação de seus membros e o exercício de sua independência funcional impacta no compromisso com a efetividade de direitos e da Constituição.

4.3. Resultados

1. *Formas de atendimento*. No Ministério Público, existe o atendimento que recebe diariamente denúncias e demandas na área de saúde. As pessoas são recebidas na instituição e podem realizar uma denúncia sobre irregularidades na prestação de algum serviço ou solicitar, por meio de uma guia de encaminhamento, algum serviço. Sobre o primeiro, geralmente é aberto um expediente de verificação da verossimilhança da solicitação. Após, se existirem indícios de materialidade da solicitação do solicitante, é aberto o inquérito civil. Podem-se solicitar documentos e diligências com representantes da comunidade e de órgãos públicos, por exemplo, e requerer que a entidade investigada tome as providências em relação ao serviço prestado deficientemente. Sobre o segundo modo, é aberto um processo de encaminhamento administrativo versando sobre a solicitação do cidadão (o que geralmente se trata de uma demanda da própria comunidade) para que o ente solicitado atenda o que solicita do cidadão. Descobriu-se que os dois modos de encaminhamento do atendimento realizado costumam ter altos índices de resolução extrajudicial.

2. *Primeiras demandas*. Em matéria de saúde pública, as primeiras ações dos anos 90 estavam vinculadas às questões de medicamentos nos tratamentos de Doenças Sexualmente Transmissíveis (DSTs) e de coquetéis para o combate da Síndrome da Imunodeficiência Adquirida (AIDS). Entretanto, nossos colaboradores indicaram outro fato importante de ser relatado: a municipalização da saúde. Durante os vinte anos seguintes à implementação do Sistema Único de Saúde, a adoção de protocolos clínicos pelo Estado e pelos municípios foi uma importante ação (não judicial, mas no sentido lato) que permitiram uma participação do Ministério Público na fiscalização da implementação das políticas públicas e numa articulação interinstitucional em favor da saúde.

3. *O ponto crítico*. O ponto crítico do Sistema Público de Saúde encontra-se na disponibilidade financeira. Mesmo que o Ministério Público tenha evitado ajuizar uma série de ações judiciais contra prefeituras e contra o Estado, sob o fundamento de prejudicar a distribuição de recursos, as questões de distribuição e compra de medi-

camentos foram examinadas pelo órgão e foram levadas a reuniões interdisciplinares com outras entidades estatais.

4. *Investigações.* Uma das questões chave da atuação do Ministério Público são as investigações em matéria de saúde pública. Na Promotoria Especializada de Porto Alegre, entre 2003 e 2010, segundo dados colhidos do Sistema Gerenciador de Promotorias, foram mais de mil e setecentos expedientes administrativos abertos. Em 2008, por exemplo, foi investigado o processo de esterilização de utensílios cirúrgicos cuja relevância encontra-se na irreparabilidade dos danos ao paciente. Além disso, desde 1990, foram investigados maus-tratos, irregularidades estruturais e de atendimento em clínicas geriátricas. Exemplos disso são a verificação das condições de atendimento preferencial dos idosos nos asilos de Porto Alegre (2005), das condições de higiene e manutenção de postos médicos (1995) e denúncia de maus-tratos em casa geriátrica (2003).

5. *Questões relativas à internação.* Uma das questões de maior destaque são as internações médicas involuntárias levantadas com base na pesquisa quantitativa no Ministério Público. Os números indicados pelo Sistema Integrado apontam para um montante superior a 3100 internações de 2001 até 2009. A explicação para o elevado número de demandas administrativas de internação é o cumprimento da Lei Federal 10.216/01, art. 8, § 1º, que dispõe que, no caso de internação involuntária, o estabelecimento responsável pela internação deverá informar ao Ministério Público o ingresso e a alta do paciente em até 72 horas.[46]

6. *Ações coletivas.* Outras ações relevantes, do ponto de vista do aprimoramento do sistema de prestação de serviços em saúde, é a movimentação em relação à abertura de novos leitos e especialmente para compra de insumos que funcionam como medicamentos, como é o caso do Neocade (leite para crianças com resistência ao leite materno).

5. Poder Judiciário

5.1. À guisa de introdução

Assim como fizemos na análise dos dados do Ministério Público, não faremos um aprofundamento histórico sobre as origens e a am-

---

[46] Cabe ressaltar que em se tratando de internação psiquiátrica, esta somente será autorizada mediante laudo médico caracterizando os motivos da internação. Poderá ela ser voluntária, com o devido consentimento do paciente; involuntária, quando ocorrida sem o consentimento do paciente, e a pedido de terceiro; ou ainda, e por último, a compulsória, determinada pelo juiz competente, de acordo com a legislação vigente.

plitude da atuação do Poder Judiciário no Rio Grande do Sul. Entendemos relevante ressaltar a nova dimensão que o Judiciário atingiu pós-88 com a aproximação entre cidadão/juiz. Sabe-se que as demandas relacionadas ao direito à saúde cresceram muito na década de noventa, no processo chamado de judicialização da saúde, cujo efeito é ampliação da complexidade do tema a cada vez que uma demanda é judicializada, o que na nossa perspectiva teórico-prática, não é negativa. Isso porque reflete no desvelamento do caráter intersetorial da saúde, porque a efetivação desse direito perpassa vários sistemas sociais e acionando a função originária de cada sistema. Quando proposta uma demanda, caberá ao Poder Judiciário decidir.

5.2. Justificativa

Descreveremos, em um parágrafo, os motivos que fundamentaram nosso interesse em adentrar nas práticas e ações para a efetivação do direito à saúde por parte do Poder Judiciário Estadual e da Justiça Federal subseção judiciária do Estado. Eis o principal motivo: a incorporação de novos direitos ao Texto Político teve uma consequência notável no desenvolvimento funcional e institucional do Poder Judiciário, tendo em conta o compromisso com a efetividade de direitos e da Constituição. A especialização dos juízes é uma das consequências que reputamos ser relevantes quando falamos em ações para a efetivação do direito à saúde. Todavia, é o número de demandas judiciais que torna a pesquisa no órgão necessária para a compreensão dos efeitos sociais da normatização do direito à saúde e, em determinados casos, do que determina a inefetividade daquele direito. Para isso, saber qual o tipo de demanda que se judicializa é primordial.

5.3. Resultados

1. *Tipos de demanda.* O início da judicialização ocorre por certas insuficiências no sistema de assistência farmacêutica. Por isso, as primeiras demandas estão vinculadas à questão dos medicamentos, em especial aos medicamentos relativos ao coquetel da AIDS. A relevância da matéria encontra-se no fato de as pessoas que necessitavam dos medicamentos demandavam em juízo por meio de advogados vinculados à organizações não governamentais, em especial o Grupo de Apoio à Prevenção da Aids no Rio Grande do Sul, o GAPA. As decisões judiciais foram favoráveis, o que possibilitou uma maior organização do sistema.

2. *Efeito das primeiras demandas.* Como as decisões foram favoráveis, muitos advogados e cidadãos compreenderam que para deter-

minadas situações em que o paciente não poderia arcar com os custos integrais, poderiam ser judicializadas demandas para a obtenção de medicamentos, em particular, os medicamentos contra diabetes, hepatite e doenças cuja incidência na população é baixo, mas cujo custo do tratamento é elevado.

3. *Ações sociais.* Os entrevistados relataram o efeito das ações sociais empreendidas por promotores, juízes, advogados, defensores públicos, médicos do Conselho e outros agentes de saúde, no sentido de viabilizar uma maior efetividade do direito à saúde e das próprias decisões tomadas em sede judicial. O *Movimento em Defesa da Saúde* é um exemplo deste tipo de ação social. Sem dúvida, a construção de consensos em matéria de saúde, por meio das reuniões interdisciplinares, permitiu que fosse assinado o protocolo entre governo e as instituições jurídicas como o Poder Judiciário e o Ministério Público. Esse tipo de ação permitiu que o magistrado acesse a lista de medicamentos disponíveis, de modo a abreviar o tempo de execução da decisão e evitar desencontros das esferas públicas.

4. *Padronização das petições.* A fixação de regras e exigências para a compra de medicamentos via judicial foi uma ação relevante do ponto de vista da organização do sistema. Em particular, é a padronização das petições iniciais o carro chefe desse tipo de atitude, com a especificação do tipo de medicação, a quantidade, a prescrição necessária assinada por médico, a denominação do medicamento (não o nome comercial), sob pena de inépcia de petição. Com esta padronização, impedem-se fraudes ao sistema e que a Administração Pública despenda recursos com gastos irrelevantes.

5. *Especialização das Varas.* Um ponto interessante é a especialização das Varas da Fazenda Pública em comarcas do interior, com a concentração de determinados tipos de demanda que antes eram distribuídas a diferentes Varas Cíveis. Nesse sentido, a articulação interinstitucional entre juiz/gestor ou promotor/gestor fica simplificada.

6. *Números de demandas.* Embora o número de demandas tenha se estabilizado nos últimos anos, estima-se que ainda existam cerca de 110 mil processos. Desde 2008, a Procuradoria-Geral do Estado tem realizado a quantificação das demandas em saúde. Deste ano até 2010 foram ajuizadas mais de 40 mil novas ações. Isso demonstra que, embora o Poder Judiciário julgue milhares de ações anualmente, a demanda cresce, e isso acaba estabilizando um número elevado de ações a serem decididas.

7. *Ações interessantes.* Interessantes são as decisões judiciais que desde 1990 até 2010 possibilitaram a importação de medicamentos, sejam eles experimentais (no caso do coquetel da AIDS foram im-

portados medicamentos para o tratamento) ou não; a aquisição de medicamentos relativos ao tratamento da hepatite C, por conta da demora na incorporação tecnológica; relativas ao transplante de medula óssea e a falta de leitos para a realização do procedimento; os casos relativos à disponibilidade de insulina, cuja atitude administrativa somente ocorreu após um expressivo número de ações judiciais.

8. *Ações na Justiça Federal*. Na Justiça Federal, é possível pesquisar não somente a quantidade de processos, como também, catalogar as informações segundo critérios de pesquisa. Abaixo apresentaremos alguns gráficos em relação à pesquisa realizada. O gráfico abaixo representa o número de processos ajuizados na Justiça Federal, cadastrados no assunto "Saúde" e, portanto, representa os mais variados tipos de demandas. Desse modo, o gráfico mostra um aumento contínuo dos processos distribuídos, com significativo incremento no número de ações a partir do ano de 2006, praticamente dobrando a cada ano. No contexto da judicialização da saúde e dos resultados apresentados no gráfico abaixo, observa-se que, em meio à democracia contemporânea, o fenômeno de judicializar a saúde apresenta reivindicações e modos de atuação legítimos aos cidadãos diante da inefetividade da política pública de saúde. Somente uma análise qualitativa poderia explicar o aumento do número de ações em saúde a partir de 2006. Essa análise é ainda mais complexa pelo fato de incluir ações previdenciárias. Contudo, esse aumento progressivo, pela conjugação de gráficos, ocorreu nos Juizados Especiais Cíveis, indicando que a instalação desses Juizados ampliou o acesso à Justiça.

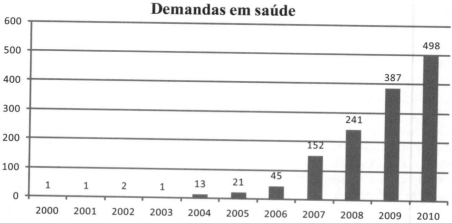

Fonte: Justiça Federal. Pesquisa "Mapeamento de ações para efetivação do direito à saúde no Rio Grande do Sul de 1990 a 2010".

9. *Processos físicos.* O gráfico abaixo apresenta o número de processos físicos cadastrados com o tema saúde. Observa-se que os próprios filtros do Sistema de Acompanhamento de Processos (SIAPRO) não dão conta de classificar as ações de saúde segundo os diferentes pleitos. O Sistema de Acompanhamento de processos mostra que o ano de 2009 foi o ápice da judicialização da saúde no Estado do Rio Grande do Sul. É oportuno observarmos que no período de 2001 a 2003 o SIAPRO apresenta número relativamente pequeno e isso pode ser reflexo de uma mudança no estado da arte da distribuição dos processos. Dentro desse contexto, é relevante destacarmos que a presidência do Tribunal Regional Federal da 4ª Região determinou o fechamento do sistema (em 2013) que permitia o processamento de algumas classes de ações judiciais. A partir do fechamento do sistema só serão processadas ações por meio eletrônico, via *e-proc*. O SIAPRO funcionava desde 1998. Ao ingressar com uma ação na Justiça Federal por meio físico, os dados que constavam no papel eram cadastrados nesse sistema, permitindo o acompanhamento das partes, dos magistrados e de servidores da Justiça. Esse foi um significativo passo para a informatização do Judiciário e, também, para o melhor acompanhamento e mapeamento das ações de saúde.

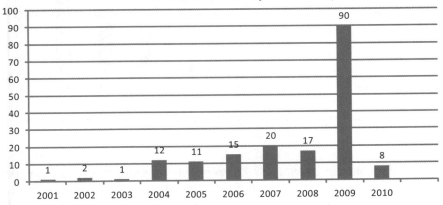

Fonte: Justiça Federal. Pesquisa "Mapeamento de ações para efetivação do direito à saúde no Rio Grande do Sul de 1990 a 2010".

10. *Processos eletrônicos.* O incremento de ações ocorreu principalmente nos processos *e-proc*, sistema implementado em 2003, cujo objetivo é oferecer maior celeridade e presteza no atendimento jurisdicional, uma vez que esse Sistema permite aos advogados enviar,

pela Internet, petições iniciais e incidentais, bem como documentos relacionados aos processos judiciais em andamento. Os processos distribuídos aos Juizados Especiais Federais Cíveis podem também indicar predominância de ações de menor expressão econômica. Em 2010, por exemplo, dos 498 processos distribuídos em matéria de saúde, apenas 8 foram pelo meio físico. É possível levantar a hipótese de coincidência desse aumento expressivo de ações nos JEC com a questões do subfinanciamento da saúde, acesso à Justiça, com a implantação dos Juizado Especial Cível e da Defensoria Pública Federal, a serem confirmadas com a obtenção de dados qualitativos. Destacamos que o número de processos aumentou significativamente no ano de 2010, também, devido ao encerramento do uso da ferramenta do SIAPRO conforme verifica-se no gráfico abaixo:

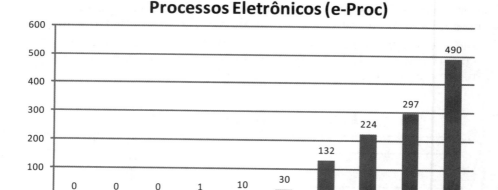

Fonte: Justiça Federal. Pesquisa "Mapeamento de ações para efetivação do direito à saúde no Rio Grande do Sul de 1990 a 2010".

11. *Tratamento hospitalar e fornecimento de medicamentos.* O gráfico na página seguinte mostra um aumento contínuo dos processos distribuídos, com significativo incremento do número de ações a partir do ano de 2004, com picos nos anos de 2007 a 2009. Percebe-se que em 2009 o número de Ações em Medicamentos é mais que o dobro do número de ações em saúde. Já em 2010 os dados são quase equivalentes, sendo 498 em saúde e 475 em medicamento, conforme os dados da Justiça Federal que foram pesquisados na base de dados do Judiciário Federal.

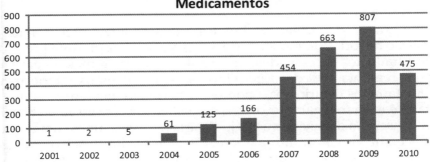

Fonte: Justiça Federal. Pesquisa "Mapeamento de ações para efetivação do direito à saúde no Rio Grande do Sul de 1990 a 2010".

13. *Convênios médicos.* A temática dos convênios médicos ainda é incipiente no âmbito da regulação jurídica no Brasil. Observa-se que no ano de 2008 tivemos o maior número de ações com objeto "convênio médico com o SUS". É oportuno observarmos que o art. 24 da Constituição Federal de 1988 aponta que quando as disponibilidades do sistema público de saúde forem insuficientes para garantir a cobertura assistencial à população de uma determinada área, o Sistema Único de Saúde (SUS) poderá recorrer aos serviços ofertados pela iniciativa privada. No entanto, a participação complementar dos serviços privados será formalizada mediante contrato ou convênio, observadas, a respeito, as normas de direito público. Dentro dessa possibilidade constitucional que foi ofertada à iniciativa privada, observa-se que a privatização de hospitais públicos tem sido alvo de debates jurídicos e sociais, ainda é um tema incipiente. Vejamos o gráfico:

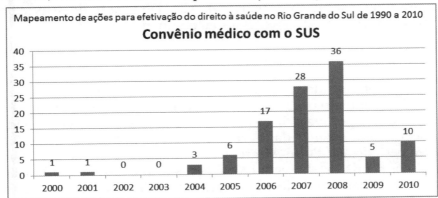

Fonte: Justiça Federal. Pesquisa "Mapeamento de ações para efetivação do direito à saúde no Rio Grande do Sul de 1990 a 2010".

6. Defensoria Pública

6.1. À guisa de introdução

A criação da Defensoria Pública está diretamente relacionada à evolução histórica do modelo de assistência jurídica gratuita prestada pelo Estado aos necessitados. Entretanto, não entraremos no particular que remonta às Ordenações Filipinas. Como fizemos anteriormente, relataremos os principais pontos. A partir do momento em que o Estado é instado a garantir o acesso à justiça via concessão de benefícios de isenção de taxas e custas judiciárias, surge também um múnus público que visa a garantir a orientação e defesa jurídica à população carente. A prestação de um serviço jurídico, público e gratuito à parcela necessitada da população demandou, na história republicana do Brasil, a necessidade de estruturação de um órgão estatal com função e atributos próprios para prestar adequadamente a assistência jurídica integral.

6.2. Justificativa

Descreveremos, em um parágrafo, os motivos que fundamentaram nosso interesse em adentrar nas práticas da Defensoria Pública Estadual no que concerne à efetivação do direito à saúde. Eis o principal motivo: os novos direitos positivados na Constituição implicaram uma ação governamental vocacionada à ampliação do acesso, não somente no que se refere à ampliação das políticas públicas em saúde pública, mas pelo alargamento das possibilidades de se exigir judicial e extrajudicialmente que a Administração Pública cumpra sua função de prestar os direitos sociais. Mais do que isso, por ser a Defensoria Pública uma instituição responsável pela viabilização de determinados direitos às pessoas carentes social ou financeiramente.

6.3. Resultados

1. *Demandas*. Mesmo não sendo possível realizar todo o levantamento quantitativo do número de ações que ingressaram no Poder Judiciário por meio da atuação da Defensoria Pública do Estado, conseguimos acessar os dados concernentes ao período de 2006-2010. Nesse período, em Porto Alegre, foram ajuizadas 3.105 ações, dentre as quais mandados de segurança e ações ordinárias. Essa estatística demonstra a relevância do serviço prestado pela Defensoria. Em 2011, com a criação da Defensoria Especializada em Saúde, houve o início da quantificação das demandas extrajudiciais, dados não que podem

ser utilizados na pesquisa pelas definições metodológicas adotadas no Projeto.

2. *Especialização das Defensorias.* Dentre as ações fundamentais para a efetivação do direito à saúde no Estado está a especialização funcional de Defensores Públicos (não somente em Porto Alegre) e a formação de núcleos de trabalho, como o Núcleo de Defesa da Saúde. Todo o protocolo de atuação permite um melhor atendimento ao cidadão e a facilitação do acompanhamento estatístico da atuação das Defensorias.

3. *Ampliação da visibilidade.* A informação é o ponto-chave que proporciona ao cidadão exigir seus direitos e acessar a Justiça. Diante do quadro alarmante veiculado pelos meios de comunicação em matéria de saúde pública nos últimos anos, manter programas de atendimento e ampliar as zonas de diálogo com a Administração Pública é uma das importantes iniciativas da instituição. Prova disso é que boa parte dos atendimentos realizados tem obtido soluções extrajudiciais (80%), não só proporcionando que o Sistema de Saúde se aperfeiçoe, mas que o nome da instituição seja reconhecido como viabilizador da satisfação do direito individual nos casos de inefetividade da política pública.

7. Conclusões

O processo de transformação social é lento e gradual, e a concretização da democracia em nosso país passa pela efetivação dos mais diversos direitos. Neste artigo, destacamos aspectos e eventos da efetivação do direito à saúde no Rio Grande do Sul, que contribuíram (e continuam contribuindo) para a consolidação da democracia. Estas observações fazem parte do resultado de uma pesquisa que envolveu tanto operadores do sistema da saúde, da educação, do direito e do sistema da política, sempre tendo como foco central a saúde como ponte para a efetivação de outros direitos sociais. Cada vez mais, estamos convencidos de que é através da efetivação desse direito que teremos outros direitos fundamentais efetivados. Observamos também que o estudo do direito à saúde passa por várias áreas do conhecimento, e as demandas estão sempre em evolução. Por exemplo, se no início dos anos 90 as principais demandas eram medicamentos e leitos hospitalares, hoje temos demandas mais complexas. Até porque houve uma normatização tanto na questão dos fármacos como na hospitalização. No caso específico dos medicamentos, vemos que hoje o acesso é mais amplo, o que não ocorria antes da década de 90, em que a possibilidade de ter acesso a determinados medicamentos dependia da condição econômica e, outras vezes do tipo de relação social que os cidadãos mantinham, como, por exemplo, quando ouvimos relatos de que os trabalhadores de empresas aéreas tinham um papel importante em trazer medicamentos do exterior – em especial os operadores da VARIG. A questão é: quem conhecia a tripulação? Hoje temos uma normatização para a importação de medicamentos, fruto das reinvindicações dos movimentos sanitaristas. Mesmo assim, ainda temos (certamente sempre teremos) problemas no acesso.

Destaca-se, ainda, que no que concerne à epistemologia jurídica o direito à saúde tem sido discutido fortemente no Programa de Pós--Graduação em Direito da Unisinos: a maioria dos pesquisadores do PPGD orientou e ainda orienta teses e dissertações que versaram sobre o tema da saúde nos seus mais variados aspectos (vida, meio ambiente, transexulismo, planos de saúde, políticas públicas de saúde, efetividade de direitos fundamentais, dentre outros). As análises foram realizadas com diferentes referenciais teóricos, tanto na linha de pesquisa "Hermenêutica, Constituição e Concretização de Direitos" quanto na "Sociedade, Novos Direitos e Transnacionalização", desde que o ano programa foi criado, em 1996.[47]

---

[47] "Não é despiciendo lembrar da célebre decisão interlocutória em que um magistrado negou a antecipação de tutela a portadores do vírus HIV que desejavam obter medicamentos, alegando que não haveria risco de dano irreparável ou de difícil reparação, pois 'todos somos mortais', negando, por conseguinte, qualquer reconhecimento ao direito à saúde insculpido nos arts. 6° e 196, da Constituição Federal: 'Indefiro a antecipação da tutela. Embora os autores aleguem ser portadores de AIDS e objetivem medicação nova que minore as seqüelas da moléstia, o pedido deve ser indeferido pois não há fundamento legal que ampare a pretensão de realizar às expensas do Estado o exame de genotipagem e aquisição de medicamentos que, segundo os autores, não estão sendo fornecidos pelo SUS. A Lei n° 9.313/96 assegura aos portadores de HIV e doentes de AIDS toda a medicação necessária a seu tratamento.Mas estabelece que os gestores do SUS deverão adquirir apenas os medicamentos indicados que o Ministério da Saúde indicar para cada estágio evolutivo da infecção ou de doença. Não há possibilidade de fornecimento de medicamentos que não tenham sido indicados pela autoridade federal. Por outro lado não há fundado receio de dano irreparável ou de difícil reparação. Todos somos mortais. Mais dia menos dia, não sabemos quando, estaremos partindo, alguns, por seu mérito, para ver a face de Deus. Isto não pode ser tido por dano. Daí o indeferimento da antecipação da tutela. Cite-se a Fazenda do Estado. Defiro gratuidade judiciária em favor dos autores. Intimem-se. São Paulo, quinta-feira, 26 de julho de 2001. Antônio Carlos Ferraz Miller, Juiz de Direito'. STRECK, Lenio Luiz. *Jurisdição Constitucional e Hermenêutica:* uma nova crítica do Direito. 2. ed. Rio de Janeiro: Forense, 2004, p. 79-80, nota 49. Como ressalta Lenio Streck, casos como esse "desnudam, dramaticamente, a alienação constitucional imperante no imaginário de determinados operadores do Direito".

— 2 —

Sistema da saúde e transformação social

SANDRA REGINA MARTINI[1]

Sumário: Introdução; 1. Os desassossegos da teoria: limites e possibilidades para ultrapassar e criar a partir da teoria sistêmica; 2. Saúde: um sistema diferenciado funcionalmente; 3. Sistema médico; 4. Saúde, direito e política; Conclusões; Referências.

Introdução

> *A ciência é uma tomada de posse da realidade. Por isso a ciência é indiferente aos valores e daí seu caráter – subjetividade – de pesquisa desinteressada e – objetivamente – de pesquisa pura.* (Norberto Bobbio)

As teorias ou as ciências, como afirma Bobbio, de modo geral, produzem efeitos diversos para quem se debruça seriamente no estudo da própria. No caso específico da Teoria dos Sistemas Sociais de Niklas Luhmann, este efeito se transforma em desassossego: refletir sobre uma teoria que rompe com pressupostos e verdades é sempre complexo e desafiador. Esta teoria se apresenta com vários diferenciais, pois, além de desacomodar qualquer pesquisador, também, e ao mesmo tempo, apresenta-se como um desafio para a análise da complexidade social, uma vez que não aceita as teorias tradicionais na sua íntegra, mas as utiliza para mostrar as fragilidades internas da própria teoria. Além disso, toda a base de construção da teoria é transdisciplinar e construtivista; isso, por um lado, facilita o processo de compreensão da sociedade atual; por outro, não "admite" análises

---

[1] Doutora em Direito, Evoluzione dei Sistemi Giuridici e Nuovi Diritti, Università Degli Studi di Lecce e pós-doutora em Direito, Università Degli Studi di Roma Tre. É professora da Universidade do Vale do Rio dos Sinos, da Fundação do Ministério Público, da Scuola Dottorale Internazionale Tullio Ascarelli e professora visitante da Università Degli Studi di Salerno. Foi Diretora da Escola de Saúde Pública do Rio Grande do Sul de 2007 a 2010, e é membro do Conselho Superior da Fundação de Amparo à Pesquisa do Estado do Rio Grande do Sul (FAPERGS). Contato: srmvial@terra.com.br

lineares, ou seja, cada análise pode ser diferente da que foi formulada. Estes desassossegos serão tratados no início do artigo, recordando que o próprio autor (N.L.) referia a importância destas inquietações, e outros autores também vêm advertindo para a importância deste aspecto, sem o qual não se pode entender a complexidade da Teoria.

O fundamento teórico deste artigo é, portanto, a Teoria dos Sistemas Sociais de Luhmann. Muito embora ele não tenha falado em sistema da saúde, sua teoria nos dá bases para defender a postura que a saúde é um sistema social. Alguns pesquisadores da Teoria Sistêmica defendem a ideia, da qual discordamos, de que não podemos utilizar a expressão "sistema da saúde". Entendemos que a saúde é um sistema social diferenciado e que constantemente recebe irritações de outros sistemas sociais, em especial – ou talvez a mais conhecida – a irritação do sistema do direito, fato definido por muitos autores como "judicialização da saúde". Fala-se também em politização do direito, e essas expressões são utilizadas de modo corriqueiro e não necessariamente estão vinculadas a uma postura sistêmica. Contudo, é curioso ou desassosegador observar que, sempre que a expressão tem um caráter negativo, imediatamente é vinculada à Teoria dos Sistemas Sociais.

Desde a perspectiva sistêmica, não podemos aceitar pacientemente essas semânticas, preferindo falar em acoplamento estrutural ou irritação sistêmica, mas não deixamos de reconhecer que a expressão tem um significado importante na academia e no mundo operativo, ainda que, em muitos casos, seja banalizado o seu significado originário. Destacamos apenas nossa preocupação com as limitações destas expressões. Em outros termos, ao entendermos a saúde como um sistema, também concordamos com a posição luhmaniana de que não existe um sistema mais importante do que o outro, mas cada sistema tem uma função que o diferencia dos demais. Esta postura estará presente em todo o artigo, no qual tentaremos mostrar como opera o sistema da saúde e sua relação com os demais sistemas sociais.

A ciência que não provoca este tipo de desafio, certamente não toma posse da realidade, ou melhor, não entende que tomar posse da realidade é diferenciar sistema e ambiente, é entender a sociedade como a diferença constitutiva entre sistema e ambiente. Tomar posse da realidade significa buscar constantemente o desvelamento de paradoxos, sabendo que este também é um processo circular: quando desvelamos um paradoxo, corremos o risco de esconder outros. Portanto, a necessidade de entender a sociedade como um sistema em evolução é fundamental e, mais do que isso, é preciso entender que a evolução é um processo que não podemos controlar.

Este artigo será fundado em várias inquietações e reflexões sobre a ideia de sistema; especificamente, pretendemos fundamentar que a saúde pode ser entendida no contexto de um sistema social diferenciado, fazendo parte desta grande rede ou malha de comunicações chamada sociedade. Além das reflexões teóricas a respeito da possibilidade de limitações da definição do "sistema da saúde" como sistema, também temos outras indagações desde a perspectiva sociojurídica, como a redefinição conceitual de mudança social e transformação social em uma sociedade complexa, paradoxal, na qual o processo evolutivo nos "obriga" a definirmos e redefinirmos constantemente os conceitos construídos. Não poucas vezes, esta construção se dá através da desconstrução, postura típica da Teoria Sistêmica, a qual nos permite refletir e questionar o processo atual de transformação social; por isso, a teoria desasossega e "molesta".

1. Os desassossegos da teoria: limites e possibilidades para ultrapassar e criar a partir da teoria sistêmica

O desassossego que a Teoria provoca foi tema de muitos congressos e colóquios, de muitos artigos acusando-a, inclusive, de "anti-humanista" e conservadora. No Brasil, vários autores já abordaram este tema, entre eles Leonel Severo Rocha, Celso Fernandes Campilongo, Marcelo Neves, assim como autores na Europa e em todas as Américas.

Uma análise, recente, feita por Osvaldo Dallera, possivelmente nos auxilie a refletir porque a teoria continua a "molestar" tanto:

> La sociología de Luhmann molesta porque (...) interpela, desafía y pone en aprietos al pensamiento tradicional y sus variantes pre modernas y modernas. ¿Cómo hace la sociología de Luhmann para molestar y ser irritante? Básicamente hace tres cosas: (...) Desplaza del centro de la escena social a las autoridades del pensamiento tradicional; (...) Hace de la observación el motor de la construcción social de la realdad; (...) Asume que todo lo que no es social pasa a formar parte de todo lo demás que se agrupa en el campo ecológico.[2]

Tem razão Dallera em utilizar o termo "molesta". Para muitos, basta falar no nome do autor que já se sentem molestados, mas esta "moléstia" não tem feito com que grande parte dos mesmos críticos à teoria leiam o autor, pois, além de molestar, a teoria sistêmica desconstrói pressupostos que sempre consideramos válidos e propõe constantemente uma nova reflexão, ou melhor, uma nova observação da própria observação. Isso desacomoda qualquer leitor que buscar

---

[2] DALLERA, Osvaldo. *La sociedade como Sistema de Comunicación:* la teoría sociológica de Niklas Luhmann en 30 leciones. Buenos Aires: Biblio, 2012, p. 131.

respostas imediatas e definitivas. Ou como descreve Celso Campilongo:

> Luhmann é um desmancha-prazeres das teorias entusiastas em relação aos movimentos sociais. Sua desconfiança em relação aos sujeitos, aos atores, à ação individual ou coletiva, aos valores morais, à teologia do progresso, do desenvolvimento e da emancipação, de um lado, e sua perseverança nas explicações baseadas na diferenciação funcional, na complexidade, seletividade e contingência dos sistemas sociais e no paradoxal jogo de abertura cognitiva e fechamento operacional dos processos de comunicação –"autopoiesis"–, fazem da teoria dos sistemas modelo ostensivamente contracorrente.[3]

Porém, o maior desassossego provocado pela Teoria está na definição de novos sistemas sociais, frutos do próprio processo evolutivo, como é o caso em estudo: sistema da saúde e transformação social. Por isso, iniciaremos discutindo a definição de sistema, para depois chegarmos ao sistema médico, momento em que apresentamoscomo, teoricamente, pode ser definido este "novo" sistema social: a saúde.

A limitação que encontramos (que também, ou exatamente por isso, é igualmente possibilidade) é que todas as vezes que refletimos sobre o sistema médico, não encontramos o conceito de saúde ampliado. Encontramos apenas a saúde como mera ausência de doença, e este conceito não é compatível com a proposta do projeto de investigação que estamos desenvolvendo, pois partimos do pressuposto que saúde, em primeiro lugar, é um bem da comunidade. Em segundo lugar, concordamos com o conceito definido pela OMS e também com a ideia de que para definir saúde é preciso entender os determinantes sociais em saúde. Estas são nossas dificuldades, com as quais não buscamos – e mesmo que buscássemos, não encontraríamos – respostas ou certezas, mas entender esta nova situação desde a teoria sistêmica. Luhmann, quando estudou o sistema médico, não tinha a preocupação com a dimensão que estamos dando para o conceito de saúde e para o direito ao direito à saúde. Ele descreveu o sistema tal como se apresentava, dizendo inclusive que o sistema médico só tem sentido quando opera com o código positivo, ou seja, com a doença. Este fator nos desassossega de modo constante, tem sido objeto de várias discussões em seminários, encontros, colóquios. O desafio atual é, cada vez que procurarmos o sistema da medicina, encontrarmos o sistema da saúde, e não o contrário, que é o que vem acontecendo. Porém, é exatamente nesta limitação que vemos as possibilidades da e com a própria teoria, ou ainda, a identificação desta limitação é o que nos faz "aprender a ir longe", conforme o texto "Quando Nietzsche chorou":

---

[3] CAMPILONGO, Celso F. *Interpretação do Direito e movimentos sociais*. Rio de Janeiro: Elsevier, 2012, p. 42.

(...) – Mas, professor Nietzsche, se todos os intérpretes são limitados por seu contexto autobiográfico, como o senhor escapa da mesma limitação no seu trabalho?
– Primeiro – respondeu Nietzsche– é preciso identificar a limitação. Depois, é preciso aprender a se ver de longe, embora às vezes, infelizmente, a gravidade da minha doença prejudique a perspectiva.[4]

O desafio que nos propomos é reduzir a complexidade, mostrando que a saúde é um sistema, mas sabemos que reduzir a complexidade é sempre, ao mesmo tempo, incrementar a complexidade. No caso específico, temos de revistar várias teorias e disciplinas para darmos conta desta tarefa, pois cada vez que definimos um conceito, cada vez que observamos, fazemos isso estabelecendo distinções, indicamos alguma coisa diferenciando-se de outras. Por isso, assim transitamos na perspectiva construtivista: construímos e desconstruímos constantemente distinções, fruto de observação de várias ordens.

2. Saúde: um sistema diferenciado funcionalmente

A sociedade como um sistema social é composta por subsistemas, é constituída por comunicação, ou seja, é uma malha de comunicações. Sem comunicação, não é possível fazer nenhuma seleção, escolha. A necessidade de seleção (escolha) decorre justamente do fato de o sistema não conseguir dar conta desse contingente de possibilidades, da complexidade interna. Esse excesso de possibilidades é proporcional à gama de elementos do seu interior, e as relações entre esses elementos fazem crescer o número de possibilidades. Este crescente número de possibilidades tornam a sociedade altamente complexa, de risco e em permanente evolução.

As possibilidades não realizadas ficam potencializadas como opções para o futuro e de algum modo são absorvidas pelo sistema. O sistema seleciona algumas possibilidades, opções, que estejam em consonância com a função que ele desempenha. É a simplificação da complexidade do ambiente como condição de sobrevivência do sistema, mas isso desencadeia o aumento da complexidade do sistema. O número de possibilidades aumenta internamente, podendo até gerar sua autodiferenciação, resultando em novos subsistemas.[5] O motivo que enseja a sua evolução é a sobrevivência à complexidade, que cria

---

[4] YALOM, Irvin. *Quando Nietzche chorou*. São Paulo: Ediouro, 2004. p.77-78.

[5] Para elucidar tal situação, tome-se como exemplo o caso do direito: inicialmente o sistema do direito diferenciou-se em público e privado. Entretanto, dado a sua crescente complexidade, viu-se obrigado a autodiferenciar-se em constitucional, administrativo, penal, comercial, e assim sucessivamente. Esse processo revela a evolução do sistema, que é diferente de desenvolvimento, que é passível de controle, enquanto a evolução não é controlável. LUHMANN, Niklas. *Sociologia do Direito I*. Trad. Gustavo Bayer. Rio de Janeiro: Tempo Brasileiro, 1983.

constantemente novas possibilidades. Ou seja, na tentativa de reduzir a complexidade, dá-se o incremento dela.

Diante disso, também podemos afirmar que a saúde se constitui em um sistema social diferenciado funcionalmente. A dificuldade de alguns com esse entendimento está vinculada – pelo menos em alguns casos – ao fato de que Luhmann nunca escreveu nada sobre o sistema da saúde, mas sim sobre o sistema médico. Acreditamos que a teoria ofereça elementos suficientes para afirmarmos que, no processo evolutivo, a saúde foi aprimorando suas comunicações e estruturando-se como um subsistema social, ou em sistema social.

Seguindo a própria definição de sistema social, vemos que a saúde se enquadra perfeitamente bem no conceito de sistema social que, conforme o glossário luhmanniano, *"sorgono per autocatalisi dai problemi di doppiacontingenza, chepermettono di affrontareatraversole loro operazioni"*.[6]

Mais ainda, um sistema social precisa diferenciar-se de seu ambiente e ter uma estrutura própria, ser fechado operativamente e aberto cognitivamente. Aliás, somente este fato pode justificar a ideia de irritação entre sistema do direito e sistema da saúde, o que, como já referimos, muitos chamam de judicialização, ou *"un sistema sociale, quindi, è un sistema distinto da un ambiente edoperazionalmentechiuso, cio è capace da sé i proprielementi e lepropriestruture"*.[7]

Vemos que, em todas as sociedades, o sistema da saúde foi se diferenciando e se autorreproduzindo em contínua irritação com os demais sistemas sociais, em especial com o sistema do direito – aí falamos em judicialização, e o sistema da política é obrigado a tomar decisões coletivamente vinculantes.

3. Sistema médico

Não poderíamos desconsiderar as observações de Luhmann sobre o sistema médico, ou melhor, sobre medicina, pois ele afirma que o "sistema da medicina":

> Il sistema dela medicina o sistema di cura dei malati è uno dei sistemiparziali per dellasocietàdifferenziata per funzioni.

---

[6] "Surgem por autocatálise dos problemas de dupla contingência, que permitem enfrentar através de suas próprias operações." Tradução livre. CORSI, Giancarlo; BARALDI, Claudio; ESPOSITO, Elena. *Luhmann in Glossario:* i concetti fondamentali della teoria dei sistemi sociali. Milano: Franco Angeli, 1996. P.213.

[7] "Um sistema social é, então, um sistema separado de um ambiente e fechado operacionalmente, que é capaz por si só de seus próprios elementos e própria estruturação." Tradução livre. CORSI, Giancarlo; BARALDI, Claudio; ESPOSITO, Elena. *Luhmann in Glossario:* i concetti fondamentali della teoria dei sistemi sociali. Milano: Franco Angeli, 1996. p. 213.

> Questo sistema si orienta primariamente all' ambiente dellasoceità, è concentrato sui problemicheosserva in tale ambiente: lacomunicazioni al suo interno non si occupa di se stessa, bensìdellecondizioniorganiche o mentalidegliuomini.[8]

Interessante observar que Luhmann escreveu poucos artigos sobre o sistema médico, nos quais a saúde aparece sempre como parte do código binário saúde/doença, ou melhor: do código são/doente. Alerta Luhmann, no entanto, que os conceitos de são e de doente não indicam um particular estado físico ou psíquico, mas têm o valor de código, no qual o valor positivo é o da doença, e o negativo é o da saúde. Ou seja, o que vai importar para este sistema não é a saúde, mas sim a doença, já que só esta importa para os médicos. Para quem não entende a perspectiva da teoria, isso pode parece absurdo, porém é fundamental destacar o que o autor quer dizer com isso: para os médicos, a questão a ser resolvida é a doença, não a saúde.

> [...] non à niente da fare, consente solo di rifletteresuciòcheviene a mancare quando si è malati. Il sistema della medicina opera, dunque, soltanto quando qualcuno si ammala. Corrispondentemente, vi sono moltimalatiaed una sola salute: la terminologia dellamalattia si sviluppa, mentre Il concetto di saluterimaneproblematico o vuoto.[9]

Certamente Luhmann se referia às dificuldades de efetivar e dimensionar a própria definição da OMS sobre saúde, bem como as especificidades da saúde em cada comunidade. Outro aspecto relevante é que o valor significativo para o sistema da medicina não é o valor positivo (estar são), mas sim a doença. Em outros termos:

> I programmidella medicina si produconosoltantonel contesto dellacodificazione sano/malato e, quindi, sono orientatiallamalattia [...]Poichéll suo valore positivo è lamalattia, la medicina non ha neppurecostruito una teoria dellareflessione. L'agire medico deriva dal valore attribuitoallasalute: ma lasalute non creacollegamentinel sistema e, dunque, non c' è nullasucuiriflettere.[10]

---

[8] "O sistema da medicina ou sistema de cura dos doentes é um dos sistemas parciais de uma sociedade diferenciada funcionalmente. Este sistema é voltado principalmente ao ambiente da sociedade, com foco nos problemas que se observam em tal ambiente: a comunicação interna não se ocupa de si mesma, mas das condições orgânicas ou mentais dos homens." Tradução livre. CORSI, Giancarlo; BARALDI, Claudio; ESPOSITO, Elena. *Luhmann in Glossario*: i concetti fondamentali della teoria dei sistemi sociali. Milano: Franco Angeli, 1996. p.213.

[9] "[...] não dá para fazer nada, vamos apenas pensar sobre o que é perdido quando o indivíduo está doente. O sistema médico opera, então, só quando alguém fica doente. Do mesmo modo, há muitas doenças e uma só saúde: a terminologia da doença se desenvolve, enquanto o conceito de saúde continua a ser problemático ou vazio." Tradução livre. CORSI, Giancarlo; BARALDI, Claudio; ESPOSITO, Elena. *Luhmann in Glossario*: i concetti fondamentali della teoria dei sistemi sociali. Milano: Franco Angeli, 1996. p.143.

[10] "Os programas da medicina se produzem apenas no contexto da codificação saudável/doente e, por conseguinte, são orientados para a doença [...] porque o seu valor positivo é a doença, a medicina não tem sequer construído uma teoria da reflexão. O ato médicoderiva do valor atribuído para a saúde: mas a saúde não cria ligações no sistema e, portanto, não há nada para refletir." Tradução livre. CORSI, Giancarlo; BARALDI, Claudio; ESPOSITO, Elena. *Luhmann in Glossario*: i concetti fondamentali della teoria dei sistemi sociais. Milano: Franco Angeli, 1996. p. 144.

Com estas observações, podemos ver que Luhmann deixa indicativos para se pensar na saúde como um sistema social, em cujo contexto ele destaca a existência do código binário referido, mas alerta para a constatação de que o valor que "vale" é o positivo, ou seja, a doença: ela é quem faz o sistema "funcionar" e ser funcionalmente diferenciado dos demais sistemas sociais, mas sempre conectado nesta rede de comunicação que é a própria sociedade, como podemos observar:

> La interdipendenzetra medicina edaltrisistemi di funzioni sono moltoimportanti. Il sistema della medicina è strutturalmenteaccoppiatocon l' economia, lascienza, Il sistema giuridico e cosi via: la cura medica richiededecisionipolitiche, conoscenzescientifiche, finanziamenti, regolazionegiuridica. La interdipendenze non intaccano l'autonomia del sistema della medicina: possonoessercoinvoltiuffici di lavoro, seduteparlamentari, comissionietiche, preti, parenti, ma lacostruzionedellamalatiarimane matéria della medicina.[11]

Aqui temos mais indicativos da possibilidade, independentemente de Luhmann ter escrito de a saúde se constituir em sistema social. Além disso, ele aponta para o caráter transdisciplinar e intersetorial da saúde, mesmo afirmando que doença é matéria da medicina. Para os sanitaristas, essa abordagem pode render críticas, porém essa não é nossa preocupação: queremos mostrar que o autor deixa instrumentos suficientes para o entendimento da saúde como um sistema diferenciado funcionalmente. Temos outra passagem interessante que nos leva para este caminho, aquela na qual Luhmann afirma que o sistema médico pode ter também um código secundário:

> Si, afferma, invece, lapossibilità di un códice secondario, graziealla tecnologia genética: ladistinzione geneticamente perfetto / geneticamente preoccupantepermette di determinare una distinzionesecondariacurabile / incurabile, riferitaallamalattia: la cura dei malativienepoirichiestasuentrambi i lati delladistinzione.[12]

Ou seja, Luhmann percebeu a complexidade que envolve o sistema da medicina e deixa espaços para novas reflexões que ultrapassam os campos médico, ético e político. Com isso, mostra que, evolutiva-

---

[11] "As interdependências entre medicina e outros sistemas de funções são muito importantes. O sistema médico é estruturalmente acoplado comaeconomia, a ciência, o sistema legal e assim por diante: a assistência médica requer decisões políticas, conhecimentos científicos, financiamento, regulamentação legal. As interdependências não afetam a autonomia dosistema da medicina: podem estar envolvidos escritórios de trabalho, sessões parlamentares, comissões de ética, padres, familiares, mas a construção da doençacontinua a ser uma matéria da medicina". Tradução livre. CORSI, Giancarlo; BARALDI, Claudio; ESPOSITO, Elena. *Luhmann in Glossario*: i concetti fondamentali della teoria dei sistemi sociali. Milano: Franco Angeli, 1996. p. 145.

[12] "Se afirma, no entanto, a possibilidade de um código secundário, graças à tecnologia genética: a distinção do geneticamente perfeito/geneticamente preocupante nos conduz a determinar uma distinção secundáriacurável/incurável, referida à doença: o tratamento e a cura dos pacientes são, então, necessários em ambos os lados da distinção". Tradução livre. CORSI, Giancarlo; BARALDI, Claudio; ESPOSITO, Elena. *Luhmann in Glossario*: i concetti fondamentali della teoria dei sistemi sociali. Milano: Franco Angeli, 1996. p. 147

mente, o campo da medicina vem se ampliando, motivado pela inflação das possibilidades de tratamento, bem como pelos seus custos.

Sabe-se que a imutabilidade não é característica dos sistemas, visto que o ambiente é efetivamente complexo, e isso o influencia internamente. Com a saúde, isso não foi diferente, especialmente se pensarmos na diferenciação funcional do direito até chegarmos ao direito à saúde. Deve-se dizer que a diferenciação do sistema não significa decomposição de um todo em partes, mas significa dizer que cada subsistema tem seu próprio entorno. Não existe um agente externo que modifica: é o próprio sistema que, por uma questão de sua sobrevivência no ambiente, realiza essa diferenciação. Justamente em face dessa mutabilidade, ele foi capaz de autoproduzir-se e, assim, alcançamos a expectativa jurídica da saúde. Ele foi irritado suficientemente para fazer a sua seleção e, dentro dessa, a seleção da saúde com o intuito de torná-la expectativa jurídica (regra).

A evolução dos sistemas não ocorre de modo isolado, pois ela depende de irritações do ambiente, e essas irritações, levando em consideração a tolerância do sistema, podem fazê-lo mudar suas estruturas, ou seja, produzir a si mesmo. Sistemicamente, é o que se pode denominar de *autopoiese*.[13] A autopoiese, por sua vez, é responsável pelo aumento constante das possibilidades até que a complexidade atinja um nível extremamente elevado, nível esse não suportado pela estrutura do sistema, levando-o a diferenciar-se.

O direito diferenciou-se, sofreu irritações do ambiente ao ponto de autoproduzir-se no tocante à saúde como direito, visto que, a partir das irritações do ambiente, ele processou-as conforme o seu código (binário) e positivou, reconheceu a saúde como direito. Essas irritações foram oriundas, especialmente, do Movimento Sanitário e de toda a lógica que permeou a mudança de paradigma na saúde: a saúde já não era mais um mero ato caritativo ou assistencial; passa a ser um direito constitucionalizado.

Esses aportes teóricos no tocante à constitucionalização do direito à saúde servem para compreendermos a evolução do sistema do direito. A Constituição de 1988, na qual aparece a positivação do direito à saúde, é fruto de uma malha de comunicações que confluíram para uma finalidade: reconhecer o direito à saúde na via constitucional.

O sistema do direito recebeu diversas irritações, tais como aquelas advindas do Movimento Sanitário, que podem ser observadas nos fatores mencionados no começo da análise constitucional. Com a institucionalização dos direitos fundamentais, em especial o direito

---

[13] Foi assim denominada pelos biólogos Maturana e Varela. Por ser uma teoria transdisciplinar, Luhmann trabalhou também com biologia, matemática e física.

à saúde, a Constituição acabou por reconhecer a *supercomplexidade*, e é a partir disso que a Carta Magna pretendia responder aos anseios (exigências) do ambiente, por intermédio da comunicação produzida para que isso ocorresse.[14]

Para concretizarmos o avanço propiciado por essa "malha de comunicações", precisamos de um financiamento com bases legais sólidas e definidas, e essa é a discussão atual do financiamento público de saúde.

4. Saúde, direito e política

As irritações sofridas pelo direito na década de 1980 para constitucionalizar o direito à saúde é o que hoje possibilita acoplamentos, pois é a partir dos dispositivos constitucionais (em especial aquele que diz "saúde direito de todos e dever do Estado") que permeiam o sistema do direito que o sistema da política poderá agir, algumas vezes, como é o caso, por meio de políticas públicas de saúde.

Os fatores que influenciaram essa estreita relação entre esses sistemas são a positivação do direito e a democratização da política. Essa relação é estreita; entretanto, eles são livres de coincidências e fechados no seu operar. Assim, é possível dizer-se que a democratização da política precisa de mais proteção jurídica ao particular, especialmente no que tange ao âmbito do direito constitucional.[15]

A comunicação entre os sistemas do direito e da política foi/é muito importante, pois o sistema do direito, por si só, não consegue dar conta da efetividade da saúde, tampouco da pretensão de torná-la direito, lá nos anos 1980. Diante de um quadro de complexidade do ambiente, contingência, evolução social, foi possível acoplar isso ao direito, ou seja, os anseios político-sociais daquele momento irritaram o direito para que a saúde fosse direito de fato (expectativa normativa).

Todavia, quando acontece o acoplamento estrutural entre dois sistemas, o que ocorre é uma espécie de coordenação estável das operações respectivas,[16] pois, caso ocorresse tal fusão, haveria a corrupção dos sistemas, gerando o caos.

---

[14] NEVES, Marcelo. *A constitucionalização simbólica*. São Paulo: Martins Fontes, 2007. p. 74-75.
[15] LUHMANN, Niklas. *El derecho de la sociedad*. México: Universidad Iberoamericana, 1998. p. 483
[16] CORSI, Giancarlo; BARALDI, Claudio; ESPOSITO, Elena. *Luhmann in Glossario:* i concetti fondamentali della teoria dei sistemi sociali. Milano: Franco Angeli, 1996. p. 20.

Ainda sobre o acoplamento estrutural, cabe pontuar mais algumas considerações, visto que, como Luhmann[17] refere, é um *concetto difficile*. Por sê-lo, é oportuno trazer as ponderações do autor acerca desse mecanismo:

> Questo concetto pressuppone che ogni sistema autopoietico operi come sistema determinato da la struttura: esso cioè può determinare le proprie operazioni solo attraverso le proprie strutture. L'accoppiamento strutturale allora, esclude che dati esistenti nell'ambiente possamo specificare, in conformità alle proprie strutture, ciò che accade nel sistema.[18]

O acoplamento estrutural é, então, um conceito de extrema relevância para a matriz sistêmica, pois é o mecanismo que possibilita ao sistema colocar em funcionamento os seus próprios elementos com as estruturas de outro sistema, sem causar confusão nos limites dos sistemas envolvidos no acoplamento.[19] Esse mecanismo não significa fusão entre os sistemas, como bem explicam Maturana e Varela[20] ao dizerem que "se durante a interação perdem-se as identidades das unidades interatuantes, a consequência disso pode ser a geração de uma nova unidade, porém não se verifica acoplamento". Luhmann explica acoplamento estrutural da seguinte forma:

> [...] referimo-nos a acoplamentos estruturais quando um sistema supõe determinadas características do seu ambiente, confiando estruturalmente nele. O acoplamento estrutural é uma forma, uma forma constituída de dois lados, em outras palavras, uma distinção.[21]

Os acoplamentos estruturais causam irritações ou perturbações ao sistema, e a irritação é um processo interno dele, que é oriunda de algum evento que ocorreu no ambiente. Em outras palavras, a irritação é o modo pelo qual ele percebe os eventos ocorridos no ambiente. A limitação do contato do sistema com o ambiente constitui, justamente, as irritações. Neves[22] esclarece que:

---

[17] LUHMANN, Niklas; DI GIORGI, Raffaele. *Teoria della società*. 8ed. Franco Angeli, 1996. p. 33.

[18] Esse conceito pressupõe que cada sistema autopoiético opera como sistema determinado pela estrutura, ou seja, pode determinar suas próprias operações somente através de suas próprias estruturas. O acoplamento estrutural, então, exclui que dados existentes no ambiente possam especificar, em conformidade com a própria estrutura, o que de fato ocorre no sistema. Tradução livre. LUHMANN, Niklas; DI GIORGI, Raffaele. Teoria della società. 8ed. Franco Angeli, 1996. p. 37.

[19] Para o direito à saúde, o acoplamento estrutural da Constituição com a Política é extremamente relevante, pois gera reflexos para a saúde. LUHMANN, Niklas; DI GIORGI, Raffaele. *Teoria della società*. 8ed. Franco Angeli, 1996. p. 33.

[20] MATURANA, Humberto; VARELA, Francisco. *De máquinas e seres vivos*: autopoiese – a organização do vivo. Porto Alegre: Artes Médicas, 1997. p. 103.

[21] LUHMANN, Niklas. *El derecho de la sociedad*. México: Universidad Iberoamericana, 1998. p.508

[22] NEVES, Marcelo. *A constitucionalização simbólica*. São Paulo: Martins Fontes, 2007. p. 41.

> [...] sistema não pode utilizar suas próprias operações para estabelecer contatos com seu ambiente. Todas as operações do sistema são exclusivamente internas. Todas as informações processadas são seleções produzidas internamente, a partir de um campo de diferenciação de possibilidades, delineado única e exclusivamente no interior.

Nesse sentido, toda comunicação é estruturalmente acoplada à consciência, visto que, sem ela, a comunicação torna-se impossível. Entretanto, essa consciência não é do sujeito da comunicação, mas sim do substrato da comunicação. Devido a isso, deve-se abandonar a "velha metáfora" segundo a qual a comunicação celebra a transferência de um conteúdo semântico a um sistema psíquico.[23]

Essa comunicação estabelecida deve ser compreendida como a síntese do processo comunicacional, que se constitui em três etapas indissociáveis: a informação, o ato de informar e a compreensão, que são o produto das seleções de sentidos realizadas não pelos indivíduos isoladamente, mas sim no próprio interior do sistema social.[24] A comunicação produzida no âmbito da saúde foi fruto dos diversos "discursos" dos segmentos envolvidos: sanitaristas, profissionais da saúde, acadêmicos, movimentos sociais, dentre outros.

É possível observar que, a partir do acoplamento estrutural entre diversos subsistemas sociais no processo histórico de redemocratização do país, após um longo período de ditadura militar, chegou-se a uma nova conformação dos processos de comunicação social, por meio da generalização de novas expectativas normativas comuns, institucionalizadas no nível máximo constitucional. Evidencia-se isso por meio das "vitórias constitucionais" que resultaram no reconhecimento e tutela do direito à saúde.

No tocante ao direito à saúde, pode-se dizer que as suas expectativas normativas e a própria redefinição das funções do Estado brasileiro, em matéria de políticas públicas de saúde previstas na Constituição de 1988, resultam de um longo período de reordenação dos processos de comunicação e das inter-relações dos diversos sistemas sociais, marcado pela generalização de expectativas em torno da redemocratização e da redução das desigualdades sociais do país, causando um impacto concreto nas novas interações entre diversos atores sociais na luta pela concretização da saúde.

Cabe destacar que uma mudança no direito gerará uma mudança efetiva no funcionamento do SUS. Nesse caso, pode ser registrada como "êxito político". Esse ato vai desencadear, simultaneamente, mudança na situação de vigência do direito, servindo de instrução para os tribunais, bem como para todos aqueles que queiram saber.

---

[23] LUHMANN, Niklas; DI GIORGI, Raffaele. *Teoria della società*. 8ed. Franco Angeli, 1996. p. 33.
[24] Ibidem, p. 45.

Na sociedade de rede, um evento pode gerar demandas, consequências em outros sistemas, visto que eles estão conectados, já que a sociedade, para Luhmann, é uma rede, uma malha de comunicações.

No âmbito da política, isso significou um "diálogo" entre governo/oposição, manobras dentro deste cenário político. Isso é um pouco mais evidente no modelo democrático, pois o que reforça a democracia, dentre outras coisas, é esse "embate/diálogo" entre governo e oposição, dentro da perspectiva de código binário dos sistemas. Essa característica não encontra nenhum ponto em comum dentro do sistema do direito.

A partir do contexto que expõe o direito à saúde ora como fruto da constitucionalização, ora como fruto de acoplamento estrutural, percebe-se que esse direito deve ser compreendido sob a ótica de um conjunto de deveres do Estado para com o cidadão, sendo que essas obrigações visam não só a minimizar ou a elidir as enfermidades, mas também garantir o pleno desenvolvimento de uma vida saudável.

Na Constituição de 1988, observa-se que o texto faz previsão para a saúde, inclusive, no "rol" dos direitos fundamentais[25] da pessoa humana. No que tange à nomenclatura direito fundamental, pode-se dizer que essa foi construída a partir da participação – por que não – inusitada, da população, cujo ensejo era a temática dos direitos humanos, além do contexto social vivenciado na década de 1980, que era o momento ideal para a construção de um documento social e político.

Ainda no âmbito constitucional, o artigo 196 da Constituição Federal de 1988 prevê expressamente o direito à saúde. A partir disso, está na sociedade, que exerce o papel de legitimadora e legitimante, o fundamento que institui de fato tal direito. Esse direito está amparado na autoaplicabilidade, que lhe é conferida a partir do direito concreto ligado ao conteúdo de autonomia, para então desenvolver-se como tal. Seguindo doutrina pátria, ele é uma norma programática, determinável de acordo com a autonomia, que estipula a ligação saúde/

---

[25] No tocante aos "direitos fundamentais" e aos "direitos do homem", deve-se dizer que há quem os diferencie. Esses poderiam ser utilizados em sentido genérico da acepção universal. Já aqueles seriam os direitos do homem positivados, constitucionalizados. Entretanto, Bobbio tece algumas críticas a ambos, pois, segundo ele, "direitos do homem é uma expressão muito vaga, não existem direitos fundamentais por natureza. Aquilo que parece fundamental numa determinada época histórica e numa determinada civilização não é fundamental em outras. [...] A expressão direitos do homem pode provocar equívocos, já que faz pensar na existência de direitos que pertencem a um homem abstrato e, como tal, subtraído do fluxo da história". Nesse sentido, como justificativa ao enfrentamento do problema da saúde, pode-se dizer que, consoante o autor, não se trata tão somente de justificar esses direitos, mas sim protegê-los, ou seja, trata-se de um problema político e não filosófico, pois se tem a necessidade de realização desse direito. Sem esses direitos reconhecidos e protegidos, dentre os quais a saúde, e sem democracia, é inviável termos condições mínimas para a resolução dos conflitos. BOBBIO, Norberto. *A era dos direitos*. São Paulo: Martins Fontes, 1992. p. 1-32.

prestação estatal.[26] Acaba por estabelecer-se um binômio no que tange à sua aplicabilidade.

São oportunas as contribuições de Ferrajoli[27] no que concerne ao aspecto prestacional da saúde. O autor enfatiza que o direito à saúde é de alto custo, mas é muito mais valioso, ao Estado, propiciá-lo do que negligenciá-lo, pois essa negligência gera exclusão. Veja-se o que o autor diz sobre a "complexidade" do direito à saúde face à sua abrangência:

> Il diritto alla salute si configura peraltro come un diritto tipicamente molecolare. Esso include da un lato un diritto negativo di immunità, garantito dal divieto di lesioni: che l'aria e l' acqua non vengono inquinate, che non si mettano in commercio cibi adulterati, in breve che non si rechino danni alla salute; dall' altro, esso include un diritto positivo, tipicamente sociale, all' erogazione di prestazioni sanitarie.[28]

A proposta do Estado de Bem-Estar Social foi incorporar a *questão social*, o que lhe conferiu um caráter eminentemente finalístico, propondo-lhe um caráter interventivo e promocional. Assim, o Estado Social passa a assumir funções atreladas diretamente ao seu principal ator: o indivíduo.

Pode-se dizer que esse processo de constitucionalização gerou algumas consequências jurídicas: abriu-se caminho para que todo indivíduo pudesse gozar do seu direito à saúde, visto que ela é um direito subjetivo, garantido pelo SUS, ao menos em tese; o direito à saúde ganhou uma perspectiva objetiva, sendo que passou a ser protegido não só pelo Estado, mas pela sociedade também, sem qualquer prejuízo do direito subjetivo, pois ainda é possível intentar ação judicial por ação ou omissão do poder público; coube a ele proteger a saúde na seara das relações privadas, no tocante ao legislativo estabelecer regras para disciplinar essas relações, mas em consonância com o texto constitucional.[29] Entretanto, ainda existe o *vácuo* do financiamento da saúde. Esse vácuo, juridicamente, pode ser representado pelo acoplamento da Constituição com o sistema da política a fim de que este

---

[26] SCHWARTZ, Germano; GLOECKNER, Ricardo Jacobsen. *A tutela antecipada no direito à saúde*. A aplicabilidade da Teoria Sistêmica. Porto Alegre: SAFE, 2003. p. 90-91

[27] FERRAJOLI, Luigi. *Principia iuris*. Teoria del diritto e della democaracia.Teoria della democrazia. v. 2. Editori Laterza: Roma- Bari, 2007. p. 409.

[28] O direito à saúde se configura como um direito tipicamente molecular. Este inclui de um lado um direito negativo de imunidade, garantindo a proibição de lesões: que o ar e a água não sejam poluídos, que não se coloquem no comércio alimentos adulterados, rapidamente que não se causem danos à saúde; de outro, esse inclui um direito positivo, tipicamente social, à prestação sanitária. Tradução livre. FERRAJOLI, Luigi. *Principia iuris*. Teoria del diritto e della democaracia.Teoria della democrazia. v. 2. Editori Laterza: Roma- Bari, 2007. p. 409.

[29] MANUÉS, Antonio G. Moreira; SIMÕES, Sandro Alex. *Direito público sanitário constitucional*. Curso de Especialização em Direito Sanitário para membros do Ministério Público e da Magistratura Federal. Ministério da Saúde. Programa de apoio ao fortalecimento do controle social do SUS. Brasília: Ministério da Saúde, 2002. p. 477-478.

regulamente a Emenda 29, ou seja, tome uma decisão coletivamente vinculante.

A constitucionalização do direito à saúde foi uma tentativa de reduzir a complexidade, porquê, na medida em que se positiva um direito, em tese, atende-se à demanda social de redução da complexidade, mas ao positivá-lo, tem-se a complexidade aumentada, pois, a partir disso, teremos um leque de ações que se constituem obrigação para o Estado, e cria-se uma série de direitos advindos desse. Com a positivação do direito à saúde, assim como de qualquer outro direito, precisamos construir uma estrutura capaz de dar conta da concretização desse direito; temos, também, a possibilidade de exigi-lo judicialmente. Ou seja, torna-se mais complexo ainda. Ee não exclui outras possibilidades de observação, como, por exemplo, a importância dos movimentos sociais ou o processo de redemocratização do país.

Conclusões

Un sistema sociale è un sistema autoreferenzialeautopoietico, che si costituisce come diferenzarispetto ad un ambiente.[30]

A construção teórica da saúde como um sistema social, em uma sociedade em permanente transformação, é possível, embora apresente algumas limitações, as quais serão enfrentadas através do paradoxo limite/possibilidade. Ou seja, o limite que temos para as nossas investigações é a não descrição teórica consistente até os dias atuais da saúde como um sistema social, e é exatamente nesta limitação que vemos a possibilidade de entender a saúde como um sistema social autoreferencial e autopoiético, que se diferencia do seu ambiente e que tem uma estrutura própria. É através desta estrutura que, constantemente, ao reduzir a complexidade acabamos por incrementá-la, situação esta típica de sociedades diferenciadas funcionalmente em permanente evolução.

O modo de operar da Teoria dos Sistemas, de forma transdisciplinar, construtivista, nos leva para o caminho da transformação social – com a qual, muito mais do que uma mudança que não altere determinada situação estruturalmente, ou uma reforma em que os reformadores nunca são reformados – optamos por trabalhar com o conceito de transformação, pois este também rompe com a ideia da separação sujeito-objeto, uma vez que, ao transformarmos a sociedade, transformamos o ambiente da mesma.

---

[30] Um sistema social é um sistema autorreferencial autopoiético que se constitui como diferença em relação a um ambiente. Tradução livre. CORSI, Giancarlo; BARALDI, Claudio; ESPOSITO, Elena. Luhmann in Glossario: i concetti fondamentali della teoria dei sistemi sociali. Milano: Franco Angeli, 1996.

Os conceitos de transformação e mudança social foram amplamente discutidos pelas ciências, mas – como esperado – não temos uma única definição ou consenso. Paraalguns, a mudança é vista como avanço, como regresso, como resultado de contradição.Luhmann não adota um ou outro pensamento, mas uma postura que de certa forma compila todas as concepções discutidas, fazendo uma construção nova através de desconstruções de antigas teorias.Luhmann agrega a ideia de mudança organizativa dizendo que esta se refere sempre e exclusivamente às estruturas do sistema, nunca às suas operações. Além disso, refere que este *mutamento*[31] é sempre um *mutamento* observado.[32]

Reações, manifestações provocam transformações no sistema social – é preciso olhar o passado para produzir novas alternativas. Em outros termos, quem decide leva em consideração o passado, a opinião pública, os movimentos de protesto, mas por fim, a decisão não é tomada por nenhum destes elementos; é tomada dentro da estrutura em que está inserida.

O problema é quando a decisão não é tomada dentro das estruturas, ou seja, pelas instituições que a compõem, tornando seus efeitos ainda mais imprevisíveis e,em muitos casos, corrompendo os códigos binários dos sistemas sociais. As estruturas não conduzem a transformações ou a não transformações,[33] mas estas devem se dar através delas.

Neste artigo, também apresentamos a preocupação com alguns conceitos utilizados de forma "banal" e, muitas vezes, relacionando-os com a teoria sistêmica. É o caso da palavra "judicialização", que reporta a uma série de reflexões: a) o direito à saúde é entendido como direito à assistência sanitária, este é um típico sinal da tendência de inclusão generalizada, do mesmo modo ocorre com o direito à educação, ao voto, etc; b) imposição de atendimento à saúde por parte

---

[31] Que nós traduzimos como transformação.

[32] Il mutamento organizzativo è sempre un cambiamento osservato. [...] Ma ilmutamento non osservato non è mutamento, poichèil sistema non puòreagire ad esso. L'osservazione è necessariaperchéaltrimentiilmutamento non potrebbeessereintrodottonell'autopoiesidel sistema e non avrebbequindialcunaconseguenza." LUHMANN, Niklas; DI GIORGI, Raffaele. *Teoria della società*. 8ed. Franco Angeli, 1996. p 273. A mudança organizativa é sempre uma mudança observada. [...] Mas a mudança não observada não é mudança, porque o sistema não pode reagir a isso. A observação é necessária porquê, de outra forma, a mudança não poderia ser introduzida na autopoiese do sistema e não haveria então nenhuma consequência. Tradução Livre.

[33] I mutamenti di strutturanel sistema e i mutamentinell'ambientehannoluogosenzacoordinamento; se dovesseroesserecoordinati, ci si dovrebbepreoccupare ad hoc per lecasualitàche ne deriverebbero." LUHMANN, Niklas; DI GIORGI, Raffaele. *Teoria della società*. 8ed. Franco Angeli, 1996 p. 273). As mudanças de estrutura no sistema e as mudanças no ambiente têm seu lugar sem que haja uma coordenação; se devessem ser coordenados, deveriam se preocupar *ad hoc* pela casualidade que dela derivariam. Tradução Livre.

de um tribunal de maneira discricionária, o que revela um sério problema também para o sistema econômico, pois não existem recursos suficientes para o atendimento pleno da saúde.

Como consequência, os problemas de saúde são tratados pelo direito, fazendo com que a economia "obrigue" a política a intervir. Assim, todos os sistemas se agitam (se irritam, autorreproduzem, geram mais diferenças, em síntese: evoluem, o que não significa negativo ou positivo, controlável ou incontrolável). As pré-teses aparecem, mas o sistema da saúde continuará operando do modo como opera, em outros termos: vai operar com os recursos financeiros disponíveis, esperando que alguém vá provocar um processo de reforma ou transformação, imaginar uma possível reforma, depois uma reforma (ou não) dos reformadores.

Enfim, sistema da saúde ou da medicina? Para Luhmann, interessou somente esclarecer qual é a função da medicina e, por isso, tratou somente do sistema médico. A medicina cura as doenças, mas não produz saúde no seu sentido pleno, porque esta não existe!? É necessário considerar sempre os códigos binários (doença/saúde, direito/não direito, etc.) que não indicam necessariamente a situação real, mas indicam comunicação, por exemplo: quando um juiz decide em favor de uma das partes, não significa necessariamente que a outra carece de direito, já que cabe ao juiz tomar uma decisão que demarca no sentido positivo ou negativo a própria decisão. Do mesmo modo, quando um profissional da saúde diz que alguém não tem uma doença, não afirma que tal pessoa é completamente sã; diz somente que não encontra motivos para intervir e, assim, marca a sua decisão. Neste sentido, o valor do código binário que tem cognitividade é o da doença, já que o indivíduo ativa o sistema quando privado de saúde

Referências

BOBBIO, Norberto. *A era dos direitos.* São Paulo: Martins Fontes, 1992. p. 1-32.

CAMPILONGO, Celso F. *Interpretação do Direito e movimentos sociais.* Rio de Janeiro: Elsevier, 2012, p. 42.

DALLERA, Osvaldo. *La sociedade como Sistema de Comunicación:* la teoría sociológica de Niklas Luhmann en 30 leciones. Buenos Aires: Biblio, 2012, p. 131.

FERRAJOLI, Luigi. *Principia iuris.* Teoria del diritto e della democaracia.Teoria della democrazia. v. 2. Editori Laterza: Roma-Bari, 2007. p. 409.

LUHMANN, Niklas. *El derecho de la sociedad.* México: Universidad Iberoamericana, 1998. p. 508.

——; DI GIORGI, Raffaele. *Teoria della società.* 8. ed. Franco Angeli, 1996. p. 273.

MANUÉS, Antonio G. Moreira; SIMÕES, Sandro Alex. Direito público sanitário constitucional. *Curso de Especialização em Direito Sanitário para membros do Ministério Público e da Magistratura Federal.* Ministério da Saúde. Programa de apoio ao fortalecimento do controle social do SUS. Brasília: Ministério da Saúde, 2002. p. 477-478.

MATURANA, Humberto; VARELA, Francisco. *De máquinas e seres vivos:* autopoiese – a organização do vivo. Porto Alegre: Artes Médicas, 1997. p. 103.

NEVES, Marcelo. *A constitucionalização simbólica.* São Paulo: Martins Fontes, 2007. p. 41.

SCHWARTZ, Germano; GLOECKNER, Ricardo Jacobsen. *A tutela antecipada no direito à saúde.* A aplicabilidade da Teoria Sistêmica. Porto Alegre: SAFE, 2003. p. 90-91.

— 3 —

O Sistema da Saúde e o Sistema da Educação: uma reflexão sobre as expectativas e a constante necessidade de reforma

SANDRA REGINA MARTINI[1]

Sumário: Introdução; 1. A sociedade complexa e o sistema da educação; 2. Saúde como sistema social; 3. Relação entre o sistema da Educação e o sistema da Saúde; 3.1. Transdisciplinaridade; 3.2. Código negativo; 3.3. Reforma; Conclusões; Referências.

Introdução

> *Che cosa rende riconoscibile un azione educativa rispetto a qualsiasi altra azione? Cosa differenzia "'ducazione" da ciò che sucede in altri luoghi della società?*[2]

A educação precisa ser pensada nos mais diferentes momentos históricos como uma comunicação que produz e é produto de um aprendizado. Neste sentido, encontra-se vinculada ao processo de evolução da sociedade. Percebemos que as novas conquistas sociais sempre estiveram aliadas a um processo educativo, ou melhor, a um processo comunicativo de aprendizagem de novas formas de se relacionar com o próprio corpo e com o grupo. Estas novas maneiras

---

[1] Doutora em Direito, Evoluzione dei Sistemi Giuridici e Nuovi Diritti, Università Degli Studi di Lecce e pós-doutora em Direito, Università Degli Studi di Roma Tre. É professora da Universidade do Vale do Rio dos Sinos, da Fundação do Ministério Público, da Scuola Dottorale Internazionale Tullio Ascarelli e professora visitante da Università Degli Studi di Salerno. Foi Diretora da Escola de Saúde Pública do Rio Grande do Sul de 2007 a 2010, e é membro do Conselho Superior da Fundação de Amparo à Pesquisa do Estado do Rio Grande do Sul (FAPERGS). Contato: srmvial@terra.com.br

[2] CORSI, Ginacarlo. *Sistemi che apprendono*. Lecce: Pensa Multimidia, 1998, p. 63. "O que torna uma ação educativa reconhecível em relação a qualquer outra ação? O que diferencia a "educação" do que acontece em outros lugares da sociedade?" Tradução livre.

de vida coletiva necessitavam ser repassadas (no sentido de ensinar) para todos os integrantes da tribo, grupo e sociedade.

Observando os estudos retrospectivos da educação, notamos que desde o pensamento pedagógico antigo, passando pelo pensamento pedagógico iluminista, positivista e socialista, a educação sempre reporta à ideia de aprendizado, respeitando sempre os modelos de sociedade, de escola ou de estrutura socioeconômica. Os clássicos apresentam diferenças importantes entre si, mas a ideia de "aprender" ou de "ensinar" está presente em todos os autores, em todos os pensamentos pedagógicos, independentemente do momento histórico a que fazem referência.

O processo de aprendizagem é uma constante na vida dos seres humanos. Por isso, criamos uma instituição específica – a escola – para atender a esta finalidade. Na modernidade, a educação é uma educação de massa, isto é, não temos mais a possibilidade de educar as crianças e adultos de forma individual. Necessitamos, assim, da escola, que se torna uma agência de socialização e formação e que, por sua vez, também produz desigualdades, embora o acesso a ela seja "livre". Tendo em vista a dimensão social que a educação assume, observamos que outras instituições produzem educação, ou como nós preferimos dizer, produzem comunicações educativas.

Neste artigo, pretendemos refletir sobre o sistema da educação e seu possível vínculo com o sistema da saúde desde a perspectiva sistêmica. Iniciaremos apresentando o sistema da educação como um sistema social na sociedade diferenciada funcionalmente. Tomaremos todos os cuidados para não fazermos uma abordagem meramente retórica ou reprodutora dos escritos luhmanianos ou, ainda, de outros autores sistêmicos. Este cuidado não elimina a constante referência a Luhmann e a Giancarlo Corsi (certamente, hoje, um dos principais pensadores da Teoria Sistêmica, o qual fez oportunas e importantes reflexões sobre o sistema da educação). Aliás, este é um dos pressupostos da própria teoria: prevenir riscos não significa evitá-los; reduzir a complexidade é sempre incrementá-la ao mesmo tempo.

A seguir, trataremos de que maneira a efetividade da intencionalidade da educação necessita de uma visão transdisciplinar, pois se a função do sistema da educação não é meramente socialização, é preciso compreender como as demais ciências podem contribuir para que a comunicação educativa de fato ocorra.

Ocuparemo-nos também de mostrar o quanto o sistema da educação está constantemente irritando e, ao mesmo tempo, é irritado por outros sistemas sociais. No nosso caso específico, exemplificaremos com o sistema da saúde.

Com estes indicativos, refletiremos sobre as questões iniciais colocadas por Corsi: o que nos faz reconhecer uma ação como educativa? O que a diferencia? E, mais, de que modo a educação está vinculada com o constante processo de evolução no sentido da transformação social?

Estas indagações estarão subdivididas em: Sociedade complexa e sistema da educação; Saúde como sistema Social; Pontos convergentes entre sistema da Saúde e Sistema da Educação e, para este ponto, destacaremos os seguintes aspectos: Transdisciplinaridade, Reforma e Código "negativo".

1. A sociedade complexa e o sistema da educação

> *A afirmação mais abstrata que se pode fazer sobre um sistema, e que é válida para qualquer tipo de sistema, é a de que entre sistema e meio há uma diferença, que pode ser descrita como diferença de complexidade: o meio de um sistema é sempre mais complexo do que o próprio sistema.*[3]

Na perspectiva luhmanniana, é fundamental partirmos desta diferença constitutiva entre sistema e ambiente, como também entender que o que distingue um sistema de outro é a função específica de cada um, é o código e estrutura interna de cada sistema. Esses elementos permitem que os sistemas façam parte desta rede de comunicação que definimos como sociedade. Assim, a sociedade pode ser definida a partir de sua complexidade, e não mais de modo banal, como as velhas teorias sociológicas. Aqui não é o caso de abandonar as teorias fundantes da sociologia, mas de revisitá-las. Afirmar hoje que a sociedade é um todo orgânico, como propõe Emile Durkheim, ou definir a sociedade como "um conjunto de indivíduos que agem e interagem", não satisfaz o estado atual da evolução do sistema da ciência: há algo mais que foi agregando a esses e a outros conceitos de sociedade.

Definir, então, a sociedade como a diferença constitutiva entre sistema e ambiente nos leva a uma série de problemas, não enfrentados por outras teorias. Por isso, a teoria sistêmica perturba![4] Contudo, o enfrentamento deste conceito é fundamental para responder a complexidade atual, em que a cada vez que reduzimos a complexidade, ao mesmo tempo a incrementamos. Esta é a primeira "dificuldade"

---

[3] LUHMANN, Niklas. *Introdução à Teoria dos Sistemas*. Aulas publicadas por Javier Torres Nafarrate. Tradução de Ana Cristina Arantes Nassar. 2 Ed. Petrópolis, Rio Janeiro: Vozes, 2012, p. 183-184.

[4] Para aprofundar este tema: VIAL, Sandra Regina Martini. Sistema da saúde e transformação social. In: *Constituição, sistemas sociais e hermenêutica*: anuário do Programa de Pós-Graduação em Direito da Unisinos, nº 9. Porto Alegre: Livraria do Advogado, 2012, p.247-262

da teoria: não temos mais verdades nem respostas definitivas, pois a sociedade não é controlável, nem pelo direito nem pela educação, porque esta é uma sociedade em evolução e, neste processo evolutivo, não tem espaço para controle. Os espaços são sempre aqueles que são, ou seja, apresentam-se como se apresentam naquele momento e contexto. Em outros momentos podem se apresentar de outro modo, mas são sempre eventos incontroláveis, sempre incertos. O que, obviamente, não significa que vivemos em constante perigo! Significa, sim, que vivemos sempre com a possibilidade de produzir algo diferente do que foi produzido, mas, quando é produzido, é o que é!

O sistema da educação, refletido por Luhmann, também segue este mesmo percurso. Temos definições óbvias, as quais não dão respostas para a constante produção de complexidade. O autor reflete como as respostas pedagógicas se apresentam do seguinte modo:

> La impresionante ambición crítico social de la pedagogía de la última década, que en retrospectiva podemos considerar casi una historia fatal, ofrece pocos elementos útiles al respecto. Esta ambición, a su vez, ha articulado las relaciones entre educación y sociedad de manera deficiente en muchos sentidos y definitivamente no ha operado a partir de una base teórico social suficiente.[5]

O que pretendem os autores com esta reflexão é, inicialmente, mostrar que as experiências pedagógicas pretendem que todos os alunos aprendam da mesma forma ou que a escola seja um *locus* de igualdade e inclusão. Na realidade, não passam de aspirações: teorias políticas de determinadas esquerdas nem resolvem os problemas reais nem produzem teoria. Por isso, algumas questões se apresentam como relevantes quando se estuda o sistema da educação. Inicialmente, Luhmann trata da educação como intenção de educar: a educação não eleva os indivíduos a um estado de perfeição ou plenitude; educação é sempre seleção, é produção constante de diferenças. Assim, a escola não é o lugar onde as diferenças não se fazem presentes, ao contrário: estar incluído no sistema educacional significa a constante produção de diferença. Entretanto, estas diferenças só podem acontecer para aqueles que estão incluídos; quem está fora do sistema educacional não tem a possibilidade de "disputar". Aqui está claro o paradoxo da inclusão/exclusão. Ou seja, mesmo incluído em "igualdade de condições", o sistema da educação – como qualquer outro sistema social – produz constantemente diferenças.

---

[5] LUHMANN, Niklas; SCHORR, Karl Eberhard. *El sistema educativo (Problemas de reflexión)*. Tradução Javier Torres Nafarrate. Instituto Tecnológico y de Estudios Superiores de Occidente, Mexico, 1993. P 32. "A impressionante ambição crítico-social da pedagogia da última década, que em retrospectiva podemos considerar quase uma história fatal, oferece poucos elementos úteis a respeito. Esta ambição, por sua vez, tem articulado as relações entre educação e sociedade de maneira deficiente em muitos sentidos e definitivamente não operou a partir de uma base teórica suficiente".

A escola nasce para incluir todos os que têm direito de estarem incluídos. A inclusão universal que vivemos não garante a plena satisfação das expectativas. Por isso, Luhmann afirma que aprendemos mais com a frustração das expectativas do que quando elas são satisfeitas, como apresenta Claudio Baraldi:

> La delusione di aspettative ha una funzione importante, poiché consente di trattare ciò che accade di sorprendente nell'ambiente, in particolare nelle situazioni di doppia contingenza: un sistema può transformare una complessità indeterminata in dilusione e quindi affrontare le diverse situazione che si presentano nel suo ambiente. La delusione rende evidente il referimento di un'aspettativa alla realtà esterna, realtà la cui rilevanteza perturbativa può essere colta proprio attraverso le delusione.[6]

Assim, se a criação de escolas para todos é uma forma moderna de redução da complexidade, ela, ao mesmo tempo, cria novas complexidades, pois estamos sempre em evolução. Assim, os mais variados problemas decorrentes da educação de massa devem ser – e são – absorvidos pelo sistema da educação através da comunicação.

A escola para todos é recente. Nascida em função da necessidade de uma educação de massa, ela passa a ser uma importante estrutura social na sociedade nas últimas décadas. Porém, desde sua criação, observamos que a escola se tornou um lugar de alta complexidade porque, por um lado, é a estrutura que pode incluir todos, porém produz internamente várias formas de exclusão (refiro-me, por exemplo, às dificuldades que os alunos e professores apresentam no processo de aprendizagem, como é o caso dos "alunos especiais", dos "alunos-problema", dos "alunos informatizados", dos alunos interessados em "qualquer coisa", menos em aprender). Por outro lado, temos professores não "especiais", professores-problema, professores não informatizados. Deparamo-nos, hoje, em sala de aula, com um novo perfil de alunos, em um contexto tecnológico em que poucos professores foram formados e capacitados para ensinar.

As comunicações relevantes para o sistema da educação, advindas de outros sistemas, irritam-no e provocam assimilação através do código do sistema da educação. Exemplificando: o sistema da política tem a função de tomar decisões coletivamente vinculantes; estas, quando chegam em qualquer sistema social, são absorvidas pelos códigos e estruturas internas de cada sistema. Este processo de assimilar

---

[6] BARALDI, Claudio; CORSI, Giancarlo; ESPOSITO, Elena. *Luhmann in Glossario I concetti fondamentali della teoria dei sistemi sociali*. Milano: Franco Angeli, 1996. p. 48. "A desilusão de expectativa tem uma função importante, uma vez que consente em tratar o que acontece de surpreendente no ambiente, em particular nas situações de dupla contingência: um sistema pode transformar uma complexidade indeterminada em desilusão e, por esta razão, enfrentar as diversas situações que se apresentam no seu ambiente. A desilusão desenvolve evidente o referimento de uma expectativa à realidade externa, realidade a qual relevante perturbativa pode ser colhida precisamente através das desilusões". Tradução livre.

o que vem do sistema da política não significa satisfação e inclusão plenas. O que, então, diferencia as comunicações educativas de outras comunicações? A resposta, segundo Corsi:

> L'educazione se differenzia dagli altri processi comunicativo proprio in questo: nel tentativo di forzare la socializzazione indirizzando il comportamento individuale verso una direzione precisa, qualificata come corretta e giusta, e a tale scopo essa richiede la costituzione di situazioni particolari, come le classi scolastiche, dove diventa visibile l'artificialità dell'educazione stessa. Naturalmente l'educazione non elimina la socializzazione; essa anzi pressupone ed è costretta ad ammetterla nelle classi scolastiche in ogni situazione comunicativa che intenta essere educativa.[7]

Para a teoria sistêmica, é fundamental entender como o sistema da educação, ou qualquer outro sistema, se diferencia dos demais. Todos os sistemas são fruto do processo evolutivo social, o qual, especializando as comunicações internas, faz com que a estrutura do sistema se organize para isso. No caso do sistema da educação, a escola "nasce" quando se torna necessário que os indivíduos, independentemente de local ou família, tenham acesso à formação, e não apenas à socialização, que ocorre já na família. Assim, a educação não prescinde da socialização, mas é mais do que mera socialização, porque encaminha os indivíduos para uma formação, que só pode ocorrer após a socialização e que leva os indivíduos a comportamentos diferentes. Justamente por isso que a educação não é um processo simples que possa ser exercido por qualquer um e em qualquer lugar. Por esta razão, Luhmann reforça a ideia de que a educação não pode ser explicada simplesmente pela socialização.

Este contexto – educação e socialização – propõe uma reanálise das intenções pedagógicas e a necessidade de seleção, utilizando a possibilidade de influenciar o comportamento do aluno, mudando seu estado psíquico no qual podemos observar o antes e o depois e a evidente proposição de que socialização e educação são diferentes. Além disso, observamos que educação é seleção, pois trata da relação entre professor e aluno ou educador e educando, que por si só se apresenta como seleção, em que a própria intenção pedagógica torna necessária a seleção. Este fato, segundo Corsi, é o ponto central: *"senza la possibilità di selezionare non avrebbe luogo l'educazione, ma solamente la*

---

[7] CORSI, Giancarlo. *Sistemi che apprendono*. Lecce: Pensa Multimidia, 1998, p. 66-67. "A educação se diferencia dos outros processos comunicativos especificamente nisto: na tentativa de forçar a socialização endereçando o comportamento individual a uma direção precisa, qualificada como correta e justa, e a tal objetivo essa requer a constituição de situações particulares, como as salas de aula, onde se torna visível a artificialidade da educação mesma. Naturalmente a educação não elimina a socialização; essa, ao contrário, a pressupõe e é obrigado a admiti-la nas salas de aula em cada situação comunicativa que tenta ser educativa". Tradução Livre.

socializzazione".[8] Em outros termos, é esta dualidade, como segue afirmando o autor, que evidencia a diferença entre ter um título e a capacidade de exercitar a função proposta pelo mesmo: *"la differenza tra conoscenze efetive (qualità dell'educazione) e carriera educativa (selezione) costituisce l'aspetto più típico e peculiare del sistema dell'educazione"*.[9] É o que permite que a educação se diferencie e evolua constantemente.

Este pressuposto nos leva a evidenciar o quanto as intenções educativas são complexas. Claro que é melhor educar do que não o fazer, pois a educação busca melhorar as condições psíquicas do aluno na sociedade. Este é o motivo principal pelo qual continuamente se coloca o sistema educativo em questionamento, em reforma (o que não é diferente do sistema da saúde). Como nenhum dos dois sistemas consegue os níveis máximos desejados, entram permanentemente em crise.

Assim, com a função de reduzir a complexidade, a escola é criada e recriada constantemente, pois é nela que os indivíduos são "educados" ou "deseducados"! Este tema tem sido constante preocupação dos pedagogos, irritados constantemente por outros atores sociais que propõem, constantemente, a reforma da educação.

Aqui podemos observar um ponto em comum entre o sistema da educação e da saúde: ambos estão sempre no foco das reformas. A questão é saber quem reforma os reformadores, o que vale para ambos os sistemas e é o tema que abordaremos no próximo ponto.

Parece-nos importante que entendamos a diferença entre educação e socialização. A primeira significa aprendizagem intencional; já a socialização existe sempre que produzimos alguma comunicação. Para Luhmann, por exemplo, socialização significa aprender a reagir às expectativas que os outros têm de nós: este aprender a reagir não significa, necessariamente, satisfazer as expectativas que os outros têm de nós mesmos, mas podemos inclusive desiludir. Esta é a diferenciação que adotamos no nosso trabalho.

Quando se fala de *desiguaglinaza* e *selezione*, entendemos, como os autores citados, que embora a escola sirva para a redução de complexidade do sistema educativo, também promove seleção e desigualdades, na medida em que, por exemplo, estabelecem-se dentro desta instituição mecanismos de competição, porque a escola *confema... il*

---

[8] CORSI, Giancarlo. *Sistemi che apprendono*. Lecce: Pensa Multimidia, 1998, p. 73. "Sem a possibilidade de selecionar, não haveria local para a educação, mas somente a socialização". Tradução Livre.

[9] Ibidem. "A diferença entre conhecimento efetivo (qualidade da educação) e carreira educativa (seleção) constitui o aspecto mais típico e peculiar do sistema da educação". Tradução Livre.

fenomeno di una divisione.[10] Outra forma evidente desta seleção é a questão das notas ou conceitos, bem como a forma como valorizamos mais um aluno que outro. Qual o significado de uma nota dez ou de uma nota zero? Poderíamos falar longamente sobre os mecanismos de desigualdade e de seleção dentro da escola ou de qualquer outra instituição, mas para este estudo nos é suficiente este entendimento, ou seja, não temos uma escola igual ou não seletiva porque, na medida em que podemos fazer com que alguns alunos cresçam mais que outros, por melhor que seja nossa intenção, produzimos diferenças quando não damos a todos as mesmas condições. Portanto, o acesso "livre e universal" ao sistema educativo permanece no âmbito dos valores "humanitários". A grande questão é como traduzir em um programa escolar este ideário humanista.

Sem a produção de comunicação, não existem os sistemas sociais. Neste sentido, e retornando ao pensamento de Giancarlo Corsi:

> La comunicazione è però un evento improbabile. In particolare, la produzione della comunicazione presenta tre livelli di improbabilità. Ad un livello basilare, è improbabile che la comunicazione venga compresa e, quindi, realizzata. Ad un secondo livello, che si produce in base a maggiori presupposti di complessità, è improbabile che l'emissione raggiunga l'interlucutore. In situazioni ancora più complesse, infine, è improbabile che la comunicazione venga accettata.
>
> Il problema per la sociologia è chiarire come una comunicazione di per sé improbabile divenga probabile... la comunicazione viene resa probabile, attraverso l'uso di alcuni media: il linguaggio, i mezzi di diffusione e i mezzi di comunicazione generalizzati simbolicamente.[11]

Entendemos por comunicações educativas uma implicação entre educação e ações que desenvolvemos. Em alguns de nossos atos, pode aparecer uma faceta educativa. Quando aparecem, significam informação, aprendizagem e compreensão. Portanto, por intermédio das nossas atividades, constantemente, produzimos comunicações, e algumas destas podem gerar *"aprendimento"*, ou seja, podemos produzir comunicações educativas que podem ser expressas de diferentes formas.

---

[10] CORSI, Giancarlo. *Sistemi che apprendono*. Lecce: Pensa Multimidia, 1998, p.73.

[11] CORSI, Giancarlo. *Lo Scopo della Pedagogia Reformista: Eccellenza senza Discriminazioni*. Tese de Doutorado. Universität Bielefeld: 1996. p.72-73. "A comunicação é, porém, um evento improvável. Em particular, a produção da comunicação apresenta três níveis de improbabilidade. A um nível básico, é improvável que a comunicação venha comprimida e, portanto, realizada. A um segundo nível, que se produz na base dos maiores pressupostos de complexidade, é improvável que a emissão consiga o interlocutor em situações ainda mais complexas, enfim, é improvável que a comunicação venha aceita. O problema para a sociologia é esclarecer como a comunicação, por si só improvável, venha a ser provável. Com a comunicação, vem o provável rendimento através do uso de alguns meios: A linguagem, os meios de difusão e os meios de comunicação generalizados simbolicamente". Tradução Livre.

As comunicações educativas podem ser percebidas por intermédio do efeito que nossas ações cotidianamente apresentam. Por exemplo, um juiz, ao dar uma sentença, poderá, por intermédio desta, produzir, entre outros efeitos, também o efeito educativo; da mesma forma um advogado, quando orienta um cliente a respeito do seu processo. Ou seja, produzimos educação dentro e fora da escola. Tradicionalmente, o sistema jurídico não tem uma função educativa, mas os atos de seus operadores e os dos incluídos neste sistema podem produzir comunicações educativas que gerarão, por sua vez, efeitos educativos. A comunicação é essencial para a existência e sobrevivência dos sistemas sociais. Tornam-se educativas porque promovem alterações, informam, orientam.

Uma comunicação é educativa quando, ao mesmo tempo ensina e informa: para falar de comunicação educativa, não basta que haja um tema qualquer. Deve haver, também, a vontade de mudar o comportamento de outro. Não é suficiente que se fale de qualquer coisa, mas deve haver a vontade de mudar o comportamento daquele que está de fora. Um professor ensina, um pai ensina buscando comunicar-se para educar (ou seja, educar é uma ação que implica mudanças de comportamento). Temos educação quando esperamos que o outro, através de comunicações educativas, melhore ou modifique. Esta comunicação se dá através de atos e ações.

2. Saúde como sistema social

Já descrevemos o sistema da educação. Antes de falarmos da relação entre este sistema e o da saúde, é importante advertir que assumimos (após vários anos de discussão) a saúde como um sistema diferenciado funcionalmente. Como este tópico foi tema do Anuário publicado no ano de 2012,[12] aqui repetiremos brevemente algumas considerações a este respeito.

Inicialmente, destacamos que Luhmann – assim como seus seguidores – não trabalharam o sistema da saúde, mas sim o sistema da medicina. Para nossas pesquisas, a ideia geral da teoria dos sistemas nos permite abordar a saúde como um sistema social, exatamente em função das observações do próprio autor:

> La interdipendenze tra medicina ed altri sistemi di funzioni sono molto importanti. Il sistema della medicina è strutturalmente accoppiato con l' economia, la scienza, Il sistema giuridico e cosi via: la cura medica richiede decisioni politiche, conoscenze scientifiche, finanzia-

---

[12] VIAL, Sandra Regina Martini. Sistema da saúde e transformação social. In: *Constituição, sistemas sociais e hermenêutica*: anuário do Programa de Pós- Graduação em Direito da Unisinos, n° 9. Porto Alegre: Livraria do Advogado, 2012.

> menti, regolazione giuridica. La interdipendenze non intaccano l' autonomia del sistema della medicina: possono essere coinvolti uffici di lavoro, sedute parlamentari, comissioni etiche, preti, parenti, ma la costruzione della malatia rimane matéria della medicina.[13]

Aqui, temos mais indicativos da possibilidade, independentemente de Luhmann ter abordado a saúde como um sistema social. Além disso, ele aponta para o caráter transdisciplinar e intersetorial da saúde, mesmo afirmando que doença é matéria da medicina. Para os sanitaristas, essa abordagem pode render críticas, porém essa não é nossa preocupação: queremos mostrar que o autor deixa instrumentos suficientes para o entendimento da saúde como um sistema diferenciado funcionalmente. Temos outra passagem interessante que nos leva para este caminho, aquela na qual Luhmann afirma que o sistema médico pode ter também um código secundário:

> Si, afferma, invece, la possibilità di un códice secondario, grazie alla tecnologia genética: la distinzione geneticamente perfetto / geneticamente preoccupante permette di determinare una distinzione secondaria curabile / incurabile, riferita alla malattia: la cura dei malati viene poi richiesta su entrambi i lati della distinzione.[14]

Luhmann percebeu a complexidade que envolve o sistema da medicina e, com isso, permitiu que novas reflexões que ultrapassem os campos médico, ético e político, sejam produzidas. Isso mostra que, evolutivamente, o campo da medicina vem se ampliando motivado pela inflação das possibilidades de tratamento, bem como pelos custos destes tratamentos.

3. Relação entre o sistema da Educação e o sistema da Saúde

A partir destas considerações, podemos ver várias relações do sistema da saúde com o sistema da educação, assim como com os demais sistemas sociais. Em especial para este artigo, interessa-nos as comunicações e/ou pontos em comum entre estes dois sistemas. Enfocaremos

---

[13] CORSI, Giancarlo. *Lo Scopo della Pedagogia Reformista: Eccellenza senza Discriminazioni*. Universidatà Bielefeld: 1996. Tese de Doutorado. Universität Bielefeld: 1996. p. 145. "As interdependências entre medicina e outros sistemas de funções são muito importantes. O sistema médico é estruturalmente acoplado com a economia, ciência, o sistema legal e assim por diante: a assistência médica requer decisões políticas, conhecimentos científicos, financiamento, regulamentação legal. As interdependências não afetam a autonomia do sistema da medicina: podem estar envolvidos escritórios de trabalho, sessões parlamentares, comissões de ética, padres, familiares, mas a construção da doença continua a ser uma matéria da medicina". Tradução livre.

[14] CORSI, Giancarlo. *Lo Scopo della Pedagogia Reformista: Eccellenza senza Discriminazioni*. Universidatà Bielefeld: 1996. Tese de Doutorado. Universität Bielefeld: 1996. p. 146. "Se afirma, no entanto, a possibilidade de um código secundário, graças à tecnologia genética: a distinção do geneticamente perfeito/geneticamente preocupante nos conduz a determinar uma distinção secundária curável/incurável, referida a doença: o tratamento e a cura dos pacientes são, então, necessários em ambos os lados da distinção". Tradução livre.

três aspectos: a transdisciplinaridade, a constante necessidade de reforma e o código "negativo" do sistema da Saúde e da Educação.

3.1. Transdisciplinaridade

Uma atitude transdisciplinar procura respeitar o ser humano integralmente, em sua totalidade/complexidade de corpo físico, mente e espírito inseridos em realidade socioculturais específicas. (...) Aceitar a alteridade exige tolerância e flexibilidade para reconhecer e aceitar que há outras maneiras de perceber o mundo, diferentes das nossas, o que pode nos levar a frustração. Exige também esforço para a integração do diferente, sem discriminação, sem juízo de valor e, portanto, sem exclusão. Esse objetivo não é fácil de ser alcançado, pois exige uma articulação entre o dizer e o fazer que não é simples.[15]

Assim como a perspectiva transdisciplinar é fundamental para o sistema da educação, o mesmo se dá para o sistema da saúde. Mais do que isso, a construção da própria Teoria Sistêmica parte da abertura para várias áreas do conhecimento. Luhmann buscou em outras disciplinas e áreas os fundamentos para a construção e elaboração do marco de referência, com uma atitude transdisciplinar. Ele saía e voltava para a teoria, buscando o que cada área do conhecimento tinha para contribuir para a solidificação desta nova teoria: saiu da sociologia para, na verdade, torná-la mais "sociológica" e saiu do direito para mostrar a diferença entre o sistema do direito e da moral, por exemplo.

Na educação, a postura transdisciplinar faz parte do cotidiano, mesmo que, muitas vezes, isso seja imperceptível. Os alunos e professores trazem para o ambiente escolar toda uma vivência, um contexto no qual não é possível se libertar e nem oportuno seria, pois sem a educação, dificilmente se poderia assimilar comportamentos sofisticados ligados ao viver cotidianamente. Por isso, educação é, sobretudo, intenção pedagógica. Ou seja, o professor educa intencionalmente e o aluno deve reagir a tal intenção, o que reforça a necessidade da perspectiva transdisciplinar, pois ela está estruturada na constante ousadia, na transgressão, na saída e no retorno.

A relação entre a formação de operadores dos sistemas do direito e da saúde no Brasil foi descrita de modo particular por Gilberto Freyre em 1953, inicialmente escrito para *"Year book of education"* – Londres, traduzido para o português em 2003, ele observa:

> (...) Como bacharéis, advogados, doutores em medicina, jovens de origem menos aristocrática e até plebeia tiveram então a oportunidade de formar nova aristocracia: uma

---

[15] BLATYTA, Dora; RUBINSTEIN, Edith. Psicopedagogia e Transdisciplinaridade. In: *Educação e Transdisciplinaridade III*. Org.: Amâncio Friaça. *et al.*, São Paulo: TRION, 2005

aristocracia de beca coroada por outra de borla e capelo. E nessa nova aristocracia, era natural que os professores das faculdades de Direito e de Medicina se tornassem importantíssimos príncipes acadêmicos: eles não somente eram formados em escolas superiores, mas professores ou mestres das mesmas escolas. Nenhum advogado importante tinha seu prestígio completo se não era professor da faculdade de Direito. Nenhum médico era considerado entendido profundo em Medicina se não fosse professor de escola de Medicina.[16]

Note-se que, no caso brasileiro, a relação entre saúde e direito está presente desde a formação até a consolidação da própria democracia. A saúde pode ser considerada uma "ponte" na efetivação dos mais diversos sistemas sociais e um dos fatores determinantes da própria saúde é a educação. Assim, a postura transdisciplinar está presente nos dois sistemas sociais, pois a produção científica é fundamental para o desenvolvimento e transformação da atual sociedade, na qual o conhecimento disciplinar perdeu o sentido. Nesta sociedade de mundo, a produção do saber parte de múltiplas facetas.

Nesta sociedade inflacionada por informações de todos os tipos e ordens, é necessário identificar quais destas comunicações se tornam de fato conhecimento, quais são efetivamente apropriadas, pois o conhecimento não é mais dado: é construído e resultado de um trabalho de cooperação e diálogo entre saberes. Exatamente este diálogo entre as ciências que aproxima saúde e educação. Em termos teórico-sistêmicos, temos outra aproximação entre estes sistemas: o seu modo de operar através de um código, que é ativado não pelo aspecto "positivo", mas pelo negativo.

3.2. Código negativo

Na Educação, assim como na Saúde, temos a unidade de uma diferença. Em termos de educação, podemos falar em uma distinção entre um ato educativo e uma intencionalidade de educar. Na saúde, um ato curativo e a intencionalidade da cura. Todos os sistemas sociais operam com códigos: no caso específico em estudo, temos dois sistemas que operam com o código negativo, ou seja, o que irrita o sistema da saúde é a doença e o que irrita a educação é o não aprendizado. Este código reflete constantemente a complexidade na relação professor-aluno ou operador da saúde-doente. Referindo-se ao sistema da Educação, Corsi faz a seguinte observação:

> Siamo in presenza dunque di un'articulazione di distinzioni che operano sempre simultaneamente: da un lato la diferenzza tra comportamenti *giusti* e comportamenti *sbagliati*, che si traduce nella differenza tra lo *stato attuale* dell'allievo e lo *stato futuro*

---

[16] FREYRE, Gilberto. *Palavras repatriadas*. Textos reunidos, anotados e prefaciados por Edson Nery da Fonseca. Editora UnB. São Paulo: Imprensa Oficial do Estado de São Paulo, 2003. p. 88.

che il docente proietta e che desidera raggiungere mediante l'intervento educativo; dall'altro lato la differenza tra l'*intenzione* pedagogica del docente e la *reazione* ad essa da parte dell'allievo.[17]

Esta postura de perceber o mundo, a sociedade, é que permitiu entender a educação a partir da heterogeneidade do sistema, como intencionalidade de educar, a autopoiese que permite o acoplamento com outros sistemas sociais, mostrando, com isso, as limitações ou a desmitificação de que a educação pode levar a "perfeição" do ser humano. Além destes aspectos, mostra também que o sistema educativo opera sempre com um código positivo/negativo, o que "desacomoda" vários pedagogos (resposta esperada, pois a teoria efetivamente veio para desassossegar!). Este código possibilita a "dissolução" de paradoxos, como observa Baeta Neves:

> Outra dissolução de paradoxo, para Luhmann, ocorre na distinção entre o que é possível de transmitir e não transmitir. Ela também serve como *code* – código do sistema educacional. O valor positivo transmissível indica as operações do sistema, o valor negativo indica o seu fracasso e serve como valor de reflexão do código (este tema será ampliado no próximo item). Ele é definido formalmente e aberto para tudo que deve ser considerado. Ele é universal e ao mesmo tempo específico – a especificação depende do método que busca ampliar o campo do que é transmissível (nem tudo dá).[18]

Interessante observar que Luhmann escreveu poucos artigos sobre o sistema médico, nos quais a saúde aparece sempre como parte do código binário saúde/doença, ou melhor, do código são/doente. Alerta Luhmann, no entanto, que os conceitos de são e de doente não indicam um particular estado físico ou psíquico, mas têm o valor de código, no qual o valor positivo é o da doença e o negativo é o da saúde. Ou seja, o que vai importar para este sistema não é a saúde, mas sim a doença, já que só esta importa para os médicos. Para quem não entende a perspectiva da teoria, isso pode parecer absurdo, porém é fundamental destacar o que o autor quer dizer com isso: para os médicos, a questão a ser resolvida é a doença, não a saúde.

Como vemos, ambos os sistemas só operam quando a ativação se dá pelo código negativo. É possível que, por isso, tenhamos uma constante necessidade de reforma em ambos os sistemas. É como se

---

[17] CORSI, Giancarlo. *Sistemi che apprendono*. Lecce: Pensa Multimidia, 1998. p. 64-65. "Estamos, portanto, na presença de uma articulação de distinções que sempre operam simultaneamente: por um lado, a diferença entre os comportamentos *certos* e comportamentos *errados* que se traduzem na diferença entre o *estado atual* e o *estado futuro* do aluno que o professor projeta e que deseja alcançar por meio do intervento educacional; por outro lado, a diferença entre a *intenção* pedagógica do professor e a *reação* a ele por parte do estudante". Tradução Livre.

[18] BAETA NEVES, Clarissa Eckert. *A educação na perspectiva teórica de Niklas Luhmann*. In: Encontro Anual da Associação Nacional de Pesquisa e Pós-Graduação em Ciências Sociais – Anpocs, Caxambu, 2003. *Anais eletrônicos* Disponível em: <http://www.anpocs.org/portal/index.php?option=com_docman&task=doc_view&gid=4147&Itemid=316>. Acesso em 26 nov. 2013.

vivêssemos uma crise permanente, na qual a estrutura dos sistemas não consegue absorver as constantes necessidades de mudança.

3.3. Reforma

> (...) la reforma nel sistema dell'educazione assume le caratteristiche di una sindrome: proprio perché non è un caso isolato ou congiunturale. Al di là dele differenze locali, tutti i sistemi educativi vogliono mutare se stessi constantemente e fanno del mutamento una virtù ed una necessità.[19]

Esta síndrome de constante reforma não é peculiar ao sistema da educação. Vemos que, em outros sistemas sociais, a "reforma" se torna de fato uma necessidade, porém nos sistemas da saúde e da educação parece que tem um significado cotidiano ainda mais forte. A grande questão é que a reforma pressupõe crise; esta, por sua vez, muitas vezes é "reformada" através de uma nova legislação, criando, assim, um círculo vicioso crise-reforma-lei. Porém, o problema permanece, pois não efetivamos uma reforma dos próprios reformadores. Observamos no sistema da política brasileira uma constante irritação quanto à criação de novas legislações. Somente a título de exemplo, podemos apresentar os seguintes dados da pesquisa realizada na Câmara Federal. A investigação foi realizada por meio da análise da produção normativa e das proposições dos Deputados Federais a partir de janeiro de 2013. Inserimos no Portal da Câmara de Deputados a palavra-chave "educação" e estabelecemos o lapso temporal para o que o sistema filtrasse somente as regulamentações do ano de 2013. Por fim, selecionamos quais proposições melhor representam a vinculação entre educação e saúde e a intensa produção normativa que afeta esses dois temas.[20] Em educação, em 2013, tivemos cento e dezenove Projetos de Lei (PL), três Medidas Provisórias (MPV), cinco propostas de Emenda Constitucional (PEC), três Projetos de Lei Complementar e seis Projetos de Conversão. Em saúde, tivemos cento e vinte e um Projetos de Lei, duas Medidas Provisórias (MPV), seis propostas de Emenda Constitucional (PEC), seis Projetos de Lei Complementar (PLP) e seis Projetos de Lei de Conversão.

Detalhando a análise das propostas de reforma, observamos com facilidade a relação entre Saúde e Educação. Por exemplo, na área da saúde, em março de 2013, temos a PLC 3, que trata da violência sexual

---

[19] CORSI, Giancarlo. *Sistemi che apprendono*. Lecce: Pensa Multimidia, 1998. P 10. "A reforma no Sistema da Educação atinge características de uma síndrome: justo porque não é um caso isolado ou conjuntural. Para além das diferenças locais, todos os sistemas de educação querem mudar-se constantemente e fazer da mudança uma virtude e uma necessidade". Tradução Livre.

[20] BRASIL. Câmara Federal. Disponível em: <http://www.camara.leg.br/sileg/default.asp>. Acesso: 21 nov. 2013.

e, em outubro, tivemos a PLC 96, a qual dispõe sobre a obrigatoriedade das fábricas de produtos que contenham látex gravar em suas embalagens advertência sobre a presença desta substância. Do mesmo modo, analisando as demandas da área de Educação, encontramos muitas interfaces com a Saúde, como por exemplo: a PLC 68/2013, a qual institui o Programa de Combate à Intimidação Sistemática (*Bullying*), e a PLS 254/2013, que "dispõe sobre a destinação, para áreas de educação e saúde, do total da participação da Compensação Financeira pela Exploração Mineral – CFEM –, com a finalidade de cumprimento da meta prevista pelo inciso VI do *caput* do Art. 214 e no Art. 196 da Constituição Federal". Ainda encontramos a PLS 280/2013, que trata da destinação de recursos do pré-sal. Estes temas estão diretamente vinculados ao próprio conceito de saúde definido pela OMS como o completo bem-estar físico social e mental. Importante destacar que, na área de Educação, temos muitas demandas para a criação de universidades federais, nas quais os cursos da área de saúde frequentemente estão presentes.

Outro fator que reflete a constante necessidade de reforma são as audiências públicas realizadas pelo Supremo Tribunal Federal. Temos um total de 16 audiências públicas, sendo que a última realizada no ano de 2013 foi o Programa "Mais Médicos". Em 2014, mais duas audiências foram realizadas, com destaque para a audiência que tratou da internação hospitalar com diferença de classe no SUS. A seguir a tabela feita a partir de dados coletas no portal eletrônico do Supremo Tribunal Federal que indica quais foram as pautas tratadas nas audiências públicas:[21]

Tabela 1- Audiências Públicas realizadas pelo Supremo Tribunal Federal

1ª: Judicialização do direito à saúde. Audiência Pública convocada pelo Presidente do Supremo Tribunal Federal à época, Ministro Gilmar Mendes, para subsidiar o julgamento de processos que discutiam a concretização do direito à saúde (art. 196 da Constituição Federal) a partir do oferecimento de medicação e tratamento pelo Poder Público.	**2ª: Importação de pneus usados.** Audiência Pública convocada pela Ministra Cármen Lúcia, para subsidiar o julgamento de ADPF que discutia a constitucionalidade de atos normativos proibitivos da importação de pneus usados.
3ª: Interrupção de gravidez – Feto anencéfalo. Audiência Pública convocada pelo Ministro Marco Aurélio, para subsidiar o julgamento de ADPF que discutia a possibilidade de se interromper a gravidez em casos de fetos anencéfalos.	**4ª: Políticas de ação afirmativa de acesso ao ensino superior.** Audiência Pública convocada pelo Ministro Ricardo Lewandowski, para subsidiar o julgamento de processos que discutiam a instituição de sistema de reserva de vagas nas universidades públicas com base em critério étnico-racial, bem como para estudantes egressos do ensino público.

---

[21] BRASIL. Supremo Tribunal Federal. Disponível em: <http://www.stf.jus.br/portal/audienciaPublica/audienciaPublica.asp?tipo=realizada>. Acesso em 26 nov. 2013.

5ª: Lei Seca – Proibição da venda de bebidas alcoólicas nas proximidades de rodovias. Audiência Pública convocada pelo Ministro Luiz Fux, para subsidiar o julgamento de ADI que discute a constitucionalidade da Lei nº 11.705, que proíbe a venda de bebidas alcoólicas à beira de rodovias federais ou em terrenos contíguos à faixa de domínio com acesso direto à rodovia.

6ª: Proibição do uso de amianto. Audiência Pública convocada pelo Ministro Marco Aurélio, para subsidiar o julgamento de ADI que impugna a Lei nº 12.684/2007, do Estado de São Paulo, que proíbe o uso de produtos materiais ou artefatos que contenham qualquer tipo de amianto ou asbesto em sua composição.

7ª: Pesquisas com células-tronco embrionárias. Primeira Audiência Pública realizada no Tribunal foi convocada pelo Ministro Ayres Britto, para subsidiar o julgamento da ADI nº 3.510, em que se impugnavam dispositivos da Lei de Biossegurança (Lei 11.105/2005), no tocante à constitucionalidade do uso de células-tronco embrionárias em pesquisas científicas para fins terapêuticos.

8ª: Novo marco regulatório para a TV por assinatura no Brasil. Audiências Públicas convocadas pelo Ministro Luiz Fux, para subsidiar o julgamento de processos que impugnam dispositivos da Lei n. 12.485/2011, que estabeleceu o novo marco regulatório da televisão por assinatura no Brasil.

9ª: Campo Eletromagnético de Linhas de Transmissão de Energia. Audiência Pública convocada pelo Ministro Dias Toffoli, para subsidiar o julgamento do Recurso Extraordinário 627189, com repercussão geral reconhecida, que discute as consequências da radiação eletromagnética para a saúde e os efeitos da redução do campo eletromagnético sobre o fornecimento de energia.

10ª: Queimadas em Canaviais. Audiências Públicas convocadas pelo Ministro Luiz Fux, para debater a controvérsia sobre a queima da palha da cana-de-açúcar, a ser analisado no **Recurso Extraordinário n. 586.224**, com repercussão geral reconhecida, de relatoria do Ministro Luiz Fux,

11ª: Regime Prisional. Audiência Pública convocada pelo Ministro Gilmar Mendes, para subsidiar o julgamento do Recurso Extraordinário 641320, com repercussão geral reconhecida, que discute a possibilidade de cumprimento de pena em regime menos gravoso quando o Estado não dispuser, no sistema penitenciário, de vaga no regime indicado na condenação.

12ª: Financiamento de Campanhas Eleitorais. Audiências Públicas convocadas pelo Ministro Luiz Fux, para debater pontos relevantes acerca dos pontos de vista econômico, político, social e cultural concernentes ao sistema de financiamento de campanhas eleitorais vigente, a ser analisado na ADI 4650.

13ª: Biografias Não Autorizadas. Audiência Pública convocada pela Ministra Cármen Lúcia, para subsidiar o julgamento da Ação Direta de Inconstitucionalidade que requer a declaração de inconstitucionalidade parcial, sem redução de texto, dos arts. 20 e 21 da Lei n. 10.406/2002 (Código Civil), nos quais se conteria disposição que proíbe biografias não autorizadas pelos biografados.

14ª: Programa Mais Médicos. Audiência Pública convocada pelo Ministro Marco Aurélio, para subsidiar o julgamento das ações diretas de inconstitucionalidade que impugnam a Medida Provisória 621, de 8 de julho de 2013, que instituiu o denominado "Programa Mais Médicos" – ADI nº 5.037, proposta pela Confederação Nacional dos Trabalhadores Liberais Universitários Regulamentados – CNTU, e a ADI nº 5.035, proposta pela Associação Médica Brasileira – AMBR.

15ª: Alterações no marco regulatório da gestão coletiva de direitos autorais no Brasil. Audiências Públicas convocadas pelo Ministro Luiz Fux, para a oitiva de titulares de direito autoral, entidades estatais envolvidas com a matéria e representantes da sociedade civil, a ser analisado nas ADI 5062 e ADI 5065. Não se destina a colher interpretações jurídicas dos textos constitucional ou legal, mas sim a esclarecer questões técnicas, econômicas e culturais relativas ao funcionamento da gestão coletiva de direitos autorais, sobretudo à luz da experiência internacional sobre a matéria.

16ª: Internação hospitalar com diferença de classe no SUS. Audiência Pública convocada pelo Ministro Dias Toffoli, para ouvir o depoimento de autoridades e expertos sobre a modalidade "diferença de classe" de internamento hospitalar do Sistema Único de Saúde (SUS), de modo a subsidiar a Corte com o conhecimento especializado necessário para o deslinde da cuasa em juízo, no RE nº 581.488.

Fonte: Elaborado pelo autor.

Importante observar que as Audiências Públicas se apresentam com um novo mecanismo de participação social (ainda que possamos questionar o nível desta participação!), em que os Ministros do Supremo "se permitem" ouvir outras "vozes". Este não é o tema deste artigo, porém não podemos deixar de referir a importância deste instrumento para o processo de transformação social.

Podemos afirmar que todas as Audiências tem vínculo direto ou indireto com os Sistemas da Educação e da Saúde, aliás, a primeira trata especificamente de saúde. Embora o foco da Audiência seja a judicialização de medicamentos, o tema direito ao direito à saúde é claro. A discussão mostrou o quanto já caminhamos para a efetivação deste direito, mas mostrou ao mesmo tempo o quanto ainda precisamos avançar. O tema da Audiência seguinte pode parecer a primeira vista distante dos temas saúde/educação, porém é oportuno lembrar as observações frequentes de Paulo Buss, quando afirma o caráter transcendente da saúde em todas as políticas públicas. Assim, a discussão travada naquela Audiência pode sim ser relacionada com saúde e também com educação, pois tomamos como definição de educação a intencionalidade da mudança de comportamento. O mesmo ocorre com a Audiência de nº 12, "Financiamento de Campanhas Eleitorais", que pode parecer distante dos sistemas em estudo, mas na verdade tem importantes vínculos, tendo em vista os rumos das políticas futuras em nosso país.

A terceira Audiência trata da interrupção da gravidez, tema extremamente complexo, que envolve diretamente saúde e educação. No Brasil, assim como em vários outros países da América Latina, o aborto é um dos mais graves problemas de saúde pública. Muitas mulheres morrem no nosso continente (também em outros continentes) em função de abortos mal praticados. Os dados sobre esta situação não conseguimos nem mesmo estabelecer, pois a ilegalidade faz com que os dados sobre morte ou complicações por abortos mal praticados não pode ser declarado. Porém, não é difícil identificar os dados que nos indicam a gravidade do problema, o qual está relacionado também com o nível educacional destas mulheres. Por exemplo, em 2012, a Organização Mundial da Saúde revelou que número de partos realizados por mulheres com menos de vinte anos tinha crescido consideravelmente, especialmente em países pobres ou em desenvolvimento. Isso demonstra que, além de intensificar as políticas educacionais contraceptivas e de conscientização sobre os efeitos de uma gravidez indesejada, é necessário entender que à medida que o número de partos crescem, os abortos e mortes decorrentes de procedimentos abortivos mal sucedidos também crescem, especialmente em nichos sociais em o conteúdo informativo não é efetivamente assimilado. Importante ressaltar que se há um aumento no número de gravidezes dentre a população jovem, o número de complicações vinculadas a essas gravidezes tendem a ser ampliadas: somente no Brasil, estima-se que ocorra 1 milhão de abortos por ano. O que assusta é que cerca de 31% das gravidezes resultam em aborto. Sendo esse tema delicado e que envolve os direitos fundamentais das mulheres, inclusive no que tange à autodeterminação das mulheres em ter o direito de abortar, devemos nos perguntar: como democratizar o acesso aos meios contraceptivos e as informações relativas à gravidez? A resposta para esse questionamento vincula os sistemas Saúde e Educação. É por isso que se busca incluir assuntos como esse em pautas de governo e, porque não, nas pautas dos Supremos Tribunal Federal.[22]

Temos outros instrumentos que mostram a constante necessidade de Reforma do Sistema da Saúde e Educação, escolhemos este porque é atual e mostra o caráter de normalidade das reformas, como observa Corsi ao afirmar o caráter "normal" das reformas na educação, o que, para nosso estudo, também repercute no sistema da saúde. Embora o autor afirme que na educação temos uma tendência específica:

> La sindrome riformista nel sistema dell'educazione è decisamente qualcosa di differente dall'esigenza di flessibilità e di capacità di adattamento richieste alle organizzazioni in campo economico o amministrativo. Si avverte cioè un'aspirazione universalistica e totalizzante che non vuole e forse nemmeno può limitarsi ai problemi di una singola scuola o università.[23]

Ora, vemos que a educação busca por experimentação. A novidade se dá com a mesma frequência no sistema de saúde brasileiro e de muitos países da América Latina, onde o direito à saúde e os direitos sociais em geral são recentes em relação à Europa, onde o Estado (de Bem-Estar) Social já estava consolidado quando nós ainda lutávamos pela constitucionalização destes direitos. Além do mais, hoje não se entende mais a Educação isoladamente. Assim, as expectativas de que na escola seja possível produzir uma sociedade mais justa passa a ser um ponto de contínua frustração de expectativas, assim como no sistema da saúde: se temos como expectativa a plena saúde, tere-

---

[22] Maiores informações sobre os dados apresentados, consultar o informativo: ORGANIZAÇÃO MUNDIAL DA SAÚDE. *WHO Guidelines on preventing early pregnancy and poor reproductive health outcomesamong adolescents in developing countries*. Disponível em: <http://whqlibdoc.who.int/publications/2011/9789241502214_eng.pdf>. Acesso: 20 dez. 2013.

[23] CORSI, Giancarlo. *Sistemi che apprendono*. Lecce: Pensa Multimidia, 1998. p. 23-24. "A síndrome reformista no Sistema da Educação é definitivamente algo de diferente da exigência de flexibilidade e de capacidade de adaptação exigidos das organizações no campo econômico ou administrativo. Se adverte que há uma inspiração universalista e totalizante que não quer e talvez nem ao menos possa limitar-se aos problemas de uma única escola ou universidade". Tradução Livre.

mos, constantemente, a frustração de expectativa e, em consequência, a constante necessidade de reforma.

Conclusões

A Educação, bandeira de todos os programas políticos e governos, aparece como a "salvação da humanidade". Criam-se *slogans* como "povo culto é povo desenvolvido", ou "só a educação poderá salvar o Brasil do caos social", transferindo para o sistema educativo uma tarefa que não é exclusivamente sua. Delegamos à escola funções diferentes das que ela tem condições de efetivar. Pedagogos, sociólogos e educadores teorizam sobre estas questões. Avaliações imaturas, descomprometidas e perigosas transferem para a escola questões que devem ser resolvidas em outros sistemas sociais. A escola, que deveria ter como preocupação fundamental ensinar e desenvolver expectativas de conhecimento, acaba exercendo outras funções, especialmente na periferia da modernidade, onde funciona como uma instituição socioeducacional, na escola todos "os problemas" podem ser equilibrados. Neste sentido, a escola fornece merenda escolar e pensa resolver o problema da fome; distribui uniforme e com isso pensa igualar os alunos. Assim, não resolve as questões sociais, perpetua as mazelas e geram maiores diferenças. Nestas ações, não estão presentes efeitos educativos, mas efeitos assistencialistas. Tradicionalmente, o tema da Educação vem sendo tratado como problema de desigualdade e seleção, neste artigo, buscamos outro enfoque: a relação do Sistema da Educação com o Sistema da Saúde, mostrando pontos de convergência entre estes sistemas e como operam no mundo da política, especialmente em se tratando de "reforma".

A escola deve estar inserida no contexto social, mas isso não significa que ela deva solucionar todas as questões sociais que se refletem no dia a dia de uma sala de aula. Não é uma situação confortável para um professor observar que seus alunos não têm suas necessidades básicas satisfeitas. É difícil, mas pensamos que deve haver uma redefinição de papéis e funções do próprio sistema educativo, bem como sua interligação com os demais sistemas sociais, pois a mudança em um sistema social também afetará os demais. Entendemos a educação como um sistema autônomo, mas interligado com os outros sistemas, como o político, o jurídico e o econômico.

O estudo do papel da educação no binômio família-escola foi desenvolvido por pedagogos, sociólogos e profissionais ligados às ciências humanas. Contudo, é uma tarefa ainda não concluída em função da evolução dos sistemas sociais e da relação destes com seu ambiente. Pensamos que os estudos sobre educação devem ultrapassar os limites "família-escola". Pesquisar em outras instituições sociais significa avançar para compreendermos melhor as relações socioeducacionais na sociedade como um todo.

Nessa reflexão, seguimos abordando algumas questões da educação na atualidade. Nossa temática está voltada para alguns pontos, ou melhor, para alguns conceitos. Fundamentalmente, necessitamos entender quais os aspectos que podem propiciar *aprendimento* também fora do ambiente escolar e de que forma estes ocorrem, qual o sentido destas aprendizagens, ou melhor, quais os efeitos educativos que são produzidos por intermédio das comunicações e/ou ações produzidas no mundo social. Assim, não pretendemos fazer um estudo crítico da educação, mas estudá-la a partir de uma sociedade complexa e contingente, na qual as pessoas estão continuamente interagindo e produzindo significados para sua vida em sociedade e, com isso, correndo riscos.

A Teoria Sistêmica analisa a sociedade nas suas possibilidades e nos seus riscos. Os atos educativos também podem ser visualizados por este prisma, ou seja, a partir de um mundo construído sensorialmente, no qual existe uma constante produção de diferenciação, de riscos. As comunicações educativas ocorrem em uma sociedade de alta complexidade, em que a harmonia social não existe no plano prático. Por isso, sofremos constantes desapontamentos com as opções que fazemos, porque, ao selecionarmos uma possibilidade, deixamos de lado várias outras. É neste sentido que esta teoria entende a sociedade como complexa e contingente.

Corsi ressalta questões fundamentais para o nosso trabalho: concordamos em abordar a educação como um sistema educativo em que o local organizado para tal é a escola, onde se educa de modo *organizzato e intensivo*, mas educação significa fundamentalmente intenção de alterar o comportamento de alguém sobre alguns paradigmas fundamentados a partir de conceitos que temos como corretos (*modelli considerati correti*). Há uma intenção evidente de educar, e isso diferencia as comunicações educativas de tantas outras comunicações que produzimos no dia a dia.

Ressaltamos, entretanto, que os efeitos educativos de uma ação podem ser percebidos independentemente de uma intencionalidade objetiva de educar, mas aqui falamos em efeitos educativos de um ato qualquer, que pode ou não ocorrer. Por exemplo, um operador jurídico, no sentido objetivo, pode não ter uma intencionalidade de educar, mas a percepção deste ato por alguém pode produzir um efeito educativo. São exatamente estes casos que interessam ao nosso estudo, ou seja, as ações destes operadores jurídicos e de outros operadores sociais que produzem diferenças. Esta produção de diferenças se dá através de comportamentos ora objetivos (no sentido de evidentes), ora no sentido subjetivo.

A escola é o *locus* para a reprodução e o consenso, que se dão através de processo de comunicação educativa, bem como através de ações dos próprios professores. Assim, podemos entender, como já afirmava Althusser, que a escola é um aparelho ideológico de Estado, no sentido da reprodução de uma ideologia dominante e também no sentido da seleção que a estrutura escolar apresenta, pois ela seleciona tecnicamente os mais "capazes".

Embora exista na escola a intencionalidade evidente de educar, ela parte de uma base diferencial entre a pessoa que educa (professor) e a pessoa a ser educada. Outro aspecto que deve se considerado é a forma como os alunos recebem estas informações. Por exemplo, podemos passar uma série de informações que pouco interessa para os alunos; estes, certamente, refutarão nossa "boa" intencionalidade de educar, no sentido de mudar seu comportamento e esta, por sua vez, não parte de uma unidade, mas, como afirma Corsi, de uma *base differenziale*.

Dos conceitos apresentados, pensamos que é importante, para este trabalho, ressaltar alguns aspectos: primeiro, a ideia de que educação significa necessariamente aprendizagem que, por sua vez, difere do processo de socialização que se apresenta importante para a vida em sociedade, pois, a partir de socialização, reagimos às expectativas de forma a aceitar ou não. O sistema educativo cria formas de seleção; nesse sentido, concordamos com os autores quando falam da seleção feita pela escola. Esta seleção ocorre também em pedagogias críticas, embora nestas haja uma intenção mais efetiva de minimizar a desigualdade, mas isto não significa que estas pedagogias não tenham seus mecanismos internos de seleção.

No caso do sistema social, vemos estes signos desmascarados pela diferenciação entre as pessoas; no sistema educativo, pela competição das notas e títulos; no sistema jurídico, sempre há quem ganhe em contrapartida a alguém que obrigatoriamente deverá perder; no sistema econômico, há uma diferença entre ricos e pobres. Portanto, a produção de diferenças é uma constante entre os incluídos nos sistemas sociais.

Nem sempre a inclusão no sistema educativo, isto é, a possibilidade de participar, de acessar a educação garante a satisfação de expectativas; elas podem perfeitamente ser "desconfirmadas". A diferença é que os incluídos estão habilitados a suportar as novas diferenças que podem ocorrer a partir de uma não satisfação de expectativas

Na perspectiva da educação, vemos que a desilusão de uma expectativa também tem um lado importante: é preciso que apareçam as desilusões para a construção da personalidade dos indivíduos, entendendo a educação como uma constante aprendizagem de pessoas previamente socializadas. A importância das expectativas frustradas, pois, muitas vezes, vemos a realidade tal como ela é de fato por intermédio de experiências negativas e frustrantes, é no sentido de que a *la delusione da aspettativa* possui uma importante função educativa na vida em sociedade.

Referências

BRASIL. Câmara Federal. Disponível em: <http://www.camara.leg.br/sileg/default.asp>. Acesso: 21 nov. 2013.

——. Supremo Tribunal Federal. Disponível em: <http://www.stf.jus.br/portal/audienciaPublica/audienciaPublica.asp?tipo=realizada>. Acesso em 26 nov. 2013.

BARALDI, Claudio; CORSI, Giancarlo; ESPOSITO, Elena. *Luhmann in Glossario I concetti fondamentali della teoria dei sistemi sociali*. Milano: Franco Angeli, 1996.

BAETA NEVES, Clarissa Eckert. *A educação na perspectiva teórica de Niklas Luhmann*. In: Encontro Anual da Associação Nacional de Pesquisa e Pós-Graduação em Ciências Sociais – Anpocs, Caxambu, 2003. *Anais eletrônicos*. Disponível em: <http://www.anpocs.org/portal/index.php?option=com_docman&task=doc_view&gid=4147&Itemid=316>. Acesso: 26 nov. 2013.

BLATYTA, Dora; RUBINSTEIN, Edith. *Psicopedagogia e Transdisciplinaridade*. In: Educação e Transdisciplinaridade III. Org.: Amâncio Friaça. et al. São Paulo: TRION, 2005.

CABANAS, Jose Maria Quintana. *Pedagogia Social*. Madrid: Dykinson, 1988.

CANIVEZ, Patrice. Tradução: ABREU, Estela; SANTORO, Cláudio. *Educar o Cidadão?*. São Paulo: PAPIRUS,1991.

CORSI, Giancarlo. *Lo Scopo della Pedagogia Reformista: Eccellenza senza Discriminazioni*. Universidatà Bielefeld: 1996. Tese de Doutorado. Universität Bielefeld: 1996.

——. *Inclusione. La società Osserva L'Individuo*. Milano: Franco Angeli, 1993.

——. *Sistemi che apprendono*. Lecce: Pensa Multimidia, 1998.

DE GIORGI, Raffaele. *Materiali per una Teoria Sociologica del Diritto*. Bologna: Facoltà di Giurisprudenza dell' Universidatà di Bologna, 1980.

——. *El Riesgo en la Sociedad Moderna*. Buenos Aires: Fundacion Omega Seguros, 1993.

——. *Democracia, Estado e Direito na Sociedade Contemporânea*. Trad.: Juliana N. Magalhães, in: Cadernos do Legislativo, n.4 ,Belo Horizonte,1995.

DURKHEIM, Émile. *Educação e Sociedade*. São Paulo: Melhoramentos, 1978.

EVAN,Willian. *Il Diritto come strumento del mutamento sociale*. Milano: Edizioni UNICOPLI, 1983.

GADOTTTI, Moacir. *História das Idéias Pedagógicas*. São Paulo: Ática, 1993.

LUHMANN, Niklas – Tradução: BAYER, Gustavo. *Sociologia do Direito I*. Rio de Janeiro: Edições Tempo Brasileiro, 1983.

ORGANIZAÇÃO MUNDIAL DA SAÚDE. *WHO Guidelines on preventing early pregnancy and poor reproductive health outcomesamong adolescents in developing countries.* Disponível em: <http://whqlibdoc.who.int/publications/2011/9789241502214_eng.pdf>. Acesso: 20 dez. 2013.

REBOUL, Oliver. *Tranformar la sociedad? Tranformar la educación?* Madrid: Narcea, 1972.

RESTA, Eligio. *Poteri e diritti.* Torino: G.Giappichelli Editore, 1996.

VIAL, Sandra Regina Martini. Sistema da saúde e transformação social. In: *Constituição, sistemas sociais e hermenêutica*: anuário do Programa de Pós-Graduação em Direito da Unisinos, n° 9. Porto Alegre: Livraria do Advogado, 2012.

PARTE II

— 4 —

Origens da *judicialização da saúde* na Justiça do Estado do Rio Grande do Sul – 1990/2010

DENISE OLIVEIRA CEZAR[1]

Sumário: Introdução; 1. A pesquisa e seus pressupostos; 2. Natureza dos processos e argumentação das decisões; 3. O modelo judicial; Conclusões; Referências.

Introdução

O direito à saúde, assim denominado no artigo 6º da Constituição da República Federativa do Brasil – CRFB –, é classificado na doutrina como um direito de segunda dimensão ou direito social,[2] cuja concretização demanda fundamentalmente prestações de natureza positiva por parte do Estado. Estas prestações positivas devem ser oferecidas no âmbito de políticas públicas, que, nos termos do disposto nos artigos 196 e seguintes da CRFB, organizem um sistema de saúde com a participação da sociedade, de execução descentralizada nos Entes Federativos, custeado por recursos do orçamento da seguridade social das três esferas e de outras fontes, e que vise ao atendimento integral das necessidades de atenção da saúde, com ênfase na prevenção.

Conquanto as Constituições brasileiras anteriores atribuíssem competências legislativas e de organização aos Entes e Poderes, na área da prestação do serviço público de saúde,[3] o que as distingue da Carta vigente é o fato de esta ter preceituado, de forma inédita, o

---

[1] Doutora em Direito (UFRGS), Mestre em Direito Constitucional (UFRGS), Doutora em Direito e Bacharel em Direito (PUCRS). Desembargadora do TJRS. Professora na Escola Superior da Magistratura.

[2] Neste sentido a lição de Ingo Wolfgan Sarlet, em "A eficácia dos direitos fundamentais, uma teoria geral dos direitos fundamentais na perspectiva constitucional", Porto Alegre, Livraria do Advogado Editora, 2012, 11ª edição, p. 327.

[3] Constituição de 1967: artigo 8, incisos XIV e XVII, *c*, e artigo 25, § 4º; Constituição de 1934: artigo 10, inciso II; Constituição de 1946: artigo 5º, inciso XV, *b*.

direito à saúde como uma obrigação a ser prestada pelo Estado, para todo o cidadão e de forma integral.

A caracterização do direito à saúde como uma obrigação em que o titular do direito, o devedor da prestação e o seu objeto estão desde logo definidos na CRFB pode ser vista como um reforço ao enunciado, também previsto na Carta Constitucional, que atribui eficácia imediata aos direitos e garantias fundamentais, ou seja, aos direitos sociais (artigo 5°, § 1°). Também por esta concepção que permeia nossa Constituição, é ela chamada de Constituição Cidadã.[4]

Pode-se concluir que há um deliberado afastamento da concepção de que as normas que consagram os direitos sociais, e também o direito à saúde, sejam programáticas, e uma aproximação da compreensão em especial do direito à saúde como um direito público subjetivo.[5]

A efetivação deste direito público subjetivo na via judicial, no entanto, exigiu uma quebra de paradigma na cultura jurídica brasileira. A condenação do Poder Público à execução de obrigações de fazer implica afastar a barreira da verificação judicial da motivação das decisões em questões políticas,[6] incluídas entre estas as de alocação de recursos para o atendimento das muitas e diversas necessidades sociais que demandam prestações do Poder Público, problematizando o princípio da separação dos Poderes e o princípio da reserva do possível.

Exigir o cumprimento de políticas públicas já instituídas não se constitui em novidade na prática judicial, as dificuldades se apresentaram nas situações de omissão e de insuficiência das políticas públicas, e neste aspecto, tratar do tema da efetividade do direito à saúde significou tratar de recursos públicos, de sua escassez, de como a Administração Pública exerce a gestão das carências, quais as escolhas de investimento em saúde, e quais os reflexos destas escolhas nos casos em que as demandas do cidadão não são abrangidas pelas políticas públicas.

O percurso da jurisprudência na compreensão deste tema é o que moveu esta pesquisa, em especial porque não se trata de questão incontroversa nem pacificada.

A denominação *judicialização do direito à saúde* denota um disparate, ou seja, que o Poder Judiciário estaria se substituindo ao Adminis-

---

[4] SARLET, de Ingo Wolfgan. *A eficácia dos direitos fundamentais, uma teoria geral dos direitos fundamentais na perspectiva constitucional*. Porto Alegre: Livraria do Advogado, 2012, p. 63-9.

[5] Idem, p. 67.

[6] A vedação de exame das questões políticas é tratada na obra: *Da Separação de Poderes à Guarda da Constituição* de José Luiz Anhaia Mello, São Paulo, RT, 1968.

trador, sendo indicada como atuação desorganizadora do sistema de saúde e das finanças públicas.[7] As dificuldades em torno deste tema são manifestas e conduzem à necessidade de avaliar como e por quem devem ser feitas as escolhas em relação à prestação dos serviços públicos de saúde e se devem ser aceitas como possíveis de serem exercidas no âmbito judicial as chamadas *escolhas trágicas*.[8]

1. A pesquisa e seus pressupostos

A autora deste artigo é Magistrada, trabalha com o tema do direito de acesso à saúde no âmbito jurisdicional e também no acadêmico. Obteve os títulos de mestre e de doutora[9] junto à UFRGS, respectivamente com a dissertação Direitos Fundamentais e AIDS, e com a tese Pesquisa com Medicamentos, aspectos bioéticos.[10] Acompanhou a formação da atual jurisprudência sobre a matéria, quando exercia a jurisdição no primeiro grau, como titular de Varas da Fazenda Pública da Capital, Porto Alegre, e depois como Desembargadora em Câmaras de Direito Público no Tribunal de Justiça do Rio Grande do Sul. Incentivada pela Professora Doutora Sandra Regina Martini, participou do Projeto de Pesquisa denominado *Mapeamento de Ações para Efetivação do Direito à Saúde no Rio Grande do Sul de 1990 a 2010*, com a atribuição de mapear, ainda que por amostragem, as ações judiciais sobre o tema neste período, sendo o presente artigo resultado parcial desta pesquisa.

Em relação ao universo pesquisado, é relevante informar que, apesar dos esforços empreendidos na tentativa de localizar os autos dos processos, ou mesmo as cópias das decisões lançadas nos processo judiciais que teriam tramitado no primeiro grau de jurisdição na Capital deste Estado entre os anos de 1990 e 2010, não houve sucesso em relação à parte do período em que os dados judiciais não estavam informatizados. Os livros de registros de sentenças foram eliminados, e os autos físicos dos processos, apesar de estarem no arquivo judicial, são inacessíveis em razão da ainda insuficiente indexação do sistema implantado. Ou seja, o material não está perdido definitivamente,

---

[7] Neste sentido o trabalho do pesquisador da FGV, Professor Daniel Wang, sob o título "Courts as Healthcare Policy-Makers: The Problem, the Responses to the Problem and Problems in the Responses", acessível em: http://papers.ssrn.com/sol3/papers.cfm?abstract_id=2335145.

[8] A propósito da obra de Guido Calabrese e Philip Bobbit, Tragic Choises, ou Escolhas Trágicas, a recente revisão feita por Jules l. Coleman, da Yale Law School, em http://digitalcommons.law.yale.edu/cgi/viewcontent.cgi?article=5209&context=fss_papers.

[9] Disponível em: <http://lattes.cnpq.br/0988424512929014>.

[10] CEZAR, Denise Oliveira. *Pesquisa com medicamentos*. Aspectos Bioéticos, São Paulo: Saraiva, 2012.

mas sua localização exigiria um levantamento físico de grande complexidade, incompatível com as dimensões do projeto.

O resultado da pesquisa em relação aos julgamentos proferidos no período compreendido entre 1990 e 1999, por esta razão, restringe-se a decisões de segundo grau, selecionadas no Setor de Jurisprudência do Tribunal de Justiça do Estado do Rio Grande do Sul, as quais estão sendo indexadas e gradualmente digitalizadas, permitindo o resgate da história.[11]

Neste estudo, serão analisados alguns julgamentos realizados na década de 1990, precursores da chamada *judicialização da saúde*, e outros, já na década de 2000, em que a jurisprudência já se encontrava consolidada.

Foram utilizadas como para a pesquisa nos bancos informatizados as expressões, direito à saúde, medicamentos, fornecimento, AIDS, isolados e por meio de combinação. Na análise dos elementos obtidos destacou-se a natureza dos processos e a argumentação empregadas nas decisões para a verificação de sua contribuição para o modelo judicial vigente no Supremo Tribunal Federal.

2. Natureza dos processos e argumentação das decisões

As primeiras decisões localizadas pelo Setor de Jurisprudência do Tribunal de Justiça, referentes ao direito à saúde, datam de 1993 e foram proferidas em mandados de segurança (MS), instrumento processual que visa à proteção de direito líquido e certo violado ilegalmente ou com abuso de poder por decisão de autoridade pública, de forma célere e com a possibilidade de concessão de liminar.

São elas as proferidas no Agravo Regimental em MS 593002223, de 05/03/1993, e nos Mandados de Segurança 592140180 e 592140156, respectivamente de 03/09/1993 e 01/10/1993, todos sob a competência do Primeiro Grupo de Câmaras Cíveis, composto por oito Desembargadores do Tribunal de Justiça do Estado do Rio Grande do Sul.

No primeiro caso, a parte impetrante pede ao Colegiado a revisão da decisão proferida pelo Relator, que indeferiu o pedido de liminar de fornecimento dos meios necessários para que um menor, gravemente enfermo e tetraplégico, fosse submetido à cirurgia nos Estados Unidos. O pedido foi direcionado ao Secretário da Saúde e do Meio Ambiente. O fundamento do pedido de revisão foi o de que o

---

[11] Registra-se o agradecimento às integrantes do Setor de Jurisprudência na pessoa da Servidora Berenice Bogo.

retardamento do exame da liminar poderia conduzir à irreversibilidade da situação de saúde da criança.

A decisão proferida neste recurso não abordou diretamente a caracterização da existência ou não de um direito à saúde, entretanto sugere que se trata de um *direito social*, e remete-se à incerteza do tratamento como o argumento derradeiro para a manutenção do indeferimento.

Transcreve-se do voto do Relator: "Não tenho certeza nenhuma de que o tratamento, aqui, conduziria à cura. Tenho esperanças de que um tratamento, lá, talvez pudesse conduzir à cura, *mas não tenho certeza de que, a uma, o sistema de saúde seja tão amplo que garanta o fornecimento destes recursos*, e, em segundo lugar, não tenho, até agora, a certeza de que a autoridade que deva prover estes recursos seja a estadual. Tenho uma esperança, senão uma convicção, de que, por mais alguns dias o quadro não se exaspere por demais". (grifo nosso)

O julgamento final desta ação mandamental não foi unânime. O voto vencido entendia que "conceder a segurança será abrir um precedente grave, uma vez que, atrás deste virão outros pedidos da mesma ordem, talvez mais vultosos, apesar de todos sabermos que o erário público não tem como suportar gastos deste vulto". Foi concedida a ordem para que o Estado do Rio Grande do Sul fornecesse os meios para a realização da cirurgia.

O Ente Público, para evitar o cumprimento da decisão, postulou ao Superior Tribunal de Justiça a Suspensão da Segurança n. 659/RS. O Relator, Min. Carlos Velloso, então Presidente do STJ, por decisão publicada no DJ de 03/08/94, indeferiu a suspensão da segurança, ressaltando que não poderia se manifestar em relação ao mérito, e apenas sobre o risco de grave lesão à ordem, saúde e segurança públicas, ou à economia. E neste sentido afirmou: "*Será que uma retirada de duzentos mil dólares do Tesouro causará grave lesão à economia pública? Penso que não.* E ainda aduziu que [se tratava de] *um caso isolado, um caso só de uma infeliz criança, órfã de pai, cuja mãe é professora municipal – uma pobre servidora pública, portanto – reduzido à tetraplegia, e que ao Estado cabe, segundo decidiu o acórdão, dela cuidar, em termos previdenciários*". Com estes argumentos, manteve a decisão ao efeito de serem fornecidas as condições para a realização da cirurgia.

Nos outros dois Mandados de Segurança referidos, também do ano de 1993, os pedidos visavam à importação do leite LOFENALAC para crianças portadoras de fenilcetonúria. Assim como outros que se sucederam neste período de igual teor.

Nestes casos, toda a extensão da complexidade jurídica e fática das causas foi trazida, sob o ponto de vista de problematizar a caracterização do direito dos impetrantes como direito certo e exigível e a recusa de seu atendimento como não amparada na ordem jurídica. Um voto, apenas, entendeu que a norma constitucional que contempla o direito à saúde é programática e somente seria aplicável caso houvesse lei que a regulamentasse, pois o deferimento de pedidos desta natureza, sem previsão orçamentária, poderia colocar em risco a execução do orçamento destinado à saúde, e assim, todo o sistema, comprometendo as prioridades eleitas pela Administração. Ou seja, empregou como argumento ao indeferimento do pedido o *princípio da reserva do possível*.

A decisão majoritária, concessiva da ordem, afastou o pedido preliminar do Estado, de que era necessário denunciar a lide à União, responsável pelo atendimento dessa necessidade, e o fez com o fundamento de que as relações intragovernamentais não deveriam ser trazidas para o processo. Este argumento ainda é empregado, em caráter subsidiário ao da natureza solidária da obrigação, para afastar a necessidade de participação de outros entes federados no processo. No mérito, a decisão reconheceu que a norma que afirma o direito à saúde *não é programática*. "*É norma de eficácia plena* e que, diante de eventual risco de uma *inundação de mandados de segurança... caberá ao Judiciário, se isto acontecer, selecionar os casos realmente de urgência e de difícil atendimento (...)* não sendo *a falta de recursos orçamentários óbice à concessão da segurança*".

Estas decisões proferidas em processos que tramitaram originariamente no Tribunal de Justiça do Estado do Rio Grande do Sul, foram objeto de recurso ao STJ, e são as primeiras a serem analisadas sobre a matéria em sede recursal, junto ao STJ, sob a égide da nova Constituição.[12]

Foram ementadas da forma que segue:

REsp 57.613/RS, Rel. Ministro AMÉRICO LUZ, SEGUNDA TURMA, julgado em 14/06/1995, DJ 14/08/1995, p. 24016
MANDADO DE SEGURANÇA. MENOR PORTADOR DE DOENÇA RARISSIMA. IMPORTAÇÃO DE MEDICAMENTO PELO ESTADO. CONCESSÃO DA ORDEM. ART. 196 DA CF.
ALEGAÇÃO, NO RECURSO ESPECIAL, DE VIOLAÇÃO AO ART. 1. DA LEI 1533/51. MATERIA QUE NÃO PODE SER REVISTA NA VIA ELEITA, POR SE REFERIR A ELEMENTOS DE FEITOS CUJA ANALISE SE ENCERRA NAS VIAS ORDINARIAS (SUMULA 07 STJ). HONORARIOS ADVOCATICIOS. DESCABIMENTO NAS AÇOES DO TIPO.

---

[12] Esta conclusão se extrai a partir de pesquisa no sistema informatizado do STJ, feita com a inclusão da palavra *medicamento*, sendo os resultados analisados os primeiros a aparecerem sobre a matéria em ordem crescente de datas.

REsp 57.608/RS, Rel. Ministro ANTÔNIO DE PÁDUA RIBEIRO, SEGUNDA TURMA, julgado em 16/09/1996, DJ 07/10/1996, p. 37626
MANDADO DE SEGURANÇA. DOENÇA RARA (FENILCETONURIA). IMPORTAÇÃO DE MEDICAMENTO PELO ESTADO (LOFENALAC). CONCESSÃO DA SEGURANÇA. CONDENAÇÃO EM HONORÁRIOS. DESCABIMENTO.
I – O ACORDÃO RECORRIDO, AO CONCEDER A SEGURANÇA, NÃO VIOLOU O ART. 1 DA LEI N. 1.533, DE 1951, ACHANDO-SE EM HARMONIA COM OS PRECEDENTES DESTA CORTE SOBRE A MATÉRIA.
II – EM AÇÃO DE SEGURANÇA, NÃO CABE CONDENAÇÃO EM HONORARIOS ADVOCATICIOS (SUM. N.105/STJ).
III – RECURSO ESPECIAL CONHECIDO E PARCIALMENTE PROVIDO.

Dentre as demais decisões lançadas na década de 90 do século passado, é relevante tanto sob o ponto de vista da natureza do meio empregado e quanto pelos argumentos utilizados, a análise do julgamento do Agravo de Instrumento n. 595037557.

Trata-se de recurso interposto em face de decisão de primeiro grau, que deferiu liminar em ação civil pública de caráter coletivo, proposta pelo Ministério Público. A decisão obriga o Estado ao fornecimento de hormônio de crescimento humano a crianças e adolescentes inscritos em programa de atenção, desenvolvido no Setor de Endocrinologia Infantil do Hospital de Clínicas de Porto Alegre, portadoras de nanismo hipopsiário que não tivessem recursos financeiros para adquiri-lo.

A decisão de primeiro grau foi mantida por maioria de votos entre os Desembargadores, tendo o voto minoritário deduzido que os artigos 6º e 196 da CRFB *"não fazem nascer para cada um dos destinatários, individualmente considerados, direitos subjetivos exigíveis por meio de ação. É que se tal fosse admitido, o Poder Público não teria como atender a todos os reclamos na área da saúde"*. Ou seja, fundamentou-se na caracterização do direito à saúde como um direito coletivo, não determinante de direito subjetivo senão quando vinculado a uma prestação criada por lei regulamentadora do texto constitucional.

Os votos majoritários acentuam, preliminarmente, que não era relevante o argumento processual contra a concessão da liminar, qual seja, o de que esgotava o mérito da ação porque, em razão da alteração no Código de Processo Civil, realizada pela Lei n. 8.952, de 13 de dezembro de 1994, a ordem jurídica passou a permitir a antecipação da prestação jurisdicional de mérito, o que justamente importa em antecipar ou esgotar o mérito antecipadamente. Em relação ao mérito, foi reconhecido que em situações em que a medicação é necessária para prevenir uma carência importante, *"qualquer cidadão está investido no direito subjetivo de exigir da Administração* o direito pretendido".

O posicionamento relativo ao cabimento da antecipação do provimento jurisdicional de mérito permitiu o incremento do exercício do direito à saúde, com máxima efetividade. A via do mandado de segurança se apresentava por vezes inadequada em razão da eventual necessidade de produção de provas, o que não é possível naquele rito processual.

Com esta facilitação processual, a partir de 1996, começam a ingressar as ações ordinárias, com pedido de antecipação de tutela, objetivando o fornecimento de medicamentos, cirurgias e exames.

Ainda que inicialmente fosse recorrente o emprego da argumentação, nas iniciais e nas decisões, da incidência da Lei Estadual n. 9.908/93 (que previa o fornecimento de medicamentos de uso contínuo, imprescindíveis à vida, para pacientes carentes), acabou por prevalecer amplamente o argumento da aplicabilidade da CRFB e da efetividade do direito à saúde. Como consequência, foi se consolidando o emprego como argumentos preponderantes e determinantes do pedido e do deferimento das pretensões de fornecimento de medicamentos, os baseados na Constituição da República.

As pretensões então, em regra deduzidas, por ações ordinárias com pedido de antecipação de tutela, com argumentos constitucionais e ancoradas em prova da necessidade por meio de laudo médico, passam a abranger as situações em que os medicamentos pretendidos fazem parte da política pública instituída não estão disponíveis por falhas administrativas, e em especial as situações em que os medicamentos conquanto imprescindíveis ao tratamento do doente e disponíveis no mercado, não estão contemplados nas listas e, em especial nos casos de AIDS, medicamentos que compõem o coquetel de combate à doença, de eficácia comprovada e distribuído por fabricantes internacionais para uso compassivo,[13] não estavam registrados no Brasil.

Exemplos desse novo perfil das ações, selecionados aleatoriamente, dentro do período estudado, podem ser encontrados nos seguintes julgados:

TUTELA ANTECIPADA EM AÇÃO ORDINÁRIA PARA OBRIGAR O ESTADO A FORNECER MEDICAMENTOS A PACIENTE PORTADOR DO VÍRUS DA SÍNDROME DA IMUNODEFICIÊNCIA ADQUIRIDA (AIDS). CORRETA A DECISÃO QUE MANDA O ESTADO A FORNECER MEDICAMENTOS, PORQUANTO DIRIGIDA A MANTER A

---

[13] As situações de *uso compassivo* são definidas por José Roberto Goldim, como aquelas visam a atender ao interesse de uma pessoa que não se submeteu à pesquisa com o medicamento, tampouco está incluída em projeto de pesquisa e pode ser beneficiada com o uso em assistência, e não em pesquisa, de medicamento cuja comercialização ainda não é permitida pela vigilância sanitária porque está em experimentação, em O uso de drogas ainda experimentais em assistência: extensão de pesquisa, uso compassivo e acesso expandido. *Panam Salud Publica*, v. 23, n. 3, p. 198-206, 2008, p. 199.

VIDA, VALOR MÁXIMO PROTEGIDO PELA CONSTITUIÇÃO FEDERAL. AGRAVO DE INSTRUMENTO IMPROVIDO (Agravo nº 596197814. Julgado em 05/03/1997).

DIREITO À SAÚDE. PESSOA PORTADORA DO VÍRUS HIV. MEDICAMENTOS. FALTA DE CONDIÇÕES PARA COMPRÁ-LOS, SEM PREJUÍZO DO PRÓPRIO SUSTENTO. DEVER DO ESTADO QUE NASCE DIRETAMENTE DOS TEXTOS CONSTITUCIONAIS, FEDERAL E ESTADUAL. IRRELEVÂNCIA DA LEI ESTADUAL QUE DESTINOU O FUNDO DE DESENVOLVIMENTO SOCIAL PARA OUTRAS FINALIDADES. APELO DESPROVIDO E SENTENÇA CONFIRMADA EM REEXAME. (Apelação Cível nº 597133875, Julgado em 24/03/1999)

APELAÇÃO CÍVEL. REEXAME NECESSÁRIO. PORTO ALEGRE. FORNECIMENTO DE MEDICAMENTOS. VIDA E SAÚDE SÃO DIREITOS SUBJETIVOS INALIENÁVEIS. AO ESTADO COMPETE A PROTEÇÃO DA SAÚDE DOS CIDADÃOS, INCLUINDO-SE NA OBRIGAÇÃO O FORNECIMENTO DOS REMÉDIOS NECESSÁRIOS PARA O TRATAMENTO DOS MENOS FAVORECIDOS. APELO DESPROVIDOS. SENTENÇA CONFIRMADA EM REEXAME NECESSÁRIO. (Apelação e Reexame Necessário nº 70002395333, Julgado em 02/05/2001).

DIREITO PÚBLICO NÃO ESPECIFICADO. FORNECIMENTO DE MEDICAÇÃO A PACIENTE CARENTE E PORTADOR DE HEPATITE CRÔNICA ATIVA C, TIPO 3 E AIDS. Dever do estado em fornecer as medicações prescritas pela equipe de especialistas que o atende. Cabível a antecipação da tutela deferida para o fornecimento medicamento Interferon Peguilado e Ribavirina a paciente portador de Hepatite crônica ativa, causada pelo vírus c, tipo 3 e AIDS. Situação financeira do apelado que sequer foi controvertida. Direito à saúde que detém proteção especial na Carta Política. Portaria – MS nº 863/02 que não pode ser utilizada para rejeitar o pedido de fornecimento da medicação prescrita pela equipe médica. Fontes de custeio e questões orçamentárias e fiscais que não devem embaraçar o direito à vida e saúde. O Estado assumiu o encargo de fornecer medicação excepcional ou especial aos pacientes carentes portares de graves moléstias. APELO IMPROVIDO. (Apelação Cível nº 70009775503, Terceira Câmara Cível, Tribunal de Justiça do RS, Relator: Nelson Antônio Monteiro Pacheco, Julgado em 11/11/2004).

APELAÇÃO CÍVEL. FORNECIMENTO DE MEDICAMENTOS PARA TRATAMENTO DE SÍNDROME DA IMUNODEFICIÊNCIA ADQUIRIDA (AIDS). ILEGITIMIDADE PASSIVA DO ESTADO E DO MUNICÍPIO. FALTA DE INTERESSE DE AGIR. CARÊNCIA DE AÇÃO. Há responsabilidade solidária dos entes de direito público, nos termos do art. 196 do Constituição Federal. Inexistem, pois, as alegadas ilegitimidades passivas do Estado e do Município. RECURSOS DESPROVIDOS, MANTIDA A SENTENÇA EM REEXAME NECESSÁRIO. (Apelação e Reexame Necessário nº 70015093339, Julgado em 02/05/2006).

Por fim, certamente a grande mudança na concepção da efetividade dos comandos judiciais concernentes à saúde foi o deferimento do sequestro de verbas públicas para o cumprimento das decisões, o que evitou a desmoralização dos comandos judiciais, pelo seu descumprimento, como nos casos dos precatórios.

Diversas foram as decisões concessivas de sequestro de verbas públicas para assegurar o cumprimento das decisões judiciais neste

Estado, como a proferida na Apelação Cível n° 70009775503, julgada em 11/11/2004. E foi a partir de sua reiteração que o STJ consolidou, no julgamento do RESP 735378/2005, o entendimento do cabimento desta medida executiva, nos casos urgentes, porque autorizada na Lei processual.

As demandas ingressaram em quantidade crescente em todo o período estudado, em especial a contar de 2004, quando consolidou-se o entendimento de cabimento de sequestro de verbas para cumprimento da decisões de antecipação de tutela, como demonstra o gráfico, feito a partir de consulta com as expressões "fornecimento" e "medicamento" no sistema de buscas de jurisprudência do Poder Judiciário do Estado:

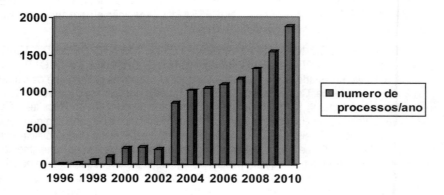

Diante da complexidade no tratamento da matéria, da necessidade da compatibilização de diversas visões e da busca de consensos entre os diversos tomadores de decisão, os Magistrados do Rio Grande do Sul, por meio da Associação dos Juízes do Rio Grande do Sul, AJURIS, formaram, em 2007, um Grupo de Trabalho da Saúde.[14] Este Grupo, composto com representação de Médicos, Secretários de Saúde, Membros do Ministério Público Estadual e Federal, da Defensoria Pública, da Procuradoria do Estado, da Advocacia da União, da Procuradoria da República, implementou convênio para a agilização dos procedimentos e troca de informações, encaminhou sugestão de alteração a projeto de lei federal, elaborou projeto de cartilha de padronização de procedimentos e promoveu seminário em que se inscreveram 500 participantes, intitulado *Medicamentos: Políticas Públicas e Judicialização* (13/04/2007).

---

[14] http://www.ajuris.org.br/keyworks/website/user_files/File/relatorio_gestao/Relatorio_06_07.pdf

3. O modelo judicial

O quadro normativo constitucional e as complexidades decorrentes da aparente colisão entre a efetivação do direito à saúde e os princípios da separação dos poderes e da reserva do possível exigiu a elaboração de um *modelo jurisprudencial*[15] para a solução dos conflitos em que o direito à saúde ou direito de acesso à saúde é exigível.

O Supremo Tribunal Federal realizou o detalhamento deste modelo no julgamento do Agravo Regimental na Suspensão de Liminar n. 47.[16] Nesta decisão foram estabelecidos os *Parâmetros para a decisão judicial dos casos concretos que envolvem direito à saúde* nos votos paradigmáticos da lavra dos Min. Gilmar Mendes e Min. Celso de Mello, em que foram detalhadas as hipóteses de controle judicial da política pública para a efetivação do direito social à saúde.

A primeira definição deste modelo é a da solidariedade, ou seja, o cumprimento do direito é exigível de qualquer dos Entes,[17] o que conduz a perplexidades, diante da divisão interna de competências entre os três níveis da Federação, que devem ser superadas no âmbito administrativo, como já se anunciou desde as primeiras decisões sobre a matéria. Cria também dificuldades para os pequenos municípios, quando estão em causa prestações de grande vulto, o que ainda carece de enfrentamento sistemático.

O modelo parte do que é próprio às ações que visam ao controle dos atos da administração, ou seja, a exigência de uma prestação assumida como devida e negada sem fundamento jurídico ou omitida sem justificação de suas razões. Alcança, por extensão do modelo, as prestações não contidas na política pública por insuficiência nas lis-

---

[15] Os modelos jurídicos, que são a face prospectiva das fontes jurídicas, compreendem os modelos jurídicos em sentido estrito, que são prescritivos: as leis, os costumes, as decisões judiciais e os negócios; e também os modelos jurídicos em sentido amplo, o dogmático e o hermenêutico. REALE, Miguel. *Fontes e modelos do direito*: para um novo paradigma hermenêutico. São Paulo: Saraiva, 2002, p. 105-122.

[16] Pesquisado em 27/07/2014: <http://redir.stf.jus.br/paginadorpub/paginador.jsp?docTP=AC&docID=610254>.

[17] CONSTITUCIONAL. AGRAVO REGIMENTAL NO RECURSO EXTRAORDINÁRIO COM AGRAVO. DIREITO À SAÚDE. FORNECIMENTO DE MEDICAMENTOS. SOLIDARIEDADE DOS ENTES FEDERADOS. PRECEDENTES. 1. A jurisprudência do Supremo Tribunal Federal firmou-se no sentido de que é solidária a obrigação dos entes da Federação em promover os atos indispensáveis à concretização do direito à saúde, podendo figurar no polo passivo qualquer um deles em conjunto ou isoladamente. 2. Ressalva da posição pessoal em sentido contrário, manifestada em voto proferido na 1ª Turma do Superior Tribunal de Justiça (AgRg no REsp 888975/RS, Rel. Ministro LUIZ FUX, Rel. p/ Acórdão Ministro TEORI ALBINO ZAVASCKI, DJ 22/10/2007). 3. Agravo regimental a que se nega provimento. (ARE 803274 AgR, Relator(a): Min. TEORI ZAVASCKI, Segunda Turma, julgado em 13/05/2014, PROCESSO ELETRÔNICO DJe-101 DIVULG 27-05-2014 PUBLIC 28-05-2014).

tagens ou demora em sua atualização e assim confere efetividade ao direito à saúde.

O fio condutor desta análise é feito com o emprego do conceito de dignidade da pessoa humana, de proteção do seu mínimo existencial e de não retrocesso, como elementos de argumentação para a afirmação da primazia do direito à saúde sobre o princípio da reserva do possível e questões orçamentárias. O risco de solução de continuidade de políticas públicas concessivas de prestações, ainda que considerado como importante ao exame do cabimento do pedido, tem de ser demonstrado e não simplesmente presumido.

Tem como pressuposto a assertiva de que o *Poder Judiciário não tem atribuição jurídico-constitucional para criar uma política pública*, e sim, de determinar o cumprimento da política existente e controlar a juridicidade de sua execução, nas diversas modalidades de controle.

Compreende-se que o Poder Judiciário detém atribuição para exercer o controle do cumprimento das políticas legitimamente instituídas e para a correção da suficiência das prestações nela previstas, concretizando a proteção do *mínimo existencial,* decorrente da condição de pessoa e de sua dignidade. Isto tanto nos casos de omissão da política pública, por não prever o tratamento para uma determinada moléstia ou por não prever um tratamento adequado. Detém também a competência de exercer o controle dos atos da Administração na conformidade com a legislação em relação a análise da motivação do indeferimento de uma determinada postulação.

Por fim, é relevante ressaltar que a construção deste modelo foi realizada com o emprego de conhecimentos trazidos de diversos segmentos, ou seja, com a construção concertada de usuários do SUS, de gestores, de juristas, médicos, pesquisadores, e interessados em geral, por meio da realização de Audiência Pública, junto ao Supremo Tribunal Federal.

Conclusões

A análise dos precedentes indica que as pretensões envolvendo o acesso à saúde foram inicialmente deduzidas por meio de ações mandamentais e de ações civis públicas, em que prevista a possibilidade de provimento liminar. Somente depois da alteração do CPC passaram a ser exercidas por meio de ações ordinárias, então com pedidos de antecipação de tutela, o que revela fundamentalmente o caráter de urgência dos provimentos pretendidos.

Ao contrário do que a pesquisadora avaliava tendo em vista a sua experiência, os primeiros precedentes relativos ao acesso a saúde pela via judicial não foram exercidos por portadores da AIDS, e sim por representantes legais de crianças portadoras de fenilcetonuria.

A opção pela ação ordinária com antecipação de tutela e consequente sujeição do processo à regência do CPC permitiu a construção jurídica que admite o sequestro de verbas públicas como meio de dar cumprimento à antecipação de tutela deferida e incrementou o ingresso de ações.

A jurisprudência da Justiça do Estado do Rio Grande do Sul colaborou de forma significativa, inclusive em razão do precoce enfrentamento das questões que foram trazidas a juízo pelos interessados. Pode-se identificar questões como a fundamentação constitucional, a contraposição direito social/direito individual, o enfrentamento da questão da autoaplicabilidade das normas constitucionais, o afastamento da concepção da norma como exclusivamente programática, a compreensão da existência de uma obrigação de prestar assistência farmacêutica e atendimento da saúde, o afastamento da necessidade de todos os Entes integrarem o polo passivo e a concepção da existência da solidariedade, a possibilidade do sequestro para o cumprimento das decisões como matérias que integram o atual modelo e que foram tratadas na jurisprudência analisada.

Por fim, a forma de trabalho, com a construção coletiva, apresenta no caso da Justiça gaúcha com o Grupo de Trabalho mencionado, e no caso do STF, com a Audiência Pública referida, guardam também semelhança e espelham uma aproximação de compreensão do fenômeno da dita *Judicialização da Saúde*.

Referências

CALABRESE, Guido; BOBBIT, Philip. *Tragic Choises*, Yale Law School. Disponível em http://digitalcommons.law.yale.edu/cgi/viewcontent.cgi?article=5209&context=fss_papers.

CEZAR, Denise Oliveira. *Pesquisa com medicamentos*. Aspectos Bioéticos, São Paulo: Saraiva, 2012.

MELLO, José Luiz Anhaia. *Da Separação de Poderes à Guarda da Constituição*. São Paulo, Editora RT, 1968.

WANG, Daniel. *Courts as Healthcare Policy-Makers*: The Problem, the Responses to the Problem and Problems in the Responses. Disponível em: http://papers.ssrn.com/sol3/papers.cfm?abstract_id=2335145.

— 5 —

Percursos bibliográficos do direito à saúde no Estado do Rio Grande do Sul de 1988-2010[1]

GERMANO SCHWARTZ[2]

Sumário: Introdução; 1. A fase da compreensão da saúde enquanto direito social e humano (1988-1999); 2. A fase da exigibilidade judicial (2000-2006); 3. A fase da judicialização da saúde e de suas possibilidades democráticas (2006-2010); Conclusões; Referências.

Introdução

Nesse momento do constitucionalismo democrático pós-ditatorial militar brasileiro, no ano de 2014, inúmeros são os livros, os capítulos de livros e os artigos científicos produzidos no Brasil sobre a temática do direito à saúde, fruto, dentre outros, da constitucionalização da matéria a partir da Constituição Federal de 1988.[3]

Nem sempre foi assim. As razões são várias. Uma delas é o fato de que a saúde não era prevista pela Constituição Federal de 1967,[4]

---

[1] O presente artigo é uma retomada da exposição feita em palestra que proferi no evento "Construindo a História do Direito à Saúde no Rio Grande do Sul", na Escola de Saúde Pública (Porto Alegre-RS), em 2010. Tanto o seminário aludido quanto a presente obra coletiva foram organizados pela Dra. SandraRegina Martini, disseminadora do Direito Sanitário em território farroupilha, a quem agradeço, publicamente, por estas oportunidades de interlocução.

[2] Pós-Doutor em Direito (University of Reading). Doutor em Direito (Unisinos) com estágio doutoral-sanduíche na Université Paris X-Nanterre. Coordenador do Mestrado em Direito e docente do Mestrado em Saúde e Desenvolvimento Humano, ambos no Unilasalle (Canoas). Professor do Curso de Direito da Faculdade da Serra Gaúcha. Segundo Vice-Presidente da Associação Brasileira dos Pesquisadores em Sociologia do Direito (ABRASD). Secretário do Research Committee on Sociology of Law da International Sociological Association. Membro do Collaborative Research Network on Law and Health da Law and Society Association.

[3] Para citar apenas uma, dentre tantas outras que abordam a importância de a saúde ter sido prevista como direito social (arts. 6º, 196 e ss.) na Constituição Federal de 1988, veja-se WEICHERT, Marlon Alberto. *Saúde e Federação na Constituição Brasileira*. Rio de Janeiro: Lumen Juris, 2004.

[4] Uma retrospectiva histórica da positivação da saúde nas constituições brasileiras pode ser encontrada em SCHWARTZ, Germano. *Direito à Saúde*: efetivação em uma perspectiva sistêmica. Porto Alegre: Livraria do Advogado, 2001.

levando a questão da pesquisa em direito à saúde – por parte das ciências jurídicas do país – à quase inexistência no período anterior à promulgação da atual Constituição Brasileira.[5]

Desse modo, o presente artigo possui duas delimitações bastante claras. A *primeira* recai naquilo que se convencionou denominar direito à saúde, não se atendo, pois, ao chamado direito sanitário; de outro lado, a *segunda* delimitação é a temporal: é o período abrangido entre a positivação constitucional do direito à saúde no Brasil (1988) até o ano de 2010 (momento em que a palestra originadora desse artigo foi proferida). Aí o lapso temporal sobre o qual a escrita se debruça.

Como resultado das opções anteriores, o artigo também pretende se encaixar na temática da obra coletiva para o qual restou elaborado. Assim, do ponto de vista *geográfico*, sua abordagem está centrada no estado do Rio Grande do Sul. E, ainda, sob o ângulo das *opções metodológicas*, são as obras – no formato de livro – produzidas na Província de São Pedro – e por autores gaúchos – no período mencionado, as escolhidas para demonstrar os percursos históricos do direito à saúde em nosso Estado.

Há, ainda, a necessidade de enfatizar que seu *objetivo* não é o de esgotar as citações das obras bibliográficas a respeito do direito à saúde no recorte geográfico-temporal proposto. Dado ao limite de páginas próprio de uma obra em conjunto, optou-se por referenciar – sem qualquer demérito a outras – aquelas produções que pudessem demonstrar a evolução do pensamento da doutrina gaúcha sobre a temática entre os anos de 1988 a 2010.

Nesse sentido, o artigo estrutura-se em três fases: (i) a compreensão da saúde dentro do quadro teórico dos direitos sociais; (ii) a exigibilidade da saúde em função, especialmente, da dogmática dos direitos fundamentais, e (iii) a etapa da judicialização da saúde e da construção de parâmetros judiciais em função da teoria da reserva do possível.

1. A fase da compreensão da saúde enquanto direito social e humano (1988-1999)

Com alta influência de Sueli Dallari,[6] acadêmica de carreira construída no estado de São Paulo, a fase que se inaugura após a Cons-

---

[5] ROCHA, Julio César de Sá. *Direito da Saúde. Direito Sanitário na Perspectiva dos Interesses Coletivos e Difusos*. São Paulo: LTr, 1999, p. 39-42.

[6] As obras mais importantes da autora que restam compreendidas dentro desse período são: DALLARI, Sueli Gandolfi. *Os estados brasileiros e o direito à saúde*. São Paulo: HUCITEC, 1995.

tituição traz "uma concepção mais abrangente de seguridade social àquela até então prevalecente".[7] É, assim, um período em que o espírito dos movimentos pela reforma sanitária que antecederam a Constituição de 1988 foram incorporados ao seu texto, mormente em seus artigos 196 e seguintes, especialmente na questão da descentralização e do atendimento universal e igualitário.

Trata-se de um lapso temporal, no plano do estado do Rio Grande do Sul, em que, timidamente, a partir da ideia de uma necessária filtragem constitucional, era preciso (re)transformar os paradigmas normativos, inclusive a nova Lei do Sistema Único de Saúde (8.080/90). Tudo isso por meio de uma nova quadra – democrática – espelhada na nova concepção de Estado Democrático de Direito adotada pela Constituição Federal de 1988.

Por isso mesmo é que, nessa época, procura-se (re)afirmar o conteúdo normativo do artigo 196 e do artigo 6º da Constituição Federal de 1988. Concentrada, pois, no plano dogmático dos direitos fundamentais, a academia gaúcha, especialmente pelos autores a seguir citados, influencia sobremaneira o Poder Judiciário do Estado do Rio Grande do Sul, que começa a decidir – favoravelmente e sem critérios unos – a respeito de fornecimento de medicamentos, leitos hospitalares, entre outros.

Dentro dessa abordagem, assume especial relevância a obra de Ingo Sarlet, em alta conexão com seu período de estudos doutorais na Alemanha, sobre a eficácia dos direitos fundamentais.[8] Não somente por delimitar a dogmática dos direitos sociais prestacionais, mas também por exemplificá-la pelo direito à saúde. Não por acaso, o autor orientou(a), depois, várias dissertações e teses sobre o tema,[9] além de produzir artigos científicos com temática subjacente.

DALLARI, Sueli Gandolfi. *A saúde do brasileiro*. São Paulo: Moderna, 1987; DALLARI, Sueli Gandolfi. *Municipalização dos serviços de saúde*. São Paulo: Brasiliense, 1985.

[7] COHN, Amélia, et al. *A Saúde como Direito e como Serviço*. 2. ed. São Paulo: Cortez, 1991, p. 13.

[8] SARLET, Ingo. *A Eficácia dos Direitos Fundamentais*. Porto Alegre: Livraria do Advogado, 1998.

[9] Como exemplos de suas orientações junto ao PPGD da PUCRS sobre o tema, podem ser citadas as dissertações de Caroline Vieira Bonilla Deon (O Direito à Saúde: algumas considerações práticas), de Mariana Filchtiner Figueiredo (Objeções e Parâmetros Mínimos à Eficácia dos Direitos Fundamentais Sociais à luz do Direito à Saúde), de Tiago Bitencourt de David (Objeções e Parâmetros Mínimos à Eficácia dos Direitos Fundamentais Sociais à luz do Direito à Saúde), de Jeferson Ferreira Barbosa (Cooperação Federativa e Responsabilidade Solidária no Direito à Saúde), de Joseane Ledebrum Gloeckner (O Licenciamento compulsório como instrumento para realização do direito fundamental à saúde) e de Italo Fuhrmann (Judicialização dos direitos sociais e o direito fundamental à saúde por uma reconstrução do objeto do direito à saúde no direito brasileiro); por outro lado, no que diz respeito a teses, enumeram-se as seguintes: Mariana Filchtiner Figueiredo (Os Deveres de Proteção Decorrentes do Direito à Saúde: Critérios para a Efetivação Individual e Coletiva do Mínimo Existencial e da Garantia do Conteúdo Essencial) e de Márcia Rosa de Lima (A Regulação como Meio para dar Efetividade ao Direito Fundamental de Promoção e Promoção da Saúde).

Antes disso, todavia, José Luis Bolzan de Morais[10] já havia abordado a questão da nova visão do direito à saúde no Brasil a partir de uma perspectiva sociodogmática da recente conformação constitucional brasileira em relação aos direitos sociais e de sua necessária adequação aos vetores democráticos por ela proclamados, com especial ênfase no papel do Estado – em face de sua crise – na efetivação dos referidos direitos.

Igualmente dessa época são os trabalhos de José Francisco da Cruz[11] a respeito do delineamento do Sistema Único de Saúde, de seus limites e de suas possibilidades, e de Gilmar Bedin[12] a respeito dos direitos do homem – saúde entre eles – e o neoliberalismo. Ainda, na perspectiva da saúde enquanto direito humano, importante é a contribuição de Rogério Gesta Leal,[13] com interesse específico em seu aspecto de vetor de efetivação de uma nova concepção democrática para a realidade brasileira de então.

Trata-se, conforme mencionado anteriormente, de uma fase de construção teórica a respeito do direito à saúde. Ela foi uma etapa necessária para a seguinte, destinada a instrumentalizar, no Rio Grande do Sul, o referencial teórico e dogmático alicerçado, principalmente, nas obras expostas no presente item.

2. A fase da exigibilidade judicial (2000-2006)

Como resultado da fase anterior, entra-se, nos anos 2000, naquilo que se pode denominar de etapa de aprofundamento do como se exigir judicialmente a efetivação do direito à saúde. Está, portanto, diretamente orientada para a formação de uma dogmática jurídica em saúde propriamente dita. De uma forma sucinta, procura:

a) demonstrar que o direito fundamental à saúde é uma norma constitucional autoaplicável e que ele se constitui em direito público subjetivo;

b) definir a competência concorrente (legitimidade passiva) entre os entes federativos;

---

[10] MORAIS, José Luis Bolzan de. *Do Direito Social aos Interesses Transindividuais*: o Estado e o Direito na ordem contemporânea. Porto Alegre: Livraria do Advogado, 1995.

[11] CRUZ, José Francisco das Graças. *Assistência à Saúde no Brasil*: evolução e o sistema único de saúde. Pelotas: EDUCAT, 1998.

[12] BEDIN, Gilmar Antonio. *Os Direitos do Homem e o Neoliberalismo*. 2. ed. Revista e ampliada. Unijuí: Editora Unijuí, 1998.

[13] LEAL, Rogério Gesta. *Direitos Humanos no Brasil*: desafios à democracia. Porto Alegre: Livraria do Advogado; Santa Cruz do Sul: EDUNISC, 1997.

c) discutir a legitimidade ativa para a proposição de ações relativas ao direito à saúde, bem como aponta os instrumentos processuais disponíveis aos interessados;

d) verificar as possibilidades de um direito à saúde internacional.

Com especial destinação aos itens (a), (b) e (c) foram produzidas obras fundamentadas na teoria sistêmica de Niklas Luhmann,[14] e com grande influência de Leonel Severo Rocha,[15] um dos divulgadores do pensamento luhmanniano de maior impacto em solo brasileiro.

No que diz respeito ao item (d), relevante é a contribuição de Deisy Ventura,[16] por meio, também, da instauração de sucursal do Centro de Estudos em Pesquisas em Direito Sanitário no PPGD-Unisinos, importante foco de discussão e de produção intelectual sobre o direito à saúde.

Mediante artigos e capítulos de livros, os autores da fase passada também se fazem aqui presente. Deixam-se de citar essas produções por não ser o foco do presente artigo, recomendando-se, todavia, que se verifiquem as abordagens feitas,[17] nessa modalidade, em especial, por Ingo Sarlet, Jose Luis Bolzan de Morais e Rogério Gesta Leal.

Saliente-se que essa fase não está direcionada à construção de parâmetros decisórios. É, sim, uma fase de refinamento da produção intelectual em direito à saúde em relação a anterior. Isso porque parte de uma base definida pela fase precedente e pode avançar em alguns pontos. Contudo, seus pressupostos dão base à crescente judicialização da saúde, fato que o período subsequente se ocupa com maior atenção.

3. A fase da judicialização da saúde e de suas possibilidades democráticas (2006-2010)

A despeito da construção teórico-dogmática aludida, a produção maciça em direito à saúde se dá na esfera processual e corresponde ao denominado fenômeno da judicialização da saúde. São 240.980

---

[14] SCHWARTZ, Germano. *Direito à Saúde: efetivação em uma perspectiva sistêmica*. Porto Alegre: Livraria do Advogado, 2001; SCHWARTZ, Germano (Org.). *A Saúde sob os Cuidados do Direito*. Passo Fundo: UPF Editora, 2003; SCHWARTZ, Germano. *O Tratamento Jurídico do Risco no Direito à Saúde*. Porto Alegre: Livraria do Advogado, 2004.

[15] Sobre o percurso intelelectual de Leonel Rocha, consulte-se SCHWARTZ, Germano. Reduzindo Complexidade. Direito e Democracia na Obra de Leonel Severo Rocha. In: BARRETO, Vicente de Paula; DUARTE, Francisco Carlos; SCHWARTZ, Germano. (Orgs.). *Direito da Sociedade Policontextural*. Curitiba: Appris, 2013, p. 33-48.

[16] VENTURA, D. F. L. (Org.); ARDENGHY, R. F. (Org.). *Mercosul – Acordos e Protocolos na área jurídica*. Porto Alegre: Livraria do Advogado, 1996; VENTURA, D. F. L. *As Assimetrias entre o MERCOSUL e a União Européia – os desafios de uma associação interregional*. São Paulo: Manole, 2003.

[17] Recomenda-se, para tanto, leitura dos currículos dos autores em www.cnpq.br/lattes

processos em direito à saúde,[18] de acordo com o CNJ, em 2011. De acordo com dados do TJRS, em 28.01.10, fornecidos por requisição do CNJ, há 113.953 processos em andamento em solo gaúcho. São 47,28% do total de ações na área no Brasil. É um dado que demonstra alguma incorreção, pois a população do Estado do Rio Grande do Sul corresponde a 5% dos habitantes do Brasil.

A partir dessa inflação das demandas judiciais na área, os órgãos estatais, os mecanismos de participação popular e demais atores envolvidos na gestão compartilhada em saúde começaram a debater limites para a ampliação existente na fase anteriormente abordada em relação à prestação sanitária estatal decorrente em função da Constituição Federal de 1988.

Assim, é de 2006 a 2010 que a doutrina gaúcha encontra a fase mais prolífica a respeito do direito à saúde, de uma forma que tal período temporal delimita aquilo que ambas as fases precedentes estabeleceram de um modo que pode ser considerado mais abrangente. São temas latentes:

a) a teoria da reserva do possível;

b) os custos relacionados à prestação sanitária estatal;

c) os mecanismos processuais de exigibilidade do direito à saúde;

d) os parâmetros, a partir da teoria dos direitos fundamentais, para o estabelecimentos dos limites e da eficácia da saúde enquanto direito social prestacional;

e) a análise dos mecanismos de participação popular e de gestão democrática da saúde.

Desse modo, no que tange às letras (a) e (b), pode-se citar como de grande valia a organização de uma obra a seu respeito feita por Ingo Sarlet e Luciano Timm,[19] resumindo grande parte dos argumentos relevantes a respeito e sintetizando as discussões sobre a reserva do possível, o mínimo existencial e o chamado *Law and Economics* aplicados ao direito à saúde.

Várias são as obras que procuram estabelecer quais os mecanismos processuais cabíveis para efetivar o direito à saúde (item c). Nesse sentido, como uma espécie de catalisadora de todas elas, importante foi a organizada por Araken de Assis,[20] reunindo grandes nomes da processualística civil gaúcha.

---

[18] Disponível em: <http://www.cnj.jus.br/programas-de-a-a-z/saude-e-meio-ambiente/forum-da-saude>. Acessado em 24 de Julho de 2014

[19] SARLET, Ingo; TIMM, Luciano Benetti (Orgs.). *Direitos Fundamentais*: orçamento e reserva do possível. Porto Alegre: Livraria do Advogado, 2008.

[20] ASSIS, Araken de (Org.). *Aspectos Polêmicos e Atuais dos Limites da Jurisdição e do Direito à Saúde*. Porto Alegre: Nota Dez, 2007.

Também foram em grande número os livros que dissertaram sobre a dogmática do tema (item d) de uma maneira bastante específica, contribuindo para o deslinde da casuística encontrada nos tribunais do Estado do Rio Grande do Sul. Para citar apenas uma, a obra de Mariana Figueiredo[21] é resultado das orientações de Ingo Sarlet e serve, também, como uma espécie de síntese das preocupações retrorreferidas.

No que diz respeito ao item (e), relevante é a contribuição de Sandra Martini Vial,[22] com base na teoria dos sistemas sociais autopoiéticos aplicada ao Direito, porém com acentuada âncora na teoria do direito fraterno, procurando verificar as possibilidades democráticas possibilitadas pela Constituição Federal de 1988 de participação e de controle social no direito à saúde.

Conclusões

Qual a fase seguinte?

Entende-se que o ano de 2010 finaliza outro ciclo. De um certo modo, as três fases anteriores contribuíram para o que se antevê como um tempo de amadurecimento da doutrina gaúcha em relação ao direito à saúde, superado que estão quase todos os seus pontos essenciais (no plano dogmático).

Já no ano de 2009, o Supremo Tribunal Federal[23] convocou audiência pública para tratar do tema da judicialização da saúde. Importante asseverar que vários dos autores aqui citados dela participaram. Seu objetivo era o de ouvir especialistas das mais diversas áreas para que o Poder Judiciário pudesse estabelecer parâmetros em suas decisões sobre a temática.

Desde ali, verifica-se uma certa tendência ao consenso em alguns temas outrora deveras discutidos, como, por exemplo, entre outros, a competência concorrente dos entes federativos na prestação sanitária. Em idêntico sentido vem sendo a atuação do Conselho Nacional de Justiça[24] e seu Fórum do Judiciário para a Saúde.

---

[21] FIGUEIREDO, Mariana Filchtiner. *Direito Fundamental à Saúde*: parâmetros para sua eficácia e efetividade. Porto Alegre: Livraria do Advogado, 2007.

[22] SILVA, M. N.; CONTE, M. ; VIAL, S. R. M. *A Política de Educação Permanente em Saúde*. Porto Alegre: Dolika Afa Artes Gráficas Ltda, 2008.

[23] Disponível em: <http://www.stf.jus.br/portal/cms/verTexto.asp?servico=processoAudienc iapublicaSaude>. Acessado em 24 de Julho de 2014.

[24] Disponível em: <http://www.cnj.jus.br/programas-de-a-a-z/saude-e-meio-ambiente/forum-da-saude>. Acessado em 24 de Julho de 2014.

De outro lado, os debates que integram os três poderes e a sociedade vêm se intensificando, com grande participação dos Conselhos Municipais de Saúde, em sua grande maioria com o objetivo de estabelecer pautas comunicacionais convergentes no sentido de uma melhor prestação em saúde por parte dos entes federativos.

Esses são alguns dos sinais de que o porvir refletirá o amadurecimento anteriormente sinalizado e de que a construção tanto de uma dogmática quanto de uma teoria que reflita um direito à saúde da sociedade, tal como postulado pela reforma sanitária anterior à Constituição de 1988, repousará mais na unidade da diferença do que pelo estabelecimento das divergências.

Referências

ASSIS, Araken de (org.). *Aspectos Polêmicos e Atuais dos Limites da Jurisdição e do Direito à Saúde*. Porto Alegre; Nota Dez, 2007.

BEDIN, Gilmar Antonio. *Os Direitos do Homem e o Neoliberalismo*. 2. ed. Revista e ampliada. Unijuí: Editora Unijuí, 1998.

COHN, Amélia et al. *A Saúde como Direito e como Serviço*. 2. ed. São Paulo: Cortez, 1991.

CRUZ, José Francisco das Graças. *Assistência à Saúde no Brasil:* evolução e o sistema único de saúde. Pelotas: EDUCAT, 1998.

DALLARI, Sueli Gandolfi. *Os estados brasileiros e o direito à saúde*. São Paulo: HUCITEC, 1995.

——. *A saúde do brasileiro*. São Paulo: Moderna, 1987.

——. *Municipalização dos serviços de saúde*. São Paulo: Brasiliense, 1985.

FIGUEIREDO, Mariana Filchtiner. *Direito Fundamental à Saúde*: parâmetros para sua eficácia e efetividade. Porto Alegre: Livraria do Advogado, 2007.

LEAL, Rogério Gesta. *Direitos Humanos no Brasil*: desafios à democracia. Porto Alegre: Livraria do Advogado; Santa Cruz do Sul: EDUNISC, 1997.

MORAIS, José Luis Bolzan de. *Do Direito Social aos Interesses Transindividuais*: o Estado e o Direito na ordem contemporânea. Porto Alegre: Livraria do Advogado, 1995.

ROCHA, Julio César de Sá. *Direito da Saúde*. Direito Sanitário na Perspectiva dos Interesses Coletivos e Difusos. São Paulo: LTr, 1999.

SARLET, Ingo; TIMM, Luciano Benetti (Orgs.). *Direitos Fundamentais*: orçamento e reserva do possível. Porto Alegre: Livraria do Advogado, 2008.

SCHWARTZ, Germano. *Direito à Saúde*: efetivação em uma perspectiva sistêmica. Porto Alegre: Livraria do Advogado, 2001.

——. *O Tratamento Jurídico do Risco no Direito à Saúde*. Porto Alegre: Livraria do Advogado, 2004.

—— (org.). *A Saúde sob os Cuidados do Direito*. Passo Fundo: UPF Editora, 2003.

——. Reduzindo Complexidade. Direito e Democracia na Obra de Leonel Severo Rocha. In: BARRETO, Vicente de Paula; DUARTE, Francisco Carlos; SCHWARTZ, Germano. (orgs.). *Direito da Sociedade Policontextual*. Curitiba: Appris, 2013, p. 33-48.

SILVA, M. N. ; CONTE, M.; VIAL, S. R. M. *A Política de Educação Permanente em Saúde.* Porto Alegre: Dolika Afa Artes Gráficas Ltda, 2008.

VENTURA, Deisy de Freitas Lima. *As Assimetrias entre o MERCOSUL e a União Européia – os desafios de uma associação interregional.* São Paulo: Manole, 2003.

——; ARDENGHY, R. F. (orgs.). *Mercosul – Acordos e Protocolos na área jurídica.* Porto Alegre: Livraria do Advogado, 1996.

WEICHERT, Marlon Alberto. *Saúde e Federação na Constituição Brasileira.* Rio de Janeiro: Lumen Juris, 2004.

— 6 —

Direito à saúde e intersetorialidade: desafios presentes na história da política de saúde no Brasil

MARIA ISABEL BARROS BELLINI[1]
CAMÍLIA SUSANA FALER[2]

Sumário: Introdução; 1. A construção do direito à saúde; 2. A década de 1990: o direito universal à saúde e a intersetorialidade como horizonte; Conclusões; Referências.

> *Não hei de pedir pedindo, senão protestando e argumentando, porque essa é a arma daqueles que não pedem favor, mas Justiça*
> (Pd. Antonio Vieira, 1683, p. 472).

Introdução

Foi a partir do final da década de 1980 que a sociedade brasileira passou a adquirir a consciência de seu direito à saúde, quando então milhões de sujeitos de diferentes classes sociais e ainda completamente à margem do mercado consumidor, passaram a reivindicar a garantia deste direito.[3] Esta pontuação corrobora com os depoimentos de usuários, profissionais, técnicos, gestores dentre outros, bem como com os achados empíricos e teóricos de pesquisas afirmando e confirmando que a população brasileira, desde a instituição do Estado de-

---

[1] Assistente social e Doutora em Serviço Social. Docente da Faculdade de Serviço Social e do Programa de Pós-Graduação em Serviço Social da PUCRS, Coordenadora do Núcleo de Estudos e Pesquisa em Trabalho, Saúde e Intersetorialidade (NETSI) e Membro da Assessoria Técnica e de Planejamento da Secretaria Estadual da Saúde/ASSTEPLAN/SES/RS. Av. Ipiranga, 6681 – Prédio 15 – Porto Alegre/RS. maria.bellini@pucrs.br

[2] Assistente social, Mestre em Saúde Coletiva, Doutoranda pelo Programa de Pós-Graduação em Serviço Social da PUCRS e integrante do Núcleo de Estudos e Pesquisa em Trabalho, Saúde e Intersetorialidade (NETSI)- Bolsista do Edital Pró-Ensino na Saúde/CAPES. Av. Ipiranga, 6681 – Prédio15 – Porto Alegre/RS. camilafaler@yahoo.com.br

[3] DALLARI. Sueli Gandolfi. *O Direito à Saúde*. Saúde Pública. São Paulo. 22(1). 1988.

mocrático, luta pela materialização da política pública de saúde como um direito social.

Nesta direção, os pesquisadores do Grupo de Estudos e Pesquisa em Família, Serviço Social e Saúde/GFASSS e do Grupo de Estudo e Pesquisa em Ensino na Saúde e Intersetorialidade/GEPESI do NETSI/Programa de Pós-Graduação da Faculdade de Serviço Social da PUCRS, incidem seus estudos e investigações no desvendamento das relações e contradições existentes especialmente na política de saúde. A partir das análises das produções de conhecimento, estes pesquisadores apostam contribuir para instaurar práticas inovadoras que, por sua vez, sirvam de subsídio na formulação das políticas sociais e na formação de profissionais vinculados aos setores públicos. As temáticas das teses, dissertações e das pesquisas de iniciação cientifica, incidem sobre as políticas sociais com ênfase na política de saúde, intersetorialidade, trabalho e família, tendo como pano de fundo o direito à saúde.

O artigo em tela está constituído metodologicamente a partir de uma Revisão de Literatura e das experiências empíricas do grupo de pesquisadores do NETSI, tendo como escopo a trajetória do direito da saúde pública no cenário brasileiro. O direito a saúde foi um marco nas conquistas e lutas do povo brasileiro e consolidado pela edição da Constituição Federal de 1988 a qual instituiu um sistema de saúde dinâmico e complexo, o Sistema Único de Saúde – SUS –, baseado nos princípios da saúde como um direito do cidadão e um dever do Estado, e que tem como objetivo prover uma atenção abrangente e universal, preventiva e curativa, por meio da gestão e prestação descentralizadas de serviços de saúde, promovendo a participação da comunidade em todos os níveis de governo.[4] A saúde é reconhecida como direito social a ser garantida mediante políticas sociais e econômicas que visem à redução do risco de doença e de outros agravos e ao acesso universal igualitário às ações e serviços para sua promoção, proteção e recuperação. As ações e serviços públicos de saúde integram uma rede regionalizada e hierarquizada e constituem um sistema único, organizado de acordo com as seguintes diretrizes: descentralização, com direção única em cada esfera de governo; atendimento integral, com prioridade para as atividades preventivas, sem prejuízo dos serviços assistenciais; participação da comunidade (BRASIL, 1988, art. 196 e 198).

---

[4] PAIM, Jairnilson, TRAVASSOS, Claudia, ALMEIDA, Celia, BAHIA, Ligia, MACINKO, James: O sistema de saúde brasileiro: história, avanços e desafios. Lancet. 2011;377(9779):11-31. DOI: 10.1016/S0140-6736(11)60054-8.

1. A construção do direito à saúde

A construção direito à saúde foi inscrito em processos marcados inicialmente pela colonização e escravidão e posteriormente por uma ditadura cruel criada por governos autoritários que suprimiram direitos e arrotaram liberdades inexistentes tendo como pano de fundo o discurso de políticas voltadas para o povo. O combate de um Estado autoritário significou a vida de jovens, intelectuais e militantes que se opuseram corajosamente à ditadura e que lutavam não apenas por uma política social, mas por um projeto universalista.

Esse papel continuado das políticas e instituições de saúde pode ser percebido e analisado ao longo dos períodos que marcam as principais conjunturas de nossa história, desde a Proclamação da República, em novembro de 1889, até a restauração dos direitos políticos e civis cassados no pós-64, a partir de 1982, passando pela conjuntura de transição democrática da Nova República, encerrada em março de 1990, um século após a Proclamação.[5]

Os avanços conquistados desde então não permitem ainda a tranquilidade dos que venceram a batalha. A guerra ainda está em andamento e luta contra os valores liberais que sustentam e se alimentam de valores individuais em uma sociedade que propõe e deseja um sistema universal o qual deveria fazer parte constituinte de todos os cenários, e não apenas da política de saúde. A afirmação no art. 196 da Constituição Federal de 1988 de que "A saúde é um direito de todos e um dever do Estado" impõe o compromisso do Estado em garantir a todos os cidadãos o pleno direito à saúde, porém não necessariamente se confirma no cotidiano da vida do cidadão brasileiro. A trajetória brasileira é marcada por tempos históricos fundantes, que modelaram a estrutura econômica, política e cultural deste país. Nas palavras de Paim,[6] estas características, perpassam os seguintes períodos: Colonial, Primeira República, Segunda República, Ditadura Militar e República Democrática.

Historicamente marcada por esses períodos, a saúde era formatada como mercadoria, o que determinava custo para ser adquirida e somente muito recentemente – década de 1990 mais precisamente – o direito à saúde passa a ser encarado como direito fundamental de todos que, ao ser constitucionalmente colocado como dever do Estado, pressupõe que esse seja penalizado se não promover a sua efetivação. A concepção da saúde como mercadoria e acesso apenas a segmentos

---

[5] LUZ, Madel Therezinha. Notas Sobre As Políticas De Saúde No Brasil De "Transição Democrática" -Anos 80. PHYSIS – *Revista de Saúde Coletiva* Vol. I, Número I, 1991. P. 78.

[6] PAIM, Jairnilson, Silva. *O que é o SUS?* Rio de Janeiro: Editora Fiocruz, 2009.

privilegiados evidencia-se no século XVIII, período em que as cidades brasileiras se encontravam em precárias condições para receber a Corte portuguesa e o contingente de nobres e burgueses que acompanharam D. João VI. A falta de aparelhamento das cidades obrigou a reestruturação do espaço urbano para evitar as epidemias e evidenciaram-se os cuidados de saúde voltados às elites e os interesses em manter boas condições sanitárias dos portos para manter o fluxo da exportação.[7]

Finkelman[8] ressalta que não somente o Brasil, mas o mundo vivenciava péssimas condições de saúde no século XIX, e que o conhecimento científico sobre as condições de saúde e das coletividades humanas encontrava expressão no estudo sobre higiene, e a formação se fundamentava sob a influência do intenso processo de transformações, pelo qual passavam as sociedades europeias com o advento da industrialização e da urbanização.

A história da saúde pública no Brasil é, em larga medida, uma história de combate aos grandes surtos epidêmicos em áreas urbanas e às denominadas endemias rurais, como a malária, a doença de Chagas e a ancilostomose. Em contraste com o que ocorrera durante as epidemias de febre amarela, essa doença afetava indistintamente brancos e negros e chegou a ser apontada como principal responsável pela apatia do trabalhador brasileiro e pela "nacionalização" do imigrante europeu. Sua presença em textos de médicos, de leigos, e em representações iconográficas foi muito intensa e alcançou expressão em um dos mais importantes personagens símbolo dos pobres na literatura brasileira: o Jeca Tatu, de Monteiro Lobato.[9]

País marcado pela extrema pobreza e pelo avanço de doenças era preciso tomar medidas governamentais, pois, as poucas instituições, como a Escola de Cirurgia, criada em 1808 na Bahia, e o Hospital Militar, em 1809 no Rio de Janeiro, não davam conta das demandas. Em 1829, com a criação da Sociedade de Medicina e Cirurgia do Rio de Janeiro, é dada ênfase à medicina social e às primeiras ações direcionadas à saúde pública (Machado, *et al*., 1978), indícios iniciais da inclusão da população em programas de saúde pública que apresentavam ações desde a higiene à medicina legal.[10] No entanto, durante o Brasil Colonial até a Proclamação da República – 1889 –, as medidas

---

[7] LUZ, Madel Therezinha. Notas Sobre As Políticas De Saúde No Brasil De "Transição Democrática" – Anos 80. PHYSIS – *Revista de Saúde Coletiva* Vol. I, Número I, 1991.

[8] FINKELMAN, Jacobo (org.). *Caminhos da saúde no Brasil* [online]. Rio de Janeiro: Editora Rio, 2002.

[9] Idem.

[10] NUNES, Everardo Duarte. *Sobre a história da saúde pública:* ideias e autores. Ciência & Saúde Coletiva, 5(2):251-264, 2000.

em saúde pública eram pontuais e delegadas a ações sanitárias realizadas nas juntas municipais e ao controle dos portos. Nunes[11] afirma que entre 1889 e 1930, período da República Velha, a saúde como objeto da medicina intensificou o processo de medicalização da sociedade brasileira e consolidou a imagem de uma sociedade marcada pela presença das doenças transmissíveis. Assim desenhavam-se as políticas sociais fragmentadas e emergencialistas, permeadas por lutas e resistências da própria população.

Entre avanços e medidas pontuais, algumas iniciativas de políticas sociais importantes na década de 1920 foram instituídas no campo da saúde, mas, ainda a atuação do Estado restringia-se, em grande parte, a situações emergenciais, como as epidemias em centros urbanos.[12] Um dos principais objetivos dos governos daquele período era modernizar o Brasil e superar o "analfabetismo de 70%" da população, nesta perspectiva a medicina assumiu o papel de guia do Estado para assuntos sanitários e para tratar o contingente de doentes (BRASIL, 2011, p. 11). A marca na Primeira República foi um modelo de saúde estruturado em volta da urbanização e da habitação, que consolidou uma estrutura administrativa de saúde centralista, tecnicista, burocrática e corporativista ligada a um corpo médico em geral proveniente da oligarquia de origem agrária que dominou a República Velha.[13]

O caos na saúde da população estimulou os "governos republicanos a elaborarem planos de combate às enfermidades que reduziam a vida produtiva, ou útil, da população" e a contínua intervenção estatal nas questões relativas à saúde individual e coletiva revela a criação de uma política de saúde.[14] Exemplo potencial dessa intervenção estatal é a instituição das Caixas de Aposentadorias e Pensões (CAPs) – substituídas posteriormente pelos Institutos de Aposentadoria e Pensões (IAP) – organizações de direito privado criadas para grupos específicos de servidores e organizadas, cujos benefícios, especialmente da assistência médica, dependiam das contribuições destes,[15] ou seja, a saúde como mercadoria comprada com fundos mantidos pelos próprios trabalhadores. Uma mudança importante consistiu na criação do Ministério da Educação e Saúde Pública (Mesp), o qual prestava

---

[11] NUNES, Everardo Duarte. *Sobre a história da saúde pública:* ideias e autores. Ciência & Saúde Coletiva, 5(2):251-264, 2000.

[12] FINKELMAN, Jacobo. (org.). *Caminhos da saúde no Brasil* [online]. Rio de Janeiro: Editora Rio 2002.

[13] LUZ, Madel Therezinha. Notas Sobre As Políticas De Saúde No Brasil De "Transição Democrática" -Anos 80. PHYSIS – *Revista de Saúde Coletiva* Vol. I, Número I, 1991.

[14] BRASIL. *Conselho Nacional de Secretários de Saúde. Legislação. Estruturante do SUS* / Conselho Nacional de Secretários de Saúde. Brasília: CONASS, 2011. p. 12.

[15] Idem.

"serviços para aqueles identificados como pré-cidadãos: os pobres, os desempregados, os que exerciam atividades informais".[16]

A conjuntura de 1930, com suas características econômicas e políticas, possibilitou o surgimento de políticas sociais nacionais, que respondessem as questões sociais de forma orgânica e sistemática [...] a política de saúde estava organizada em dois subsetores; o de saúde pública que se centraliza na criação de condições sanitárias mínimas para as populações urbana, e restrita para as do campo; e o de medicina previdenciária que com a criação de Institutos de Aposentadorias e Pensões (IAPs), pretende estabelecer para um número maior de categorias de assalariados urbanos os seus benefícios.[17]

Em 1946, a saúde pública centralizou múltiplos programas e serviços verticalizados com enfoque em campanhas e ações sanitárias. E em nível mundial a questão de saúde foi reconhecida como direito humano, passando a ser objeto da Organização Mundial de Saúde (OMS) e conceituada como: "Saúde é o completo bem-estar físico, mental e social e não apenas a ausência de doença", conceituação esta que se mostrou insuficiente posteriormente (WHO, 1946). A criação do Ministério da Saúde em 1953 não contribuiu para alterar a grave situação da saúde, e o acesso a serviços de saúde e assistência medica é garantido a uma parcela da população, aos demais resta a caridade e a boa vontade. Até na primeira metade do século XX o governo era pautado no "centralismo, verticalismo e autoritarismo" que contribuiu para a consolidação de um modelo de saúde pública "clientelista e paternalista" que tinha fomento e respaldo nas "instituições de previdência social e de atenção médica".[18]

A "mercantilização" crescente da saúde durante o regime militar de 1964-1984, com a implantação do "Sistema Nacional de Saúde" caracterizou o predomínio "financeiro das instituições previdenciárias e a hegemonia de uma burocracia técnica".[19] E em 1966, com a criação do Instituto Nacional de Previdência Social (INPS), a assistência médica prestada pelo Estado passou a ocorrer basicamente pela aquisição de serviços privados,[20] e o governo concentrou todas as contribuições

---

[16] BRASIL. *Conselho Nacional de Secretários de Saúde. Legislação. Estruturante do SUS* / Conselho Nacional de Secretários de Saúde. Brasília: CONASS, 2011. p. 14.

[17] BRAVO, Maria Inês Souza; MATOS. Política de Saúde no Brasil in: *Serviço Social e Saúde, Formação e Trabalho Profissional* in Mota, Ana Elizabete (*et al.*), (orgs.). 3ª ed. São Paulo: Cortez, 2008. p. 91-92.

[18] LUZ, Madel Therezinha. Notas Sobre As Políticas De Saúde No Brasil De "Transição Democrática" – Anos 80. PHYSIS – *Revista de Saúde Coletiva* Vol. I, Número I, 1991.

[19] Conselho Nacional de Secretários de Saúde. Op. loc. cit., p. 16.

[20] SANTOS, Fausto Pereira dos Santos. MERHY Emerson Elias. A regulação pública da saúde no Estado brasileiro – uma revisão. *Interface* – Comunic, Saúde, Educ, v. 9, n. 18, p. 25-41, jan/jun 2006.

previdenciárias neste mesmo órgão que passa a gerir as aposentadorias, as pensões e a assistência médica de todos os trabalhadores formais. A concentração destes recursos financeiros neste órgão permitiu e facilitou a sangria de recursos da saúde para várias outras iniciativas do governo que em nada contribuíram na qualidade da política de saúde. Souza[21] refere que no início dos anos 80 as ações do Ministério da Saúde eram "exclusivamente de promoção da saúde e prevenção de doenças, como campanhas de vacinação e controle de endemias", não considerando a saúde como um direito, tão somente era um benefício da previdência social.

2. A década de 1990: o direito universal à saúde e a intersetorialidade como horizonte

Do ponto de vista político, os primeiros sinais de mudanças na área da saúde pública emergiram com o chamado movimento sanitário, na década de 1980, dando origem a propostas inovadoras e gestando um sistema de saúde universal e de caráter igualitário. É possível afirmar que esse movimento era atravessado por valores éticos e tinha como horizonte o direito universal à saúde, e se pautava na necessidade de implementar uma política pública fizesse frente à situação caótica e insuficiente dos serviços de saúde vinculados aos serviços previdenciários e da desatenção médica, etc.

Nesse contexto, diversas entidades, instituições não governamentais, movimentos sociais e categorias profissionais debatiam sobre as epidemias, endemias, degradação da qualidade de vida do povo, seletividade da política, focalização das ações e levantavam propostas para o enfrentamento da questão de saúde pública. Koifman[22] menciona que a Reforma Sanitária tem origens profundamente marcadas pelo processo de redemocratização do país, por sua construção política e acadêmica e pelo extraordinário processo das Conferências de Saúde, *"evento político–sanitário mais importante da segunda metade do século, a VIII Conferência Nacional de Saúde [...] lançadas as bases doutrinárias de um novo sistema público de saúde, e tinha como temas oficiais: 1) Saúde como Dever do Estado e Direito do Cidadão; 2) Reformulação do Sistema Nacional de Saúde; e 3) Financiamento Setorial".*[23] Mais do que uma reforma

---

[21] SSOUZA, Renilson Rehem. *Construindo o SUS*: a lógica do financiamento e o processo de divisão de responsabilidades entre as esferas de governo. Dissertação de Mestrado. Universidade do Estado do Rio de Janeiro, Instituto de Medicina Social – 2002, p. 24.

[22] KOIFMAN Lilian. *Saúde e democracia: história e perspectivas do SUS*. Nísia Trindade Lima *et al.* (orgs.). Rio de Janeiro: Fiocruz, 2005.

[23] BRASIL. *Conselho Nacional de Secretários de Saúde. Legislação. Estruturante do SUS* / Conselho Nacional de Secretários de Saúde. Brasília: CONASS, 2011. p. 15.

na política de saúde, o Movimento da Reforma Sanitária se opunha à ditadura militar. Nas décadas de 1970 e 1980, ocorreram as Conferências Internacionais de Promoção de Saúde, em Otawa no ano de 1986 e na Declaração de Adelaide em 1988, quando emerge a categoria intersetorialidade.[24] Estes encontros construíram documentos inéditos que compreendiam a saúde como resultante das condições de alimentação, habitação, educação, meio ambiente, trabalho, transporte, emprego, lazer, liberdade, acesso e posse da terra e acesso aos serviços de saúde, pressupondo o estabelecimento de ações intersetoriais entre as políticas.[25] Diante das pressões ocorridas na esfera nacional e internacional entre as décadas 70-80, a luta pelo direito à saúde ocorre num duplo movimento, de um lado, o resgate da consolidação de políticas públicas para além do setor saúde, outro, o aprofundamento da luta pela conquista do direito ao acesso universal e igualitário às ações e serviços de saúde, pautado pela perspectiva da participação popular e da integralidade das ações.[26] Foi então, em decorrência às pressões populares e através da mobilização popular, que as deliberações da 8ª Conferência Nacional de Saúde, realizada em 1986, adensaram o debate sobre a elaboração da Constituição Federal de 1988. Em 1990, através da Lei 8.080, foi aprovado o Sistema Único de Saúde, pautado pelos princípios de universalidade, equidade, integralidade e organizado de maneira descentralizada, hierarquizada e com participação da população.

A partir daquele momento histórico, a direção é de consolidar um sistema de saúde que efetive o que está preconizado na Constituição que no texto se configura como modelo de política pública justa, no concreto do dia a dia e de forma paradoxal ainda não está consolidado da forma pretendido e desenhado ao longo das lutas.

O Sistema Único de Saúde – SUS – vem sendo implantado como um processo social em permanente construção, tendo sido resultante das políticas econômicas e sociais, como direito de todos e dever do Estado. O direito à saúde é reconhecido como um direito humano fundamental e encontra-se categorizado no que se convencionou chamar de direitos sociais de segunda geração, exigindo que o Estado adote ações concretas para sua promoção, proteção e recuperação.[27]

---

[24] BRASIL. *Constituição da República Federativa do Brasil:* promulgada em 5 de outubro de 1988. São Paulo: Saraiva, 2002.

[25] BRASIL, *Ministério da Saúde. Conferência Nacional de Saúde,* 8ª, 1986. Relatório Final. Brasília: Ministério da Saúde, 1987.

[26] MATTOS, Ruben Araújo de. *As agências internacionais e as políticas de saúde nos anos 90: um panorama geral da oferta de ideias.* Ciênc. saúde coletiva [online]. 2001, vol.6, n.2, p. 377-389.

[27] AITH, Fernando. *Perspectivas do direito sanitário no Brasil: As garantias Jurídicas do Direito Saúde e os desafios de sua efetivação.* In: SOUZA, André Evangelista [et al.] SANTOS, Lenir (org.). Campinas, São Paulo: Saberes, 2010.

A efetivação jurídica do SUS impactou não somente nas formas estruturais, mas conceituais de saúde.

A visão epidemiológica da questão saúde/doença, que privilegia o estudo de fatores sociais, ambientais, econômicos e educacionais que podem gerar enfermidades, passou a integrar o direito à saúde. Esse novo conceito de saúde considera seus determinantes e condicionantes (alimentação, moradia, saneamento, meio ambiente, renda, trabalho, educação, transporte, etc.) e impõe aos órgãos que compõem o SUS o dever de identificar esses fatos sociais e ambientais, e ao governo o de formular políticas públicas condizentes com a melhoria do modo de vida da população.[28]

Nas palavras de Paim,[29] o direito à saúde está ligado à condição de cidadania, não depende do mérito de pagar a previdência social (seguro social meritocrático), nem de provar condição de pobreza (assistência do sistema de proteção), nem do poder aquisitivo (mercado capitalista), muito menos de caridade (filantropia). O SUS supõe uma sociedade solidária e democrática, movida por valores igualdade e de equidade, sem discriminações ou privilégios.

Assim, o Sistema Único de Saúde (SUS), que tem a complexidade como gênese a começar pelo significado de seu próprio nome, pois sistema significa conjunto de partes/elementos e único é o contrário de unitário, enfrenta desafios como: consolidar o paradoxo da denominação de um sistema único, bem como a de manter efetivamente a assistência a rede de atendimentos e serviços, como atenção básica a mais de duzentos milhões de habitantes, bem como garantir assistência e tratamentos mais complexos como caso de transplantes de órgãos.

O acirramento dos desafios e das contradições no processo de efetivação das ações de saúde e dos princípios que a determinam são atravessados ou atropelados pelo modelo de Estado e pela política econômica em curso. Dentre os desafios, destaca-se: o processo histórico de um modelo de Estado autoritário, clientelista e que marcou a ferro e fogo a política de saúde brasileira e a forma do povo de conceber saúde e direito a saúde; a disputa entre o modelo de saúde da Reforma Sanitária e o privatista; os altos custos para garantir a rede de assistência para 200 milhões de cidadãos; a areia movediça dos investimentos em saúde voláteis aos governos e a mudança de gestão; a fragilidade dos mecanismos de formulação, gestão, planejamento e monitoramento e avaliação da política; o complexo médico industrial,

---

[28] SANTOS, Lenir. *Direito à saúde e Sistema Único de Saúde: conceitos e atribuições. O que são ações e serviços de saúde*. In: SOUZA, André Evangelista [et al.] SANTOS, Lenir (org.). Campinas, São Paulo: Saberes, 2010, p.148).

[29] PAIM, Jairnilson Silva. *O que é o SUS?* Rio de Janeiro: Fiocruz, 2009.

a indústria farmacêutica, a de "equipamentos e a de insumos médicos, um dos mais ativos polos do capitalismo, pressionando pelo crescimento da saúde como mercadoria e como setor de realização do lucro", o que acentua os conflitos quando a agenda passa a ser pautada por certa reforma do Estado influenciada pelo movimento da globalização e pelos postulados do neoliberalismo.[30] São as novas roupagens e velhos dilemas que vestem a quase impossibilidade de acessar a política de saúde e as contradições existentes nesta política social. Desta forma há a transversalização da perspectiva do direito à saúde num sistema de saúde de cunho universal em um "contexto político e econômico de lógica liberal alimentada por organizações internacionais contrárias ao financiamento público de sistemas de saúde nacionais e universais ou que defendem etapas intermediárias para atingi-los".[31]

Em um movimento de contranitência a década de 1990 credita esperança e ênfase na intersetorialidade e pontua que se construam entre as diferentes políticas ações complementares de integração. O afinamento e integração entre as especificidades e particularidades de cada política podem servir de mecanismo fortalecedor no enfrentamento de problemas sociais complexos e a intersetorialidade "*considerada um rompimento da tradição fragmentada da política social que a divide em setores, admite que ela propicie mudanças de fundo, isto é mudanças nos conceitos, valores, culturas, institucionalidades, ações e formas de prestação de serviços, além de inaugurar um novo tipo de relação entre Estado e cidadão*".[32] Essa direção de complementaridade potencializada pela intersetorialidade faz oposição à segmentação e fragmentação historicamente presentes e que desenharam políticas sociais diferentes para diferentes segmentos da sociedade, que é obviamente a segmentação da cidadania. Essa cidadania segmentada permitiu a criação de sistemas de saúde excludentes e que não respondiam as necessidades da população, fomentavam as iniquidades socioeconômicas e individualizavam as demandas.

Conclusões

A intersetorialidade invade os limites disciplinares e organizacionais rompendo com a subordinação de uma política a outra e ins-

---

[30] ELIAS, Paulo Eduardo. *Estado e saúde:* os desafios do Brasil contemporâneo. São Paulo: Perspec, 2004, vol.18, n.3, p. 41-46.

[31] PAIM, Jairnilson, Silva. *O que é o SUS?* Rio de Janeiro:Fiocruz, 2009. p. 28.

[32] PEREIRA, Potyara, A. *A intersetorialidade na perspectiva dialética.* In; A intersetorialidade na agenda das políticas sociais. MONNERAT, Ney; ALMEIDA, Luiz Teixeira; SOUZA, Rosimary Gonçalves. Campinas São Paulo: Papel Social, 2014. p. 26.

taurando processos de diálogo, de construção de redes e construção de vínculos em uma perspectiva coletiva. É identificada como transcendência do escopo setorial e, geralmente se traduz como articulação de saberes e experiências inclusive no ciclo vital das políticas, que compreende procedimentos gerenciais dos poderes públicos em resposta a assuntos dos interesses dos cidadãos.

A política de saúde, ao trazer em seu conceito "um olhar ampliado" de saúde, pressupõe a intersetorialidade e a integralidade como princípios fundamentais do SUS, pois a partir delas é que garante ao usuário uma atenção que abrange as ações de promoção, prevenção, tratamento e reabilitação, com garantia de acesso a todos os níveis de complexidade do Sistema de Saúde. A integralidade também pressupõe a "atenção focada no indivíduo, na família e na comunidade (inserção social) e não num recorte de ações ou enfermidades",[33] e desta forma *"Novas e velhas 'ferramentas' aumentaram a possibilidade de nos mantermos na direção de uma política de saúde fundada no cuidado e na integralidade"*.[34]

Todavia, a integralidade e a intersetorialidade, dentro deste conjunto de aspectos definidos no conceito de saúde, na perspectiva dos avanços e retrocessos, devem estar ativas nas ações e diretrizes da política de saúde. E a intersetorialidade se traduz como *"estratégia política complexa, cujo resultado na gestão de uma cidade é a superação da fragmentação das políticas nas várias áreas onde são executadas"*.[35] E tem como tarefa e desafio *"articular diferentes setores na resolução de problemas no cotidiano da gestão e torna-se estratégica para a garantia do direito à saúde, já que saúde é produção resultante de múltiplas políticas sociais de promoção de qualidade de vida"*.[36] Para efetivar este legado de direitos é preciso refletir na ação cotidiana, nos processos de trabalho interdisciplinar, multiprofissional e intersetorial, como forma de viabilizar a garantia da integralidade no SUS.

Sendo assim, intersetorialidade entre as políticas é um desafio maior do que se pode mensurar principalmente porque se expressa em um momento histórico em que a transformação cultural é fomentada pela lógica liberal que destitui cada vez mais a importância do

---

[33] BRASIL, Ministério da Saúde. *O SUS de A a Z*: garantindo saúde nos municípios Ministério da Saúde, Conselho Nacional das Secretarias Municipais de Saúde. 3. ed. Brasília: Editora do Ministério da Saúde, 2009. p. 192.

[34] SILVA JR, Aluísio G. da; ALVES, Carla A.; ALVES, Marcia G. M. 2005. Entre tramas e redes: cuidado e integralidade. In: PINHEIRO, Roseni; MATTOS, Ruben A. (orgs.). *Construção social da demanda: direito à saúde, trabalho em equi¬pe e espaços públicos*. Rio de Janeiro: Instituto de Medicina Social, Universidade do Estado do Rio de Janeiro, p. 77-90.p. 86.

[35] BRASIL, Ministério da Saúde. *O SUS de A a Z*: op. loc. cit., p. 193.

[36] Ibidem.

diálogo, de ações com base em princípios solidários, da equidade, engrandecendo o consumismo, a meritocracia e a individualização.

Reitera-se neste artigo que a intersetorialidade pode significar o alargamento e consolidação do direito a saúde na medida em que pressupõe: romper com a subordinação entre as políticas sociais; construir respostas conjuntas para ampliação do acesso e da inclusão; estabelecer uma relação visceral principalmente entre as políticas que compõe a seguridade social, e finalmente integrar o conjunto dos direitos sociais corroborando um sistema de proteção social universal e equânime.

Referências

AITH, Fernando. *Perspectivas do direito sanitário no Brasil: As garantias Jurídicas do Direito Saúde e os desafios de sua efetivação*. In: SOUZA, André Evangelista [*et al.*] SANTOS, Lenir (org.). Campinas, São Paulo: Saberes Editora, 2010.

BRASIL. *Conselho Nacional de Secretários de Saúde. Legislação. Estruturante do SUS /* Conselho Nacional de Secretários de Saúde. Brasília: CONASS, 2011.

——. *Constituição da República Federativa do Brasil:* promulgada em 5 de outubro de 1988. São Paulo: Saraiva, 2002.

——, Ministério da Saúde. *Conferência Nacional de Saúde*, 8ª, 1986. Relatório Final. Brasília: Ministério da Saúde, 1987.

——. Ministério da Saúde. *O SUS de A a Z:* garantindo saúde nos municípios Ministério da Saúde, Conselho Nacional das Secretarias Municipais de Saúde. 3. ed. Brasília: Editora do Ministério da Saúde, 2009.

Brasil. Ministério da Saúde. Secretaria de Políticas de Saúde. *Projeto Promoção da Saúde. As Cartas da Promoção da Saúde /* Ministério da Saúde, Secretaria de Políticas de Saúde, Projeto Promoção da Saúde. Brasília: Ministério da Saúde, 2002.

BRAVO, Maria Inês Souza; MATOS. Política de Saúde no Brasil in , *Serviço Social e Saúde, Formação e Trabalho Profissional*. In: MOTA, Ana Elizabete (*et al.*). (orgs.). 3ª ed. São Paulo: Cortez, 2008.

DALLARI. Sueli Gandolfi. *O Direito à Saúde*. Saúde Pública. São Paulo. 22(1). 1988.

ELIAS, Paulo Eduardo. *Estado e saúde: os desafios do Brasil contemporâneo*. São Paulo: Perspec, 2004, vol. 18, n.3, p. 41-46.

FINKELMAN, Jacobo., org. *Caminhos da saúde no Brasil* [online]. Rio de Janeiro: Editora Fiocruz, 2002.

KOIFMAN Lilian. *Saúde e democracia: história e perspectivas do SUS*. Nísia Trindade Lima *et al.* (orgs.). Rio de Janeiro: Fiocruz, 2005.

LUZ, Madel Therezinha. *Medicina e ordem política brasileira*. Rio de Janeiro: Graal, 1982.

——. Notas Sobre As Políticas De Saúde No Brasil De "Transição Democrática". Anos 80. PHYSIS – *Revista de Saúde Coletiva* Vol. I, Número I, 1991.

MACHADO, Roberto et al. *Danação da norma: medicina social e constituição da psiquiatria no Brasil*. Rio de Janeiro: Graal. 1978.

MATTOS, Ruben Araújo de. *As agências internacionais e as políticas de saúde nos anos 90: um panorama geral da oferta de ideias*. Ciênc. saúde coletiva [online]. 2001, vol.6, n.2, p. 377-389.

——. Rubens Araújo de. Direito, necessidades de saúde e integralidade. In: PINHEIRO, Roseni; (orgs.). *Construção social da demanda*: direito à saúde, trabalho em equipe e espaços públicos. Rio de Janeiro: Instituto de Medicina Social, Universidade do Estado do Rio de Janeiro.

NUNES, Everardo Duarte. *Sobre a história da saúde pública*: ideias e autores. Ciência & Saúde Coletiva, 5(2):251-264, 2000.

PAIM, Jairnilson; TRAVASSOS, Claudia; ALMEIDA, Celia; BAHIA, Ligia; MACINKO, James: *O sistema de saúde brasileiro:* história, avanços e desafios. Lancet. 2011;377(9779):11-31. DOI: 10.1016/S0140-6736(11)60054-8.

PAIM, Jairnilson, Silva. *O que é o SUS?* Rio de Janeiro: Fiocruz, 2009

PEREIRA, Potyara, A. *A intersetorialidade na perspectiva dialética*. In; A intersetorialidade na agenda das políticas sociais/ MONNERAT, Ney, ALMEIDA, Luiz Teixeira, SOUZA, Rosimary Gonçalves. Campinas São Paulo, Papel Social, 2014.

SANTOS, Fausto Pereira dos. MERHY Emerson Elias. A regulação pública da saúde no Estado brasileiro – uma revisão. *Interface* – Comunic, Saúde, Educ, v.9, n.18, p.25-41, jan/jun 2006.

SANTOS, Lenir. *Direito à saúde e Sistema Único de Saúde: conceitos e atribuições. O que são ações e serviços de saúde.* In, SOUZA, André Evangelista [ET AL.] Organizadora: SANTOS, Lenir – Campinas, São Paulo, Saberes Editora, 2010.

SILVA JR, Aluísio G. da; ALVES, Carla A.; ALVES, Marcia G. M. 2005. *Entre tramas e redes: cuidado e integralidade*. In: PINHEIRO, Roseni; MATTOS, Ruben A. (orgs.). Construção social da demanda: direito à saúde, trabalho em equipe e espaços públicos. Rio de Janeiro: Instituto de Medicina Social, Universidade do Estado do Rio de Janeiro, p. 77-90.

SOUZA, Renilson Rehem. *Construindo o SUS*: a lógica do financiamento e o processo de divisão de responsabilidades entre as esferas de governo. Dissertação de Mestrado. Universidade do Estado do Rio de Janeiro, Instituto de Medicina Social – 2002.

VIANA, Ana Luiza D'Ávila. ELIAS, Paulo Eduardo M. Saúde e Desenvolvimento. *Ciência & Saúde Coletiva*, 12(Sup):1765-1777, 2007.

WHO – World Health Organization. *Constitution of the World Health Organization*. Basic Documents. WHO. Genebra, 1946.

— 7 —

Saúde mental no Rio Grande do Sul: marcos da mudança e desafios

MÍRIAM DIAS[1]

Sumário: Introdução; 1. A política de saúde mental no Brasil; 2. Saúde mental no Estado do Rio Grande do Sul; Conclusões; Referências.

Introdução

Este artigo apresenta uma sistematização do panorama da política pública de saúde mental do estado do Rio Grande do Sul, visando a revelar o seu caráter de permanente mudança e inovação, em sintonia com as transformações em curso no país e no mundo, a partir da década de 1980. A reforma psiquiátrica na perspectiva da luta antimanicomial é a motivação e a direção da análise da política de saúde mental, indicando os novos conceitos produzidos e institucionalizados neste novo patamar ético e político da atenção às pessoas com sofrimento psíquico.

---

[1] Graduada em Serviço Social – Pontifícia Universidade Católica do Rio Grande do Sul (1980), Mestre em Serviço Social, Pontifícia Universidade Católica do Rio Grande do Sul (1996) e Doutora em Serviço Social pela Pontifícia Universidade Católica do Rio Grande do Sul (2007). Docente da UFRGS desde março de 2010, no Curso de Serviço Social, Instituto de Psicologia. Experiência no Ensino Superior em Serviço Social: Docente no Curso de Serviço Social da Unisinos, de 1988 a 2006; Docente no Curso de Serviço Social da ULBRA, de 2007 a 2008. Professora colaboradora de várias Universidades no RS em Ensino de Pós-Graduação. Assistente Social servidora na Secretaria da Saúde do Rio Grande do Sul de 1982 a 2010. Coordenação Estadual da Política de Atenção Integral em Saúde Mental/ SES RS de 1999 a 2002. Vice-Diretora da Escola de Saúde Pública/SES RS de 2007 a 2009. Assessora técnica nas políticas de Saúde e de Assistência Social. Organizadora de cursos sobre gestão, projetos sociais, monitoramento e avaliação na saúde e na assistência social. Pesquisadora em serviço social e saúde mental. Presidente do Conselho Regional de Serviço Social 10ª Região – Rio Grande do Sul período 2011-2014. Atuação profissional nas áreas: serviço social, política pública de saúde e saúde mental, formação profissional, educação na saúde e gestão.

Importante destacar que a expressão *reforma psiquiátrica* tem vários significados. Um, que sustenta o *status quo*, é o que a compreende como uma mera reorganização dos serviços, com modernização e humanização da instituição psiquiátrica. Mas o significado construído no movimento da luta antimanicomial é o de que se constitui em um "conjunto de transformações de práticas, saberes, valores culturais e sociais",[2] pois a possibilidade de se considerar as diferentes formas de expressão e inserção dos sujeitos no mundo equivale a respeitar as diferenças nas possibilidades e nas limitações de cada um, na perspectiva de que as relações devam ser produzidas de forma democrática e com respeito à dignidade humana.

Entende-se então, reforma psiquiátrica como um processo de reversão do modo manicomial e hospitalocêntrico de lidar com o fenômeno do transtorno mental e do sofrimento psíquico,[3] com a centralidade da cidadania dos sujeitos, estes inseridos numa histórica e determinada sociedade.

A crítica ao manicômio[4] vem sendo realizada nas últimas décadas por diversos segmentos e experiências, como na Inglaterra, o movimento da antipsiquiatria, que defendia o louco diante da sociedade; nos EUA que adotaram nos anos 1960 uma política de desospitalização, visando à redução dos custos excessivos com os hospitais psiquiátricos; na Itália, quando Franco Basaglia desencadeou o movimento Psiquiatria Democrática com o propósito de despsiquiatrizar as instituições e as relações de tutela e segregação a partir da proposta de Desinstitucionalização,[5] influenciando as transformações no campo da saúde mental no Brasil.

As orientações das agências internacionais tiveram um papel preponderante na transformação das políticas em saúde mental no

---

[2] DELGADO, P. G. G. *et al*. Reforma Psiquiátrica e Política de Saúde Mental no Brasil: In: MELLO, M. F.; MELLO, A. A. F.; KOHN, R. (Org.). *Epidemiologia da Saúde Mental no Brasil*. Porto Alegre: Artes Médicas, 2007.p. 39.

[3] "Conjunto de mal-estares e dificuldades de conviver com a multiplicidade contraditória de significados oriundos do antagonismo subjetividade e objetividade. Caracteriza-se por dificuldade de operar planos e definir sentido de vida, aliada ao sentido de impotência e vazio, o eu experimentado como coisa alheia". SAMPAIO, J. J. C. Saúde Mental. In: ROUQUAYOL, M. Zélia. *Epidemiologia & Saúde*. 4. ed. Rio de Janeiro: Medsi, 1999, p. 403-420.

[4] AMARANTE, P. (Coord.). *Loucos pela Vida*: a trajetória da reforma psiquiátrica no Brasil. 2. ed. Rio de Janeiro: Fiocruz, 1995; CASTEL, R. *A Ordem Psiquiátrica*: a idade de ouro do alienismo. Tradução: Maria Thereza da Costa Albuquerque. 2. ed. Rio de Janeiro: Graal, 1978.

[5] "É um trabalho terapêutico, voltado para a reconstituição das pessoas enquanto sujeitos que sofrem. É provável que não se resolva por hora, não se cure agora, mas no entanto seguramente se cuida. [...] cuidar significa ocupar-se, aqui e agora, de fazer com que se transformem os m dos de viver e sentir o sofrimento do 'paciente' e que, ao mesmo tempo, se transforme sua vida concreta e cotidiana, que alimenta este sofrimento" ROTELLI, F. A instituição inventada. In: NICÁCIO, Fernanda (Org.). *Desinstitucionalização*. São Paulo: HUCITEC, 1990.

mundo, com destaque para a Conferência Regional para a Reestruturação da Atenção Psiquiátrica na América Latina,[6] Declaração de Caracas, recomendando que a assistência deve ser de base comunitária, e não mais centrada no modelo hospitalocêntrico. Outra declaração relevante é a da Organização das Nações Unidas (ONU), que em 1991 adotou os Princípios para a Proteção de Pessoas com Enfermidade Mental e para a Melhoria da Assistência à Saúde Mental, explicitando no Princípio das Liberdades Fundamentais e Direitos Básicos, que "toda pessoa com uma enfermidade mental terá o direito de exercer todos os direitos civis, políticos, econômicos, sociais e culturais".[7]

A dimensão dos direitos no campo da saúde mental constituiu-se num dos principais pontos fundantes da crítica à política manicomial e hospitalocêntrica e na diretriz central para a reivindicação da cidadania às pessoas com transtorno mental. A sociedade gaúcha expressou esta condição quando da formulação da Lei 9.7160 (1992) da Reforma Psiquiátrica do estado do Rio Grande do Sul, fato destacado no relatório da OPAS de avaliação dos efeitos da Declaração de Caracas, como se constata:

> Since 1992 eight stadual laws have been enacted, all of them establish the progressive substitution of the mental health hospital for other medical services. *Law No. 9,716 of 7 August 1992 of Rio Grande do Sul*, for example, prescribes the progressive substitution of the beds in the psychiatric hospitals for comprehensive care networks of health services. In addition, the norm states principles for the protection of the mental patients, especially in voluntary hospitalization situations.[8]

O processo de democratização brasileiro foi o cenário das lutas por uma saúde universal integral e com qualidade, no qual o movimento da luta antimanicomial elaborou sua proposta de reforma psiquiátrica. As legislações foram a expressão da legitimidade das mudanças, com as leis de reforma psiquiátrica em vários estados e a Lei nº 10.216 nacional sancionada em 2001, dispondo sobre a proteção e os direitos das pessoas com transtornos mentais e redirecionando o modelo assistencial em saúde mental.

---

[6] ORGANIZAÇÃO PAN-AMERICANA DE SAÚDE. Declaração de Caracas. 14 -17 de novembro de 1990. Disponível em: <http://bvsms.saude.gov.br/bvs/publicacoes/declaracao_caracas.pdf.>

[7] ORGANIZAÇÃO DAS NAÇÕES UNIDAS. Princípios para a proteção de pessoas com enfermidade mental e para a melhoria da assistência à saúde mental. 17 de dezembro de 1991. Disponível em: <http://www.defensoria.sp.gov.br/dpesp/Repositorio/31/Documentos/S%C3%A9rie%20Legisl a%C3%A7%C3%B5es%20Sa%C3%BAde%20Mental%20e%20Uso%20de%20Drogas%201 1032013.pdf>, p. 31.

[8] BOLIS, M. *Aftermath of the Caracas Declaration: the development of mental health policies and legislation in Latin America and the English* – speaking Caribbean during the last tem years. Washington: Pan American Health Organization; World Health Organization, 2001. Disponível em: <www.paho.org>. Acesso em: 4 set. 2005. p. 15.

A reforma psiquiátrica está ao mesmo tempo efetivada e em processo, materializada e legitimada no Sistema Único de Saúde no país e no estado do Rio Grande do Sul, com imensos desafios a serem superados. Tem sido a diretriz da política pública adotada paulatinamente, com avanços e recuos, pelo governo brasileiro desde a década de 1990, permanentemente sendo negociada entre as forças políticas favoráveis e contrárias às mudanças.

Contudo, faz-se necessário refletir que a mercantilização dos bens sociais, redução do gasto público e supressão de direitos sociais, resultante das políticas econômicas adotadas no país nas últimas décadas, repercutem notadamente nas pessoas com sofrimento psíquico. Compreender este contexto é importante por ser propício à captura dos ideários da luta pela transformação da atenção em saúde mental como justificadora de redução e precarização da oferta de serviços em saúde mental.

1. A política de saúde mental no Brasil

Ao longo das últimas décadas foram se construindo um conjunto de dispositivos de cuidados em saúde mental no Brasil, compondo o que se denomina rede de atenção integral em saúde mental. Os dispositivos de Centro de Atenção Psicossocial (CAPS), Serviço Residencial Terapêutico,[9] Programa de Volta para Casa[10] e Inclusão Social pelo Trabalho[11] são os que mais representam a natureza da mudança na política de saúde mental, pois contemplam as necessidades singulares e sociais dos sujeitos com transtorno mental. O fenômeno do uso problemático de álcool e outras drogas passaram a ser o problema de maior relevância na saúde pública, incidindo sobre a agenda da política no período mais recente, que produziram o seguinte marco regulatório: Política Nacional a Atenção Integral a Usuários de Álcool e outras Drogas (2003); Portaria GM/MS nº 1190, 4/06/2009, Plano Emergencial de ampliação do Acesso ao Tratamento e Prevenção em Álcool e outras Drogas (PEAD); Decreto nº 7179, de 20/05/2010, Plano Integrado de Enfrentamento ao Crack e outras Drogas. No âmbito do SUS, as mais recentes legislações buscam novos esforços para a concretização de suas competências, na direção da integralidade: Portaria GM/MS nº 4.279, de 30/12/2010 – diretrizes para a organização da Rede de Atenção à Saúde no âmbito do Sistema Único de

---

[9] Portaria GM/MS nº 336, 19/02/2002.
[10] Lei nº 10.708, de 31/07/2003.
[11] Portaria GM/MS nº 1.169 em 2005.

Saúde (SUS); Decreto nº 7508, de 28/06/2011, Organização do SUS, o Decreto nº 7508, de 28/06/2011, Organização do SUS, o 23/12/2011, sobre a Rede de Atenção Psicossocial para pessoas com sofrimento ou transtorno mental e com necessidades decorrentes do uso de crack, álcool e outras drogas no âmbito do SUS, é o mais recente marco organizador da política nacional de saúde mental.

Este conjunto de legislações e regulamentações criam possibilidades concretas de viabilizar atenção à saúde mental uma vez que orientam os gestores nacional, estaduais e municipais a ofertar serviços à população, sendo necessária a efetiva concretização. A situação de saúde mental no país no período de 2002 a 2010 se apresenta no Quadro 01:

Situação de saúde mental no país no período de 2002 a 2010

Indicadores	2002	2010
CAPS – Centros de Atenção Psicossocial	424	1650
SRT – Serviços Residenciais Terapêuticos	85	570
"De volta pra casa" – benefícios de Reabilitação	206	3.635
Geração de Renda e Trabalho – Projetos	151	640
Leitos em Hospitais Psiquiátricos	51.393	32.735
Gastos com Saúde Mental em Reais (federal)	24.293,39	58.270,26
Percentual de gastos da saúde mental no SUS	2,55	2,57

Fonte: PITTA, 2011.

Constata-se que num curto período de tempo houve um significativo aumento de serviços e uma importante redução de leitos em hospitais psiquiátricos, o que significa uma mudança no destino dos recursos, agora prioritariamente na rede de base local e inserida no sistema único de saúde. O que não alterou neste período é o valor do gasto federal, que se manteve inalterado.

2. Saúde mental no Estado do Rio Grande do Sul

Sucintamente pode-se afirmar que a saúde mental como política pública no Estado do Rio Grande do Sul está diretamente relacionada às políticas nacionais de saúde mental e às atividades do Hospital Psiquiátrico São Pedro (HPSP, inaugurado em 1884). Por muitas décadas, constituiu-se como o polo central de atendimento, origem da psiquiatria como especialidade médica, de formação de profissionais e organizador da assistência em saúde mental no estado.[12] Contudo, a

---

[12] DIAS, MTG. *A reforma psiquiátrica brasileira e os direitos dos portadores de transtorno mental:* uma análise a partir do serviço residencial terapêutico Morada São Pedro. Tese. PUCRS, Faculdade de Serviço Social, Doutorado em Serviço Social, 2007.

década de 1980 é a época de importantes mudanças na saúde mental no estado, correlatas às transformações na política nacional de saúde, alicerçada nos princípios constituídos pela Reforma Sanitária, como a universalização, a integralidade, a regionalização e a descentralização das ações de saúde.

Deste modo, o modelo de atendimento do HPSP foi um dos pontos centrais do debate da reforma psiquiátrica no estado, acionado por várias forças sociais e articuladas pelo Fórum Gaúcho de Saúde Mental (FGSM). Este movimento social é orgânico na defesa do projeto da luta antimanicomial, e seu caráter mobilizador foi preponderante no processo de discussão da lei de reforma psiquiátrica, resultando que o Rio Grande do Sul foi o pioneiro na história do Brasil em estabelecer uma legislação que contemplasse a nova lógica em saúde mental.[13].

Em sintonia com o contexto nacional e internacional de reformas, a década de 1980 propiciou que agentes políticos e sociais formulassem uma política de saúde mental pautada nas defesas dos direitos das pessoas com transtorno mental e na avaliação do modelo hospitalocêntrico adotado até então, visando a sua superação. Uma síntese dos eventos em Saúde Mental no Rio Grande do Sul a partir dos anos 1980 e sob a inspiração da reforma psiquiátrica estão no Quadro 02:

Síntese dos eventos em Saúde Mental no Rio Grande do Sul
a partir dos anos 1980 sob a inspiração da reforma psiquiátrica

ANO	ACONTECIMENTOS
1987	I Encontro Estadual de Saúde Mental, preparatório da I Conferência Nacional de Saúde Mental.
	Fórum Gaúcho de Saúde Mental é formado por profissionais, familiares e usuários
1988	1º Curso de Aperfeiçoamento em Administração em Serviços de Saúde Mental, em Porto Alegre.
	Criação do Centro Comunitário de Saúde Mental Nossa Casa, São Lourenço do Sul, primeiro serviço de saúde mental substitutivo no Rio Grande do Sul.
	I Simpósio Internacional de Saúde Mental Comunitária – SISMEC – repensando a saúde mental, em Santa Maria, UFSM, que contou com 750 participantes vindos do Brasil, Uruguai e Argentina.
	Promulgada a Constituição do Estado do Rio Grande do Sul.
1989	2º Curso de Aperfeiçoamento em Administração em Serviços de Saúde Mental, em Santa Maria.
1990	Criação da Pensão Pública Protegida Nova Vida em Porto Alegre, através de um convênio entre a SSMA e a Secretaria Municipal de Saúde de Porto Alegre, em agosto.

[13] QUINTO NETO, A. *A Reforma Psiquiátrica no Rio Grande do Sul:* do direito ao tratamento aos direitos de cidadania do doente mental. Saúde em Debate, Rio de Janeiro, n. 37, dez. 1992; FAGUNDES, S. M. S. Águas da Pedagogia da Implicação: intercessões da educação para políticas públicas de saúde. Porto Alegre: UFRGS, 2006, *Dissertação* – Faculdade de Educação – Programa de Pós-Graduação em Educação, 2006.

1991	Divisão do HPSP nas áreas de moradia e a hospitalar, esta com 130 leitos.
	II Conferência Nacional e 1ª Conferência Estadual de Saúde Mental, de 03 a 06 de junho, em Tramandaí.
1992	Lei de Reforma Psiquiátrica no Rio Grande do Sul, provada em 07 de agosto.
1993	GAPH – Grupo de Acompanhamento e Avaliação da Assistência Psiquiátrica Hospitalar/RS
	Cursos de Especialização em Saúde Mental Coletiva em Ijuí e Bagé
	Carta Instituinte São Pedro Cidadão – Conselho Estadual de Saúde
1994	Lei nº. 10.097 cria o Conselho Estadual de Saúde no RS
	5º Curso de Especialização em Saúde Mental Coletiva, em Bagé.
1995	Lei municipal de saúde mental em Canoas.
1996	Lei municipal de saúde mental em Alegrete.
1998	Lei municipal de saúde mental em Bagé.
1999	Instalação do Projeto São Pedro Cidadão
	Criação dos Fóruns Macrorregionais de Saúde Mental no estado do RS
2000	Cursos de Aperfeiçoamento em Saúde Mental Coletiva, em Rio Grande e Alegrete.
2001	III Conferência Nacional e II Conferência Estadual de Saúde Mental, em Pelotas.
2002	Instalação dos primeiros CAPS no Brasil e no Rio Grande do Sul
2005	Mental Tchê – Encontro Estadual do Movimento da Luta Antimanicomial, em São Lourenço do Sul, comemoração do Dia 18 de maio, dia nacional da Luta Antimanicomial.
2006	I Encontro Estadual de CAPS, Caxias do Sul.
2007	Encontro Estadual de Serviços Residenciais Terapêuticos, Porto Alegre.
2009	Encontro Estadual de Saúde Mental, Porto Alegre.
2010	IV Conferência Nacional de Saúde Mental Intersetorial, em Brasília, e III Conferência Estadual de Saúde Mental Intersetorial, em São Lourenço do Sul.

Fontes: FAGUNDES, S. M. S. Águas da Pedagogia da Implicação: intercessões da educação para políticas públicas de saúde. Porto Alegre: UFRGS, 2006, *Dissertação* – Faculdade de Educação – Programa de Pós-Graduação em Educação, 2006; DIAS, MTG. A reforma psiquiátrica brasileira e os direitos dos portadores de transtorno mental: uma análise a partir do serviço residencial terapêutico Morada São Pedro. *Tese.* PUCRS, Faculdade de Serviço Social, Doutorado em Serviço Social, 2007.

Destacar-se-ão alguns destes eventos relacionados no quadro acima, de modo a explicitar seu caráter inovador na construção da política de saúde mental no estado. Podem-se considerar como marcos zero da reforma psiquiátrica no Rio Grande do Sul duas experiências basilares. Uma, na transformação da assistência aos usuários em situação aguda, com o tratamento passando a ser de natureza comunitária e extra hospitalar: o serviço de saúde mental Nossa Casa, de São Lourenço do Sul, criado em 16 de agosto de 1988. A outra é uma experiência pioneira da adoção da lógica da desinstitucionalização para pessoas com longa trajetória de institucionalização psiquiátrica, a Pensão Pública Protegida Nova Vida, em Porto Alegre, que construiu um projeto coletivo pautado no resgate da cidadania, na desinstitucionalização, na participação.[14]

O Conselho Estadual de Saúde (CES/RS) foi uma instância que desempenhou um relevante papel na formulação da reforma psiquiátrica no estado, sendo a mais significativa, a construção do projeto São Pedro Cidadão, em 1993, para a transformação do HPSP. A Comissão de Saúde Mental do CES desencadeou um debate público e constituiu um grupo de trabalho com os diversos segmentos envolvidos no campo da saúde mental que produziu a Carta Instituinte São Pedro Cidadão, aprovado por unanimidade pelo Plenário do Conselho.

A situação dos moradores no HPSP em 1998 era o retrato do abandono e isolamento, com 741 moradores distribuídos em 15 enfermarias (unidades de internação). A maioria do sexo feminino (61,6%), procedentes do interior do estado (60,7%), sem família conhecida (55,1%) e um grupo significativo com família conhecida (31,5%), mas sem condições de fazer visitas ou recebê-los em casa. A faixa etária com maior concentração dos moradores era a de 40 a 59 anos de idade (39,4%) seguida pelo grupo com idade acima dos 60 anos (36,2%). Em relação ao tempo médio de permanência na instituição, a maioria (45,8%) estava com até 09 anos de internação, seguido pelo grupo com o intervalo de tempo de permanência de 10 a 20 anos (19,4%). Quanto ao acesso a algum tipo de benefício social, um pequeno grupo (17,97%) recebia pensão ou aposentadoria.[15]

O projeto São Pedro Cidadão foi uma proposta de transformação institucional global, adotada como uma ação prioritária do governo na gestão 1999-2002. Desencadeou um conjunto de iniciativas provocadoras do processo de desinstitucionalização e, portanto, de produção de novas práticas possibilitadoras de vida mais digna aos moradores do histórico hospício gaúcho, na visão estratégica da intersetoralidade e da integralidade (MENEGASSI et al., 2002).

---

[14] FISCHER, M.F.B. *Novas vidas:* a educação do cuidado em territórios de transformações. In: LEITE, Loiva dos Santos; SCARPARO, Helena; DIAS, Miriam; SANTOS; Sara Jane Escouto (Orgs.). *Saúde Mental Convida*: Registros da Trajetória da Saúde Mental na Cidade de Porto Alegre. Porto Alegre: SMS, 2013.

[15] RIO GRANDE DO SUL. Secretaria Estadual de Saúde e Meio Ambiente. Hospital Psiquiátrico São Pedro. *Relatório da Direção*. Porto Alegre, 1998. Mimeografado.

Destaca-se do São Pedro Cidadão o projeto Morada São Pedro, que consiste em um Serviço Residencial Terapêutico para egressos de longo tempo de internação no HPSP. Está situado num condomínio habitacional, onde seus usuários residem com os habitantes da Vila São Pedro, localizada no quarteirão do HPSP. Em pesquisa realizada constatou-se que a desinstitucionalização foi operada na vida dos usuários a partir do seu ingresso no Morada São Pedro, pois obtiveram condições favoráveis para a ampliação da autonomia, com possibilidades de maior circulação pela cidade, capacidade de fazer escolhas, acesso ao consumo, maior domínio nos cuidados com a própria saúde e no desenrolar do cotidiano.[16]

Outra dimensão relevante para o processo de constituição da política de saúde mental no estado foi a estratégia de capacitação de profissionais de saúde dos municípios do RS, em que diferentes cursos e eventos foram motivadores do movimento de crítica ao modelo manicomial e hospitalocêntrico e de produção de uma rica variedade de formas de cuidar em liberdade. "[...] realizamos em dez anos, de 1987 a 1996, dezoito cursos de saúde mental coletiva, [...] com 709 alunos, 556 em aperfeiçoamento e 153 em especialização".[17]

Um contingente significativo de municípios assume sua responsabilidade, como um dos entes do Sistema Único de Saúde, e passam a ofertar serviços em parceria com o Ministério da Saúde e governo do estado. Outra direção tomada pela política de saúde mental foi a abertura e qualificação de leitos psiquiátricos em hospitais gerais, realidade que hoje destaca o Estado no âmbito nacional.[18]

Os novos tempos da cidadania brasileira instauraram o direito à saúde e a prerrogativa da participação na política de saúde, o que se expressa na saúde mental com vários espaços de discussão, encontros, movimentos sociais, conferências municipais e estaduais, em que trabalhadores de saúde, gestores e usuários de saúde mental se organizam e desenvolvem iniciativas para a expansão e consolidação da política de saúde mental, inspirada nas reformas sanitária e psiquiátrica em curso no mundo e no país. A oferta de serviços e ações de saúde mental no estado gaúcho ao final do período estudado é a seguinte:

---

[16] DIAS, MTG. A reforma psiquiátrica brasileira e os direitos dos portadores de transtorno mental: uma análise a partir do serviço residencial terapêutico Morada São Pedro. Tese. PUCRS, Faculdade de Serviço Social, *Doutorado em Serviço Social*, 2007.

[17] FAGUNDES, S. M. S. Águas da Pedagogia da Implicação: intercessões da educação para políticas públicas de saúde. Porto Alegre: UFRGS, 2006, *Dissertação* – Faculdade de Educação – Programa de Pós-Graduação em Educação, 2006, p. 96.

[18] MONTEIRO, J. Entre quatro paredes: desafios da atenção em saúde mental no hospital geral. *Tese.* UFRGS, Instituto de Psicologia, Doutorado em Psicologia Social, 2013.

Quadro 03 – Projeto/Serviço/Ação de Saúde Mental no estado do RS

Projeto/Serviço/Ação de Saúde Mental	Quantidade
Centro de Atenção Psicossocial – CAPS	145
Ambulatórios públicos em Saúde Mental	109
Leitos psiquiátricos em Hospitais Gerais	818
Hospitais Gerais com leitos psiquiátricos	129
Leitos psiquiátricos SUS em hospitais psiquiátricos	810
Hospitais psiquiátricos	06
Leitos para álcool e outras drogas em leitos clínicos	544
Serviços Residenciais Terapêuticos	45
Iniciativa de inclusão social pelo trabalho	16
Usuários com auxílio-financeiro do Programa Volta para Casa	236
Ações de saúde mental na atenção básica	90% dos municípios

Fonte: BRASIL. Ministério da Saúde. Coordenação Geral de Saúde Mental, Álcool e Outras Drogas. *Saúde Mental em Dados 8*. Ano VI, nº 8, janeiro de 2011.

Importante registrar que passados mais de vinte anos, ainda há disputa por projetos para a saúde mental no solo gaúcho, desde a aprovação da Lei de Reforma Psiquiátrica, em 1992. A mobilização em torno das mudanças no HPSP, símbolo da luta pela reforma psiquiátrica no estado, e sobre a organização da rede de serviços municipais são alvo permanente de discórdias e de movimentações junto aos meios de comunicação e ao parlamento.

Estamos em pleno universo gramsciano: uma guerra de posições que se desenvolve por caminhos tortuosos, onde atores a favor e contra a Reforma Sanitária defendem seus ideários e entram em luta (de forma velada ou aberta), nas mais diversas instâncias – no interior dos aparelhos das instituições de saúde, junto às organizações da sociedade, no Congresso e nas instituições profissionais do setor – no contexto de uma grave crise social e econômica.[19]

Há uma evidente simetria entre as disputas da reforma psiquiátrica com as da reforma sanitária que Gallo e Nascimento[20] analisam nos anos 1980, mas que seguem em iguais medidas na nossa década. Mas a semelhança na análise não é casual, mas se deriva pela permanência das condições históricas, políticas e econômicas desta geração em que o Estado amplia a privatição das políticas públicas, associa-

---

[19] GALLO, E.; NASCIMENTO, P. C. Hegemonia, Bloco Histórico e Movimento Sanitário. In: TEIXEIRA, S. F. (Org.). *Reforma sanitária*: em busca de uma teoria. São Paulo: Cortez; Rio de Janeiro: Abrasco, 1989, p. 93.

[20] Ibidem.

da à revitalização do conservadorismo cultural na sociedade, que formam determinadas condições de permanente luta por conquistas éticas e políticas.

Conclusões

O contexto dos ajustes estruturais no país condiciona a plena implantação das propostas de reversão do modelo manicomial e hospitalocêntrico, ainda presente no campo da cultura e da assistência em saúde mental. Mas, pela natureza contraditória da realidade, também existem as condições para se instaurar uma nova perspectiva, pautada nos direitos de *todos* os sujeitos, independente de suas condições emocionais.

A história da saúde mental no Estado do Rio Grande do Sul demonstra os avanços já conquistados: o Estado ocupa a terceira posição nacional na oferta de CAPS e a primeira posição no número de leitos psiquiátricos SUS em hospitais gerais.[21] Revela também que é contínuo o esforço de qualificar e consolidar a política de saúde mental, na oferta de serviços resolutivos, de base municipal e comunitária, com a atenção multiprofissional e garantidora de direitos, capaz de atender a variada gama de necessidades em saúde mental à população gaúcha. Os desafios não são mais quanto à legitimidade e pertinência das mudanças do modo de atenção em saúde mental, realidade internacional e nacional, mas sim na sua efetivação com sustentabilidade financeira, técnica e política, que continua sendo a pauta do movimento social e da sociedade.

Referências

AMARANTE, P.(Coord.). *Loucos pela Vida:* a trajetória da reforma psiquiátrica no Brasil. 2. ed. Rio de Janeiro: Fiocruz, 1995.

BOLIS, M. *Aftermath of the Caracas Declaration*: the development of mental health policies and legislation in Latin America and the English – speaking Caribbean during the last tem years. Washington: Pan American Health Organization; World Health Organization, 2001. Disponível em: <www.paho.org>. Acesso em: 4 set. 2005.

BRASIL. Ministério da Saúde. Coordenação Geral de Saúde Mental, Álcool e Outras Drogas. *Saúde Mental em Dados 8*. Ano VI, n° 8, janeiro de 2011.

——. Ministério da Saúde. Coordenação Geral de Saúde Mental, *Álcool e Outras Drogas*.

——. *Saúde Mental no SUS*: as novas fronteiras da Reforma Psiquiátrica. Relatório de Gestão 2007-2010. Brasília, Janeiro de 2011.

CASTEL, R. *A Ordem Psiquiátrica:* a idade de ouro do alienismo. Tradução: Maria Thereza da Costa Albuquerque. 2. ed. Rio de Janeiro: Graal, 1978.

---

[21] (BRASIL, 2010).

DELGADO, P. G. G. et al. Reforma Psiquiátrica e Política de Saúde Mental no Brasil: In: MELLO, M. F.; MELLO, A. A. F.; KOHN, R. (Org.). *Epidemiologia da Saúde Mental no Brasil*. Porto Alegre: Artes Médicas, 2007.

DIAS, MTG. A reforma psiquiátrica brasileira e os direitos dos portadores de transtorno mental: uma análise a partir do serviço residencial terapêutico Morada São Pedro. *Tese*. PUCRS, Faculdade de Serviço Social, Doutorado em Serviço Social, 2007.

DIAS, M. T. G. Os (des) Caminhos da Política de Saúde Mental no Rio Grande do Sul: uma análise da implantação da Lei de Reforma Psiquiátrica. Porto Alegre: PUCRS, 1997. 147 p. *Dissertação* – Faculdade de Serviço Social – Programa de Pós-Graduação em Serviço Social, 1997.

FAGUNDES, S. M. S. Águas da Pedagogia da Implicação: intercessões da educação para políticas públicas de saúde. Porto Alegre: UFRGS, 2006, *Dissertação* – Faculdade de Educação – Programa de Pós-Graduação em Educação, 2006.

FISCHER, M.F.B. Novas vidas: a educação do cuidado em territórios de transformações. In: LEITE, Loiva dos Santos; SCARPARO, Helena; DIAS, Miriam; SANTOS; Sara Jane Escouto (Orgs.) *Saúde Mental Convida: Registros da Trajetória da Saúde Mental na Cidade de Porto Alegre*. Porto Alegre: SMS, 2013.

GALLO, E; NASCIMENTO, P.C. Hegemonia, Bloco Histórico e Movimento Sanitário. In: TEIXEIRA, S.F. (Org.). Reforma sanitária: em busca de uma teoria. São Paulo: Cortez; Rio de Janeiro: Abrasco,1989.

MENEGASSI, J. et al. São Pedro Cidadão: reconstrução da esperança. In: SOARES, L. T. (Org.). *Tempo de Desafios:* a política social democrática e popular no governo do Rio Grande do Sul. Petrópolis: Vozes; Rio de Janeiro: LPP; Buenos Aires: Clacso, 2002.

MONTEIRO, J. Entre quatro paredes: desafios da atenção em saúde mental no hospital geral. *Tese*. UFRGS, Instituto de Psicologia, Doutorado em Psicologia Social, 2013.

ORGANIZAÇÃO DAS NAÇÕES UNIDAS. Princípios para a proteção de pessoas com enfermidade mental e para a melhoria da assistência à saúde mental. 17 de dezembro de 1991. Disponível em: http://www.defensoria.sp.gov.br/dpesp/Repositorio/31/Documentos/S%C3%A9rie%20Legisl a%C3%A7%C3%B5es%20Sa%C3%BAde%20Mental%20e%20Uso%20de%20Drogas%2011032013.pdf.

ORGANIZAÇÃO PAN-AMERICANA DE SAÚDE. *Declaração de Caracas*. 14 -17 de novembro de 1990. Disponível em: http://bvsms.saude.gov.br/bvs/publicacoes/declaracao_caracas.pdf.

PITTA, A. M. F. Um balanço da Reforma Psiquiátrica Brasileira: Instituições, Atores e Políticas. *Ciência & Saúde Coletiva*, 16(12):4579-4589, 2011.

QUINTO NETO, A. A Reforma Psiquiátrica no Rio Grande do Sul: do direito ao tratamento aos direitos de cidadania do doente mental. *Saúde em Debate*, Rio de Janeiro, n. 37, dez. 1992.

RIO GRANDE DO SUL. Secretaria Estadual de Saúde e Meio Ambiente. Hospital Psiquiátrico São Pedro. *Relatório da Direção*. Porto Alegre, 1998. Mimeografado.

ROTELLI, F. A instituição inventada. IN: NICÁCIO, Fernanda (Org). *Desinstitucionalização*. São Paulo: HUCITEC, 1990.

SAMPAIO, J. J.C. Saúde Mental. In: ROUQUAYOL, M. Zélia. *Epidemiologia & Saúde*. 4. ed. Rio de Janeiro: MEDSI, 1999, p. 403-420.

TEIXEIRA, Sonia Fleury (Org.). *Reforma Sanitária:* em busca de uma teoria. São Paulo: Cortez; Rio de Janeiro: Abrasco, 1989.

— 8 —

Ações de saúde e a Defensoria Pública do Rio Grande do Sul

PAULA PINTO DE SOUZA[1]

Sumário: Introdução; 1. O direito fundamental à saúde; 2. As ações de saúde e a Defensoria Pública do Estado do Rio Grande do Sul; Conclusões; Referências.

Introdução

O presente artigo procura de forma sucinta apresentar alterações que ocorreram na Defensoria Pública do Estado do Rio Grande – DPE/RS –, modificando o trabalho existente até o ano de 2009, partindo-se a uma nova visão acerca da efetividade do direito à saúde, através da adoção da Ação de Planejamento e de Gestão Sistêmicos (PGS).

Sensível aos problemas decorrentes da excessiva judicialização, mantida desde os primeiros dados colhidos na Instituição (em 2004), vem adotando de forma gradativa o PGS como forma de garantir a todo cidadão a mesma porta de entrada ao sistema de saúde, reservando-se a judicialização para o caso concreto em que ficar demonstrada a verossimilhança e o perigo da demora.

Atuar dessa forma traz benefícios a toda população, inclusive a não vulnerável, que se beneficia no tocante à agilização de filas administrativas e na otimização no fornecimento de medicamentos, eis que todo o estoque disponível atingirá o usuário cadastrado no sistema de saúde.

1. O direito fundamental à saúde

O artigo 6º do texto constitucional elenca, dentre vários direitos fundamentais sociais, o direito à saúde. Segundo a Organização

---

[1] Defensor Público. Dirigente do Núcleo de Defesa da Saúde da DPE/RS. Membro do Comitê Executivo do Fórum Nacional do Judiciário para Saúde, instituído pelo CNJ.

Mundial da Saúde (OMS), saúde é "o completo estado de bem-estar físico, mental e social, e não consiste apenas na ausência de doença ou de enfermidade".

A fim de tornar efetivo o direito à saúde, no tocante à execução de políticas públicas, a Constituição Federal previu as regras do artigo 196, que dispõe que a saúde é direito de todos e dever do Estado, garantido mediante políticas sociais e econômicas, que visem à redução do risco de doença e de outros agravos, e ao acesso universal e igualitário às ações e serviços para sua promoção, proteção e recuperação; bem como as regras dos artigos 197 e 198, que referem o dever de regulamentação, fiscalização e controle do Sistema Único de Saúde, com a criação de diretrizes de descentralização, atendimento integral e participação da comunidade em uma rede regionalizada e hierarquizada.[2]

No Brasil, constatava-se uma intensa atuação judicial, a fim de assegurar o direito à saúde, resultado de uma inconsistente atuação administrativa para a sua efetivação. No entanto, verifica-se que no âmbito administrativo houve diversos avanços no Sistema Único de Saúde, com a implementação de políticas públicas, muitas desconhecidas pelo Poder Judiciário e, também, pelos operadores do direito.[3]

A existência de um número significativo de demandas judiciais relativas ao tema saúde motivou a convocação pelo Supremo Tribunal Federal de uma audiência pública sobre o tema, em maio de 2009. O objetivo foi esclarecer questões técnicas, científicas, administrativas, políticas e econômicas, envolvendo o direito à saúde. Ouvidos os depoimentos, prestados na audiência pública por representantes de setores envolvidos com a questão, restou clara a necessidade de redimensionar a questão da judicialização. Isso porque, na maioria dos casos a intervenção judicial ocorre quando há descumprimento de políticas públicas existentes.[4]

A existência de um número significativo de demandas judiciais relativas ao tema saúde motivou a convocação pelo Supremo Tribunal Federal de uma audiência pública sobre o tema, em maio de 2009. O objetivo foi esclarecer questões técnicas, científicas, administrati-

---

[2] CIARLINI, Álvaro Luis A. S. *Direito à saúde*: paradigmas e substanciais da Constituição. São Paulo: Saraiva, 2013, p. 35.

[3] ANTUNES, Euzébio Henzel; GONÇALVES, Janaína Barbier. Redução da judicialização e efetivação das políticas públicas sob o enfoque do planejamento e gestão sistêmicos. *Revista da Procuradoria-Geral do Estado*. N.67. 2010. Disponível em: http://www.pge.rs.gov.br/upload/4rpge67.pdf. Acesso em 02 de agosto de 2014.

[4] MENDES, Gilmar Ferreira. *Direitos fundamentais e controle de constitucionalidade*: estudos de direito constitucional. São Paulo: Saraiva, 2013, p. 512.

vas, políticas e econômicas, envolvendo o direito à saúde. Ouvidos os depoimentos, prestados na audiência pública por representantes de setores envolvidos com a questão, restou clara a necessidade de redimensionar a questão da judicialização. Isso porque, na maioria dos casos, a intervenção judicial ocorre quando há descumprimento de políticas públicas existentes.[5]

Os resultados da Audiência Pública n° 04, de 2009, do STF; bem como, no ano de 2010, as Recomendações n°s 31 e 36 e Resoluções n°s 107 e 125, ambas do CNJ, e, mais recentemente, em 2014, os enunciados do CNJ, da I Jornada do Direito à Saúde, influenciaram no parâmetro decisório de ações presentes e futuras do Judiciário, exigindo das instituições do Sistema de Justiça um (re)pensar a matéria e buscar alternativas de solução extrajudiciais. As alternativas encontram guarida no trabalho em rede de cooperação, através da metodologia Ação de Planejamento e de Gestão Sistêmicos (PGS) com Foco na Saúde.

Segundo HERMANY e TOALDO:[6]

[...] Ao aplicar o pensamento sistêmico na gestão da saúde, seria necessário identificar as camadas existentes e fazer uma análise aprofundada de sua organização. Tome-se, por exemplo, a integração entre os diversos profissionais de saúde na composição de equipes e aplique-se nestas formas de organização o pensamento sistêmico. Seria preciso identificar como acontece a interação do conhecimento das diferentes categorias, se há hierarquia na relação entre estas, se os procedimentos foram criados em conjunto ou estabelecidos por determinada função, se há necessidade de atuação conjunta em todas as situações, se os pacientes reagem bem a este tipo de atendimento e se as atividades executadas em conjunto geram soluções mais apropriadas ou tornam o processo mais lento e oneroso. Gestão sistêmica, nesse caso, significaria olhar o processo conjuntamente, mas descartar ou manter procedimentos específicos conforme a necessidade. Ao definir uma situação complexa de interesse e desenhar o mapa sistêmico, estar-se-á indo além da simples observação empírica que tem conduzido muito da gestão em saúde.

Assim, o PGS possibilita a visão e a integração de recursos multidisciplinares, intersetoriais e transdisciplinares, com a consequente redução da judicialização, oportunizando o acesso ao serviço de saúde, efetuado por meio de encaminhamentos realizados pelos defensores públicos com conhecimento técnico sobre os fluxos, regulações e sistemas existentes no SUS.

---

[5] VII MOSTRA DE TRABALHOS JURÍDICOS CIENTÍFICOS. *XI Seminário Internacional de Demandas Sociais e Políticas Públicas na Sociedade Contemporânea.* (2014). Disponível em http://online.unisc.br/acadnet/anais/index.php/sidspp/index. Acesso em 03 de agosto de 2014.

[6] HERMANY, Ricardo; TOALDO, Adriane Medianeira. *Gestão sistêmica do direito fundamental à saúde:* um novo paradigma para a promoção do equilíbrio financeiro nos municípios brasileiros.

2. As ações de saúde e a Defensoria Pública do Estado do Rio Grande do Sul

Até 2008, em Porto Alegre, as iniciais consideradas urgentes eram divididas, por sorteio, entre os quatro defensores públicos que trabalhavam na Unidade Central de Atendimento e Ajuizamento Cível (UCAA-CÍVEL).

A atuação da Defensoria Pública na área iniciou, de forma exclusiva, no ano de 2008, pela Defensora Pública, que ora subscreve o presente artigo. Anterior a isso, não havia defensor público designado unicamente para a saúde, nem mesmo na Capital.

A partir de 2011, na capital, houve a criação uma Defensoria Especializada na área da saúde. Atualmente, em razão da demanda, a capital já conta com duas dessas defensorias.

No período compreendido entre o ano de 2004 até o ano de 2008, os instrumentos jurídicos utilizados, costumeiramente, eram o mandado de segurança, a ação de rito ordinário, com pedido de tutela antecipada, e o *habeas corpus*, inexistindo padronização. Trabalhava-se, pois, somente com ações judiciais, não havia atuação extrajudicial.

O ajuizamento, nesse período, era facilitado, não se diferenciava a existência de política pública ineficaz e a ausência de política pública, toda demanda da saúde era considerada como direito líquido e certo. Ressalte-se que a concessão de liminares dava-se com uma simples receita médica.

Para fins de relatório, existem dados estatísticos somente a partir de 2006, quando foi implantado o sistema de "Saída de Ações", na UCAA-CÍVEL. Portanto, os dados estatísticos são de número de ações anuais da Defensoria Pública – na área da saúde – somente na Comarca de Porto Alegre.

A partir do ano de 2009, foi iniciado o trabalho Ação de Planejamento e de Gestão Sistêmicos com foco na saúde, incluindo as soluções extrajudiciais, com controle estatístico computado somente a partir de 2011. Os dados de 2009 e 2010 não foram computados pela ausência de sistema informatizado, conforme quadro da página seguinte.

Histórico das demandas da saúde						
Ano	Ações Judiciais	Soluções Extrajudiciais	Total	% Judicial	% Extrajudicial
2006	320	Dados não registrados	-	-	-
2007	396		-	-	-
2008	402		-	-	-
2009	441		-	-	-
2010	508		-	-	-
2011	499	574	1.073	47%	53%
2012	539	3813	4.352	12%	88%

Fonte: Defensoria Pública do Rio Grande do Sul.

Cabe referir que – em 2009 – o Tribunal de Justiça do Estado do Rio Grande do Sul – TJ/RS – especializou a matéria da saúde, em Porto Alegre, criando a 10ª Vara da Fazenda Pública, à época instalada no Foro Regional da Tristeza, atualmente localizada no Foro Central, Prédio II.

Em decorrência da mudança no cenário nacional, conforme demonstrado no item anterior, no que se refere à área da saúde, o Poder Judiciário passou a adotar postura diversa, estabelecendo critérios mais rígidos para deferimento do pedido/liminar, com a demonstração dos requisitos do artigo 273, inciso I, do CPC, acolhendo a gestão sistêmica.

Desde o início de 2009, em virtude da adoção da metodologia de gestão sistêmica, pela então titular da atribuição – que subscreve o presente artigo –, constatou-se a efetividade da prestação do direito à saúde. Por esse motivo, no início de 2011, optou-se por adicionar ao relatório de atividades o item "soluções extrajudiciais".

Como a grande maioria dos cidadãos que buscavam a Defensoria Pública necessitava tão somente ser encaminhada corretamente ao SUS, foram elaborados diversos critérios para os atendimentos iniciais, que facilitaram o acesso via sistema de saúde. Esses casos (88% dos atendimentos) estavam previstos/inclusos nos Protocolos Clínicos do SUS e se resolveram via sistema.

Foram desenvolvidos também outros parâmetros técnicos e jurídicos para casos de ajuizamento (12%), que qualificaram a inicial e que garantiram a efetividade da decisão judicial, sem que houvesse risco de o cidadão perder o tratamento de saúde de que necessitava.

O instrumento jurídico utilizado a partir do ano de 2009 é, exclusivamente, a ação de rito ordinário com pedido de tutela antecipada, uma vez que só esta permite trabalhar tanto a tutela de evidência (fatos incontroversos + *periculum in mora*) como a tutela de urgência (verossimilhança + *periculum in mora*).

Das demandas ajuizadas (12%), 80% eram de tratamentos que não constavam nos protocolos clínicos do Ministério da Saúde, ou seja, para os quais não havia política pública prevista. Por tal motivo, para obtenção de liminar (CPC, art. 273, I), estes casos exigiam, além do perigo da demora, a demonstração da verossimilhança das alegações, retratada no laudo médico pormenorizado, constando dados como superioridade, segurança do tratamento prescrito.

Quanto aos 20% restantes, referiam-se a situações que, apesar de constarem nos protocolos clínicos do SUS, apresentavam o caráter de urgência (política pública ineficaz).

Em 2012, a situação, cuja mudança iniciou no ano de 2009, é diametralmente oposta ao período anterior (-2009):

Atendimentos realizados pela Defensoria Pública

Em 2012 = 4.352 atendimentos
- Soluções extrajudiciais = 3.813 (**88%**)
  - Casos que constavam nos Protocolos Clínicos do SUS e foram resolvidos administrativamente
- Ações Judiciais = 539 casos (**12%**)
  - 80% NÃO constavam nos Protocolos Clínicos do SUS (ausência de política pública)
  - 20% tratava-se de tutelas de urgência (havia política pública, porém ineficaz)

Fonte: Defensoria Pública do Rio Grande do Sul.

Assim, constata-se que a utilização do método de trabalho Ação de Planejamento e Gestão Sistêmicos (PGS) possibilitou a redução da judicialização como consequência do acesso ao serviço de saúde, efetuado por meio de encaminhamentos corretos ao SUS.

Importante mencionar algumas ações práticas, desenvolvidas a partir de 2012, no âmbito da Defensoria Pública, que demonstram a expansão gradativa do PGS (implantado a partir de 2009), por intermédio de regulação e adoção de fluxos, desenvolvidos pela Instituição, que garantem aos cidadãos o acesso ao sistema de saúde sem judicialização do pedido, na maioria dos casos. Destacam-se, então, as ações práticas referentes aos seguintes temas: assistência farmacêutica, atendimento hospitalar e ambulatorial e saúde mental.

No tocante à Assistência Farmacêutica, em razão das várias regulações e fluxos do Sistema Único de Saúde, foi confeccionado pelo Núcleo de Defesa da Saúde – Nuds o Fluxo da Assistência Farmacêutica, resumido abaixo, fluxo esse que corresponde à maioria dos atendimentos demandados pela população na área da saúde.

Fluxo 1 – Medicamentos Básicos

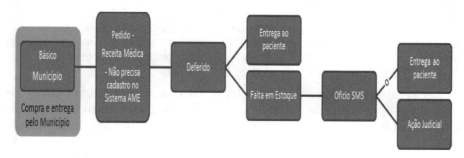

Fonte: Defensoria Pública do Rio Grande do Sul.

Fluxo 2 – Medicamentos Especiais Sistema AME

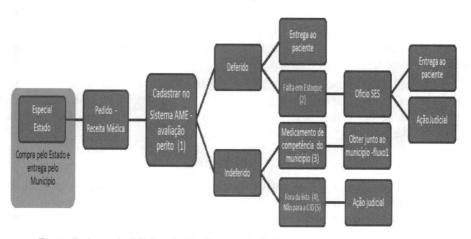

Fonte: Defensoria Pública do Rio Grande do Sul.

Fluxo 3 – Medicamentos Estratégicos

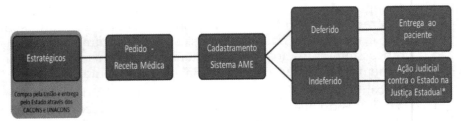

Fonte: Defensoria Pública do Rio Grande do Sul.

* A União não possui conta bancária para bloqueio de valores destinados a área da saúde. Dessa forma, não há como conseguir que a União custeie diretamente qualquer tipo de tratamento estratégico, não se mostrando eficaz a demanda ajuizada na Justiça Federal contra esse ente federativo. As decisões dessas lides são cumpridas pelo Estado, que, por possuir conta bancária específica para bloqueio de valores, é incluso no polo passivo, obtendo ressarcimento da União pela via administrativa. Por esse motivo, considera-se que a eficácia dessa espécie de serviço de saúde somente é garantida mediante ajuizamento da demanda na Justiça Estadual, tendo como réu o Estado do Rio Grande do Sul.

Exemplo igualmente importante são as diretrizes relativas ao atendimento hospitalar e ambulatorial. Destaca-se a diretriz, segundo a qual, em todo acesso aos serviços de Atendimento Hospitalar e Ambulatorial deve-se considerar o município em que está domiciliado o cidadão, sendo que em geral o custeio do tratamento é de responsabilidade do município em que reside o cidadão e do Estado do RS, exceto nos municípios que atuam em "gestão plena",[7] que assumem integralmente o custeio hospitalar e ambulatorial.

Importa mencionar no tocante à área da saúde mental, que o tema foi objeto de elaboração pelo Núcleo de Defesa da Saúde de esclarecimentos, diretrizes e fluxos, a fim de buscar alternativas para melhor tratar desse tipo de demanda.

Diante do exposto, constata-se que esse trabalho, que teve seu foco inicial em Porto Alegre, em 2009, e que vem evoluindo e estendendo-se ao interior do estado, tem resultado na modificação da cultura da população, demonstrando que a ação judicial ocorre em último caso, quando o sistema de saúde, depois de acessado, se mostra ineficaz ou com ausência de política pública.

Com o início da extensão da metodologia em PGS para todo o Estado, tem-se estimado que 70% das demandas de saúde sejam solucionadas administrativamente – através dos encaminhamentos cor-

---

[7] No RS atuam em "gestão plena" os Municípios de Cachoeira do Sul, Canela, Canoas, Carazinho, Caxias do Sul, Giruá, Gravataí, Panambi, Pelotas, Porto Alegre, Santa Cruz do Sul, Santa Rosa, São Leopoldo, Serafina Corrêa e Venâncio Aires.

retos ao sistema de saúde – e que somente os 30% restantes sejam judicializados.

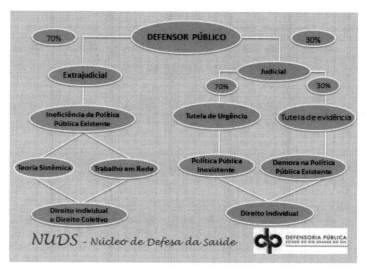

Fonte: Defensoria Pública do Rio Grande do Sul.

Atuando assim, com foco na gestão sistêmica, toda a população vulnerável, inclusive a que sequer procura a defensoria pública para acessar o Poder Judiciário, será beneficiada, reservando-se a demanda judicial para os casos de inexistência de política pública ou demora na política pública.

Conclusões

Diante do exposto, verifica-se que antes da adoção do PGS o cenário era desanimador: demandas em excesso e descumprimento constante de liminares e de sentenças de procedências, favoráveis ao assistido.

A partir de 2009, com a implantação do PGS, a situação começa a ser alterada, priorizando-se a atuação extrajudicial, com encaminhamentos realizados pelos defensores públicos, capacitados pela elaboração de fluxos, com conhecimento das regulações e sistemas existentes no SUS, enfim, conhecedores do Sistema Único de Saúde.

Diante disso, comparando os anos *de 2004 a 2008 e de 2009 aos dias atuais*, constatou-se que a população necessita de acesso fácil ao sistema de saúde, a fim de que efetivamente tenha garantido seu direito à saúde. O sistema de justiça deve ser utilizado para as situações excepcionais. O sistema de saúde precisa ser acessado igualmente por todo cidadão e isso somente é possível com informação, orientação, educação e encaminhamento aos serviços de saúde. Esse é o novo trabalho da Defensoria Pública do RS a partir do ano de 2009, o que diferencia do restante da década passada.

Referências

ANTUNES, Euzébio Henzel; GONÇALVES, Janaína Barbier. Redução da judicialização e efetivação das políticas públicas sob o enfoque do planejamento e gestão sistêmicos. *Revista da Procuradoria-Geral do Estado*. N. 67. 2010. Disponível em: http://www.pge.rs.gov.br/upload/4rpge67.pdf. Acesso em 02 de agosto de 2014.

CIARLINI, Álvaro Luis A.S. Direito à saúde: paradigmas e substanciais da Constituição. São Paulo: Saraiva, 2013.

CIENTÍFICOS. *XI Seminário Internacional de Demandas Sociais e Políticas Públicas na Sociedade Contemporânea. (2014)*. Disponível em: http://online.unisc.br/acadnet/anais/index.php/sidspp/index. Acesso em 03 de agosto de 2014.

HERMANY, Ricardo; TOALDO, Adriane Medianeira. Gestão sistêmica do direito fundamental à saúde: um novo paradigma para a promoção do equilíbrio financeiro nos municípios brasileiros. *VII MOSTRA DE TRABALHOS JURÍDICOS*.

MENDES, Gilmar Ferreira. *Direitos fundamentais e controle de constitucionalidade:* estudos de direito constitucional. São Paulo: Saraiva, 2013.

— 9 —

Proteção judicial coletiva do direito à saúde: reflexões a partir da experiência da Justiça Federal

ROGER RAUPP RIOS[1]
FRANCISCO DONIZETE GOMES[2]

Sumário: Introdução; 1. Dimensões e titularidade do direito à saúde; 1.1. Dimensões objetiva e subjetiva do direito fundamental à saúde; 1.2. Titularidade do direito à saúde e modalidades de proteção judicial; 2. Direitos metaindividuais e proteção judicial coletiva do direito à saúde; 2.1. Direitos metaindividuais em geral: classificação, conteúdo jurídico e proteção judicial; 2.2. Proteção judicial coletiva do direito à saúde; 3. Acesso a medicamentos, produtos ou procedimentos, por via judicial; 4. Incorporação de tecnologias no SUS; 4.1. Palivizumabe; 4.2. Risperidona; 4.3. Trastuzumabe e Rituximabe; 4.4. Adalimumabe; Conclusões; Referências.

Introdução

A Constituição da República assegura o direito fundamental social à saúde, e o Sistema Único de Saúde objetiva a concretização dessa tarefa, no âmbito do Estado Democrático e Social de Direito, no qual se inscreve a República Federativa do Brasil. A magnitude desse empreendimento – que envolve a União, os Estados, o Distrito Federal e os Municípios numa intrincada rede de competências e financiamentos – tem gerado intenso debate judicial sobre as possibilidades e limites desse direito, no plano individual e no plano coletivo.

No quadro mais amplo das tensões e desafios existentes entre o exercício efetivo da cidadania no Poder Judiciário e os elaboradores

---
[1] Doutor em Direito (UFRGS), Mestre em Direito (UFRGS) e Bacharel em Direito (UFRGS). Juiz Federal. Professor do Mestrado em Direitos Humanos da UniRitter (Porto Alegre).
[2] Mestre em Direito pela UFRGS. Especialista em Direito Sanitário pela FIOCRUZ/BRASÍLIA. Bacharel em Direito (USP). Juiz Federal.

e executores da política pública de saúde no Brasil,[3] esta reflexão parte da experiência da proteção judicial do direito à saúde, havida no âmbito da Justiça Federal da 4ª Região (Paraná, Santa Catarina e Rio Grande do Sul), objetivando fazer avançar o debate sobre as titularidades, as dimensões e as possibilidades de alcançar-se maior efetividade ao direito, considerando as demandas de natureza coletiva. Tudo visando, como dizem Capucho,[4] à mobilização da atenção à saúde na direção almejada pela sociedade, com o cuidado de melhor concretizar o princípio da equidade, propiciar a sustentabilidade do sistema e evitar interferências indevidas na definição de prioridades.

Nesta tarefa, primeiro analisam-se as dimensões objetiva e subjetiva do direito à saúde; discorre-se sobre a titularidade do direito à saúde e as modalidades de proteção judicial; abordam-se a classificação, a definição do conteúdo jurídico e a proteção judicial coletiva dos direitos à saúde de caráter metaindividual; e indicam-se seis experiências de demandas coletivas.

A seguir, destaca-se o acesso a medicamentos por via judicial, atinente à dimensão subjetiva do direito fundamental à saúde; discorre-se sobre a incorporação de tecnologia no SUS e citam-se quatro experiências relativas a demandas coletivas nessa área, no âmbito da Justiça Federal da Quarta Região.

1. Dimensões e titularidade do direito à saúde

1.1. Dimensões objetiva e subjetiva do direito fundamental à saúde

Os direitos fundamentais têm dimensões objetiva e subjetiva. No primeiro caso, cuida-se de determinados conteúdos que a norma de direito fundamental agrega ao ordenamento jurídico estatal, sem depender de sua titularidade em concreto por qualquer indivíduo ou grupo em uma relação social e jurídica específica; no segundo caso, trata-se de identificar quais os direitos e deveres, prestações e encargos, que determinado indivíduo ou grupo experimentam subjetiva-

---

[3] DELDUQUE, Maria Célia; MARQUES, Sílvia Badim. O Direito Social à Saúde deve ser garantido por políticas públicas e decisões judiciais. p. 121-128. In: DELDUQUE, Maria Célia. *Temas Atuais de Direito Sanitário*. 1º vol. Brasília: CEAD/FUB, 2009.

[4] PETRAMALE, Clarice Alegre; CAPUCHO, Helaine Carneiro; RIBEIRO, SALOMON, Flávia Cristina Ribeiro; VIDAL, Ávila Teixeira; LOULY, Priscila Gebrim; SANTOS, Vânia Cristina Canuto. *Incorporação de Tecnologias em Saúde no Brasil*: novo modelo para o Sistema Único de Saúde. BIS, vol. 131 n. 3, p. 1215/1222. Disponível em: <http://portalsaude.saude.gov.br/images/pdf/2014/janeiro/29/IncorporacaodeTecnologiaemSaudenoBrasil.pdf>, acesso em 19/8/2014.

mente em relações intersubjetivas concretas. A relevância dessa dupla dimensão é muito grande.

Desse modo, o direito fundamental à saúde, protegido de modo objetivo, implica a existência de deveres dos Poderes Públicos na organização e no desenho institucional das políticas públicas de saúde não só em relação às atribuições dos entes federados relativas à participação de cada um no SUS, mas também aos deveres e à responsabilidade da iniciativa privada quando atuante na área da saúde. A dimensão objetiva também implica, por exemplo, a proibição de legislação que venha a excluir determinada dimensão do conceito constitucional de saúde das políticas públicas (por exemplo, uma opção exclusiva pela medicina curativa estritamente farmacêutica em detrimento de medidas preventivas mais amplas). Atinge, também, a correta compreensão de princípios constitucionais informadores das políticas públicas, como a integralidade, a universalidade e a não discriminação.

Já a dimensão subjetiva, relativa aos direitos e deveres dos titulares à saúde, sejam eles indivíduos ou agrupamentos, tem incidência cotidiana e decisiva na vida de inúmeros cidadãos que se utilizam dos serviços de saúde, especialmente públicos. No que diz respeito ao objeto da segunda parte deste estudo – acesso a medicamentos por via judicial – trata-se da dimensão que fundamenta tais demandas, com fortes consequências para a execução das políticas públicas.

Em face de tal dimensão, de modo especial e de forma concreta, é que o trabalho ordinário dos juízes e tribunais deve definir os requisitos pertinentes ao gozo desses direitos, bem como realizar os juízos de ponderação entre os vários princípios jurídicos envolvidos. Ainda quanto à dimensão subjetiva, é necessário distinguir a titularidade individual ou coletiva desta espécie de tutela judicial, tendo em vista as consequências de cada hipótese no momento processual (se em juízo inicial, liminar, ou somente ao final do processo, com trânsito em julgado) em que requerido o fornecimento de medicação.

1.2. Titularidade do direito à saúde e modalidades de proteção judicial

A estrutura normativa do direito à saúde, informada por suas dimensões objetiva e subjetiva, requer atenção especial para a legitimidade ativa em defesa e visando à promoção das prestações pertinentes a esse direito fundamental social, seja na busca de seus efeitos originários, seja na reclamação pelos direitos derivados.

Sendo assim, pode-se traçar o seguinte quadro, objetivando conjugar as dimensões do direito (objetiva e subjetiva), suas eficácias (originária e derivada) e a sua titularidade (individual e coletiva):

a. o direito à saúde possui as dimensões objetiva e subjetiva, tendo titularidade individual e transindividual;

b. em sua dimensão objetiva, pode ser objeto de proteção judicial pelos instrumentos de controle concentrado de constitucionalidade perante o Supremo Tribunal Federal e os Tribunais de Justiça dos Estados, sendo a legitimação processual ativa definida na Constituição, objetivando a defesa do direito constitucional à saúde em si mesmo;

c. em sua dimensão subjetiva, o direito à saúde é direito individual, denominado pelos juristas como 'direito subjetivo público', isto é, direito de alguém exigir certa prestação estatal e direito transindividual, em suas duas subespécies: direito coletivo e direito difuso;

c.1. há direito coletivo quando certo grupo, com determinação relativa, decorrente da participação em uma relação jurídica-base, pode obter proteção para toda classe representada, não podendo haver satisfação ou prejuízo senão de forma que afete a todos membros desta determinada classe (inclusão de procedimento médico no SUS em favor de determinado grupo discriminado, como procedimentos de transgenitalização em benefício de transexuais);

c.2. há direito difuso quando, pela indeterminação de seus titulares, cuja ligação decorre somente de mera circunstância de fato, pode obter proteção para todo o grupo. (exemplo: moradores de uma mesma região, diante de determinada epidemia, a exigir medidas preventivas e sanitárias).

Esse panorama reafirma a dupla condição do direito à saúde como direito individual e direito coletivo, sendo passível de proteção judicial sempre que lesões afetarem tanto a esfera subjetiva do titular do direito enquanto indivíduo, quanto violarem a esfera metaindividual dos direitos coletivos ou difusos à saúde.

Com efeito, afirmada a eficácia direta e imediata do direito constitucional à saúde (CF, art. 5º, § 1º), bem como a possibilidade de prestações originárias desse direito, não há como rejeitar, em tese, hipótese onde o indivíduo, titular do direito fundamental social, atendidas certas condições e realizada a ponderação dos princípios e bens constitucionais envolvidos, tenha direito subjetivo definitivo à prestação fática de determinada prestação. Sustentação contrária importa em negativa à força normativa da Constituição, especialmente valorizada quando se trata de direito fundamental, ao que se acresce a garantia constitucional da inafastabilidade da apreciação judicial de lesão ou ameaça a direito (art. 5º, XXXV).

2. Direitos metaindividuais e proteção judicial coletiva do direito à saúde

O exame da possibilidade de proteção judicial do direito à saúde na sua dimensão coletiva pressupõe o quadro maior onde a existência, a classificação, o conteúdo e os instrumentos processuais pertinentes aos direitos metaindividuais se localizam. Presente este contexto, serão analisadas a pertinência e as possibilidades de judicialização coletiva do direito à saúde, considerando em especial ações coletivas registradas no Poder Judiciário Federal da 4ª Região (PR, SC e RS).

2.1. Direitos metaindividuais em geral: classificação, conteúdo jurídico e proteção judicial

A existência de direitos metaindividuais reclama o adequado desenvolvimento do ordenamento jurídico, bem como das práticas processuais correspondentes. Este desafio não se esgota no exame do conteúdo jurídico e das exigências decorrentes do bem da vida protegido pelo direito em questão; mais que isso, ele requer a consideração sistemática dos conteúdos e das conexões entre o direito afirmado e as outras normas constitucionais, numa hermenêutica constitucional contextual, para utilizar a expressão de Juan Carlos Gavara de Cara.[5]

O resultado deste exame tem de levar em consideração as especificidades de cada direito fundamental metaindividual, tanto no plano material, quanto no plano processual. Assim, por exemplo, a compreensão do direito difuso à informação adequada, em face da liberdade de iniciativa, da atividade jornalística e da realização de eleições, haverá de considerar as disposições do regime democrático, da ordem social e da ordem econômica constitucionais (ver, a propósito, Roger Raupp Rios, "Ordem Econômica, sociabilidade e os *mass media* na Constituição da República de 1988", disponível em <http://www.ufrgs.br/ppgd/doutrina/rios1.htm>, acesso em 27/07/2014), ensejando hipótese de manejo de mandado de segurança coletivo, para a proteção do direito "à informação ampla e completa" (Tribunal Superior Eleitoral, Mandado de Segurança Coletivo nº 5/DF).

---

[5] DE CARA, Juan Carlos Gavara. *Derechos Fundamentales e desarrollo legislativo:* la garantía del contenido esencial de los derechos fundamentales en la Ley Fundamental de Bonn, Madrid: Centro de Estúdios Constitucionales, 1994, p. 116.

A dogmática jurídica e os tribunais nacionais, em matéria de proteção judicial de direitos metaindividuais, não tem deixado dúvida quanto à pertinência e à importância destes no ordenamento brasileiro, bem como quanto ao respectivo regime material destes e repercussões no campo processual. Com efeito, consolidam-se as distinções entre as modalidades de direitos metaindividuais protegidos (difusos, coletivos e individuais homogêneos) e as vias processuais adequadas (ação civil pública, mandado de segurança coletiva e ações civis coletivas), em sede doutrinária[6] e jurisprudencial (Supremo Tribunal Federal, RE 214001 AgR, Relator(a): Min. TEORI ZAVASCKI, Segunda Turma, julgado em 27/08/2013, Acórdão Eletrônico DJe-178 DIVULG 10-09-2013 PUBLIC 11-09-2013; (AI 737104 AgR, Relator(a): Min. LUIZ FUX, Primeira Turma, julgado em 25/10/2011, DJe-218 DIVULG 16-11-2011 PUBLIC 17-11-2011 EMENT VOL-02627-02 PP-00253; (AI 559141 AgR, Relator(a): Min. MARCO AURÉLIO, Primeira Turma, julgado em 21/06/2011, DJe-155 DIVULG 12-08-2011 PUBLIC 15-08-2011 EMENT VOL-02565-01 PP-00147).

Ao mesmo tempo em que os direitos metaindividuais se afirmam quanto à sua existência, classificação e viabilidade de proteção judicial, necessita-se definir seu regime material, resultante da interpretação sistemática e da concordância prática destes em face de outros princípios e regras constitucionais, relativos a bens jurídicos constitucionais, normas de organização e funcionamento do Estado (tais como a reserva do possível, a separação de poderes, a competência para a formulação e execução das políticas públicas e a legalidade orçamentária). O tratamento do direito fundamental à educação fornece um caso emblemático na ilustração desta dinâmica, conforme registra a jurisprudência do Supremo Tribunal Federal (ARE 639337 AgR, Relator(a): Min. CELSO DE MELLO, Segunda Turma, julgado em 23/08/2011, DJe-177 DIVULG 14-09-2011 PUBLIC 15-09-2011 EMENT VOL-02587-01 PP-00125; (RE 603575 AgR, Relator(a): Min. EROS GRAU, Segunda Turma, julgado em 20/04/2010, DJe-086 DIVULG 13-05-2010 PUBLIC 14-05-2010 EMENT VOL-02401-05 PP-01127 RT v. 99, n. 898, 2010, p. 146-152; (RE 190976, Relator(a): Min. ILMAR GALVÃO, Primeira Turma, julgado em 31/10/1997, DJ 06-02-1998 PP-00035 EMENT VOL-01897-08 PP-01695).

2.2. Proteção judicial coletiva do direito à saúde

A atuação jurisdicional objetivando o cumprimento do direito fundamental à saúde suscita questões de ordens diversas, que vão

---

[6] ZAVASCKI, Teori Albino. Defesa de Direitos Coletivos e Defesa Coletiva de Direitos, *Revista da Associação dos Juízes Federais do Brasil*, nº 43, 1994.

desde seu regime normativo material (ver Daniel Sarmento, *A proteção judicial dos direitos sociais: parâmetros ético-jurídicos*,[7] até o debate mais delimitado acerca dos meios processuais apropriados para a persecução de tais prestações em juízo.[8] Neste momento, trata-se de examinar a adequação da tutela coletiva do direito à saúde, ora compreendido como direito fundamental de titularidade metaindividual.

Assim como ocorre com outros direitos fundamentais sociais de titularidade metaindividual, também na hipótese do direito à saúde a jurisprudência é pacífica no sentido da possibilidade de ajuizamento de demanda coletiva (AI 809018 AgR, Relator(a): Min. DIAS TOFFOLI, Primeira Turma, julgado em 25/09/2012, PROCESSO ELETRÔNICO DJe-199 DIVULG 09-10-2012 PUBLIC 10-10-2012). No entanto, em sede doutrinária, há intenso debate quanto aos mecanismos processuais de defesa do direito à saúde, em especial diante do incremento quantitativo de ações individuais. De um lado, sustenta-se a inviabilidade da excessiva judicialização individual, o que inviabilizaria a racionalidade do sistema de saúde de outro lado,[9] sem prejuízo da preocupação com a racionalidade, assinala-se que ações judiciais, inclusive individuais, além de concretização do exercício da cidadania, funcionam como importante fator para a impulsionar a superação de dificuldades de comunicação entre gestores, influenciar estudos para a incorporação de prestações e aumentar a transparência das informações.[10]

Buscando sintetizar este intenso debate, no que toca à coexistência e a propriedade das ações individuais e ações coletivas sobre direito à saúde, tomo por base a diretriz hoje prevalente no Supremo Tribunal Federal, que pode ser capturada de decisões em suspensões de

---

[7] Disponível em <http://www.google.com.br/url?sa=t&rct=j&q=&esrc=s&source=web&cd=1&ved=0CB4QFjAA&url=http%3A%2F%2Fxa.yimg.com%2Fkq%2Fgroups%2F22755799%2F644576516%2Fname%2FA%2BProtecao%2BJudicial%2Bdos%2Bdireitos%2BSociais%2B%2Bsarmento.pdf&ei=B_vsU8DFIvPmsAT58oHIDA&usg=AFQjCNGv33rAyoZT8RKr6PosCs0_N3G5gQ&sig2=52zaeCgVrxVMAOouYxqlUw&bvm=bv.72938740,d.cWc>, acessado em 27/07/2014.

[8] Ver Luís Roberto Barroso, "Da falta de efetividade à judicialização excessiva: direito à saúde, fornecimento gratuito de medicamentos e parâmetros para a atuação judicial", <www.conjur.com.br/dl/estudobarroso.pdf>, disponível em 27/07/2014.

[9] DELDUQUE, Maria Célia; BADIM, Silvia; CIARLINI, Álvaro. Judicialização das Políticas de Saúde no Brasil. In: *Direito Sanitário em Perspectiva*, org. Sandra Mara Campos Alves, Maria Célia Delduque e Nicolao Dino Neto, Brasília: FIOCRUZ: ESMPU, 2013, p. 185 – 221.

[10] SCHEFFER, Mário. Aids, tecnologia e acesso sustentável a medicamentos: a incorporação dos anti-retrovirais no Sistema Único de Saúde Tese de Doutorado, Faculdade de Medicina da Universidade de São Paulo, São Paulo, 2008, disponível em <http://www.google.com.br/url?sa=t&rct=j&q=&esrc=s&source=web&cd=8&ved=0CF4QFjAH&url=http%3A%2F%2Fwww.teses.usp.br%2Fteses%2Fdisponiveis%2F5%2F5137%2Ftde-08072008-133201%2Fpublico%2Fmariocscheffer.pdf&ei=CAntU7rtFpfesATNtYCYDA&usg=AFQjCNGNolaGTaLVltSjx74L9_Ca4Mj8jg&sig2=6o_8weIcHFOMf1HNUZ-Rww&bvm=bv.72938740,d.cWc>, acessado em 27/07/2014.

segurança visando ao fornecimento de medicamentos (para um apanhado mais amplo da questão na jurisprudência, em especial no Supremo Tribunal Federal, destaca-se a decisão no pedido de Suspensão de Segurança nº 175, STA 175, Relator(a): Min. Presidente GILMAR MENDES, julgado em 18/09/2009, publicado em DJe-182 DIVULG 25/09/2009 PUBLIC 28/09/2009 RTJ VOL-00210-03 PP-01227 RDDP n. 81, 2009, p. 161-166).

Destaco, dentre suas conclusões, a legitimidade da iniciativa individual e a possibilidade de decisão judicial deferindo prestação diversa daquela prevista abstratamente na política pública, desde que haja razões, peculiares ao caso concreto, que demonstrem que o tratamento fornecido não é eficaz. Sublinho também a conclusão quanto à possibilidade de questionamento de protocolos clínicos e diretrizes terapêuticas do SUS, em especial quando estes não experimentam revisão periódica.

Não há, deste ponto de vista, incompatibilidade na coexistência de ações individuais e de ações coletivas. Ao contrário, além de certas circunstâncias tipicamente individuais requererem soluções particulares, sem potencial de universalização, nada impede que, sempre que a demanda individual apontar a necessidade de revisão de protocolos clínicos, diretrizes terapêuticas e de procedimentos burocráticos, esta provocação possa ser acolhida pela Administração e, por iniciativa própria, universalizada. A ação individual, neste contexto, pode ser a oportunidade para o aperfeiçoamento do direito à saúde além daquele cidadão que, pontualmente, busca seu direito. Neste quadro, fica patente, a propósito, que, antes de serem partes opostas em uma demanda judicial, cidadão e Administração têm em comum o interesse e a responsabilidade para fazer avançar, para todos, o direito à saúde. Responder casos individuais e promover a saúde, simultaneamente, como direito coletivo, não são iniciativas nem projetos antagônicos.[11]

Afirmada a compatibilidade e a propriedade da concretização do direito à saúde pelas vias individuais e coletivas, nunca é demais salientar a propriedade das ações coletivas, bem como cultivar uma mentalidade e prática jurídicas, por parte de todos os atores processuais, que dê efetivo trânsito, desde a admissibilidade, até o processamento e julgamento de demandas coletivas envolvendo o direito à saúde.

O amadurecimento geral de todos – usuários, gestores, atores jurídicos e processuais, poderes públicos – é o de que demandas individuais

---

[11] Ver, neste sentido, a comunicação de João Biehl, "Judicialização de base: perfil dos demandantes do direito a medicamentos e lições para as políticas de saúde no Brasil", disponível <http://api.ning.com/files/LAS*pniJkloZW7W4nWx-MXcp0wrIfPGIWkc6-G9jB4zHJm1n-dKrzcCtfa7xDJ5-Wmu*gOgth2j-MvbaNM0Z1RLjC7c9XECyP/BiehltextoresumidoWB4.6.13.pdf>, acessado em 27/07/2014.

são – com o perdão da tautologia – para casos individuais; também de que é preferível, detectado defeito juridicamente relevante na prestação do direito fundamental à saúde, com repercussão metaindividual, a busca de soluções, administrativas ou judiciais, de modo coletivo.

A introdução da proteção coletiva de direitos individuais homogêneos e da proteção de direitos transindividuais e coletivos propriamente ditos, do ponto de vista legislativo, não é novidade no ordenamento jurídico nacional, recebendo consagração constitucional e previsão legislativa. A proteção judicial destes direitos requer aprendizado e novos procedimentos, pertinentes ao manejo dos respectivos instrumentos processuais (tais como ação civil pública e ações civis coletivas), dado que os bens jurídicos coletivos e as correspondentes técnicas processuais de proteção rompem com séculos de tradição individualista, presente na história do direito e na mentalidade de todos os agentes jurídicos. A experiência do Poder Judiciário Federal da 4ª Região pode ilustrar este esforço e a dimensão deste desafio.

Dentre o sem-número de ações judiciais sobre direito à saúde no Poder Judiciário Federal da 4ª Região, várias demandas coletivas de titularidade metaindividual bem ilustram essa dinâmica. Elas abarcam aspectos relacionados (a) à participação democrática na gestão do Sistema Único de Saúde, (b) à superação de exclusões discriminatórias quanto à prestação de serviços para determinados grupos, (c) restrições à liberdade econômica cujo exercício afete o direito à saúde, (d) ao exercício da atividade fiscalizatória, de modo preventivo, em favor da saúde pública, (e) à divisão de atribuições entre as diversas esferas de poder, no que toca à configuração legislativa do direito à saúde e (f) à dever administrativo de formulação de diretrizes para a utilização de medicamentos no Sistema Único de Saúde.

A primeira experiência indicada diz respeito, nevralgicamente, à participação democrática como direito coletivo no âmbito do Sistema Único de Saúde, quanto à formulação de estratégias e ao controle da execução da política de saúde. No caso, referente a Conselho Municipal de Saúde, quando presente o interesse local (Tribunal Regional Federal da 4ª Região, Processo nº 50049154420134047100).

A segunda trata da exclusão da lista de procedimentos médicos, prestados no âmbito do Sistema Único de Saúde, de cirurgias de transgenitalização e de procedimentos complementares em desfavor de transexuais, configurando discriminação constitucionalmente proibida (Tribunal Regional Federal da 4ª Região, Apelação Cível nº 2001.71.00.026279-9/RS). Note-se, neste precedente, dentre tantos argumentos esgrimidos, a correção de política nacional em face de defeito discriminatório da política pública de saúde, com eficácia nacional.

O terceiro caso contextualiza a liberdade de atividade econômica, que explora o consumo de tabaco, diante do direito à saúde. Considerando os contornos constitucionais que a liberdade de expressão toma diante de deveres de informação e de advertência de prejuízos à saúde ocasionados pelo consumo do produto, diz respeito à formulação de advertências em maços de cigarro, operadas pela inserção de imagens fortes, desestimulantes do consumo. Alcança, portanto, juízo quanto ao conteúdo da atividade pertinente à política pública de saúde (Tribunal Regional Federal da 4ª Região, Agravo de Instrumento nº 2008.04.00.046270-5/RS).

A atividade preventiva e fiscalizatória, levada a cabo no seio da política pública, também é objeto do litígio que redundou na quarta experiência. Cuidando de produtos de comprovada toxicidade (uso de organofosforado clorpirifós em desinfetantes domissanitários), discutiram-se os procedimentos administrativos de reavaliação da utilização da substância, empreendidos pela Agência Nacional de Vigilância Sanitária (Tribunal Regional Federal da 4ª Região, Apelação Cível nº 2004.71.00.020735-2/RS).

A observância da divisão funcional de atribuições, objetivando o correto funcionamento das atividades estatais de proteção à saúde, foi o tema da quinta experiência. Versando sobre a aplicação de restrições na publicidade de bebidas alcoólicas, não somente àquelas previstas na legislação (treze graus Gay Lussac, conforme a Lei nº 9.294, de 1996), mas a toda bebida com teor alcoólico igual ou superior a 0,5 grau Gay Lussac, a sentença afirmou que compete ao Poder Público, e não ao Judiciário, decidir a amplitude das restrições de propaganda de bebidas (Juízo Federal da 3ª Vara de Porto Alegre, Ação Civil Pública nº 2009.71.00.019713-7/RS).

Por fim, quanto à sexta hipótese, cuidava-se demanda coletiva objetivando a emissão de diretrizes para o uso de determinado medicamento (palivizumabe, para a prevenção de infecção pelo vírus sincicial respiratório), diante da omissão normativa, em atuação preventiva (Juízo Federal da 6ª Vara de Porto Alegre, Processo nº 50180287020104047100).

3. Acesso a medicamentos, produtos ou procedimentos, por via judicial

Em relação à assistência terapêutica integral, as ações individuais ou coletivas versando sobre direito à saúde têm duas características primordiais: (1) aquelas em que se pede algum medicamento, produto ou procedimento incorporado ao Sistema Único de Saúde e de acordo com os protocolos clínicos ou diretrizes terapêuticas estabelecidas; e (2) aquelas em que se pede algum medicamento, produto ou procedimento não incorporado ao Sistema Único de Saúde ou, se incorporado, em desacordo com os protocolos clínicos ou as diretrizes terapêuticas estabelecidas pelo SUS.

As ações do tipo 1 tocam aspectos relacionados ao acesso ao SUS e, principalmente, à sua gestão.

As ações do tipo 2 demonstram uma tensão entre as práticas médicas públicas ou privadas e os protocolos clínicos ou diretrizes terapêuticas oficiais. Com efeito, em algumas situações essa prescrição envolve o fornecimento de um medicamento, produto ou procedimento não incorporado ao SUS, ou incorporado para situações diferentes da experimentada no caso concreto pelo usuário.

Em qualquer uma dessas situações, é possível que o usuário ou os titulares da ação civil pública e da ação coletiva, venham a pleitear judicialmente o fornecimento do novo medicamento, produto ou procedimento pelo SUS, trazendo para o âmbito judicial a discussão sobre evidências científicas e análise econômica.

As ações coletivas têm um impacto maior porque abrangem um número indeterminado de titulares e atendem melhor ao critério de universalidade, enquanto as ações individuais tratam de casos mais específicos relativos à pessoa do postulante e tendem a se esgotar na solução do caso concreto. Não obstante, um número expressivo de ações individuais podem se referir a uma mesma tecnologia nova, e, nesse caso, podem levar à universalização, dependendo da submissão ou não à análise pela CONITEC da incorporação ou não da nova tecnologia no SUS.

Por conta disso, cabe inicialmente algum esclarecimento prévio sobre a incorporação de tecnologia no SUS para, em seguida, buscar alguns exemplos de ações de titularidade coletiva ou individual pertinente a essa temática.

4. Incorporação de tecnologias no SUS

Conforme Petramale,[12] as tecnologias em saúde incluem: equipamentos médicos, produtos para a saúde, medicamentos, vacinas, testes diagnósticos, órteses e próteses, e materiais e sistemas informacionais de aplicação na assistência à saúde.

---

[12] PETRAMALE, Clarice Alegre. CAPUCHO, Helaine Carneiro; RIBEIRO, SALOMON, Flávia Cristina Ribeiro; VIDAL, Ávila Teixeira; LOULY, Priscila Gebrim; SANTOS, Vânia Cristina Canuto. *Incorporação de Tecnologias em Saúde no Brasil:* novo modelo para o Sistema Único de Saúde. BIS, vol. 131 n. 3, p. 1215/1222. Disponível em: <http://portalsaude.saude.gov.br/images/pdf/2014/janeiro/29/IncorporacaodeTecnologiaemSaudenoBrasil.pdf>, acesso em 19/8/2014.

O Sistema Único de Saúde – SUS – prevê (1) a assistência terapêutica integral por meio de dispensação de medicamentos cuja prescrição esteja de acordo com protocolos clínicos ou diretrizes terapêuticas estabelecidas para a doença; (2) a oferta de procedimentos terapêuticos constantes de tabelas elaboradas pelo gestor federal do SUS. Na ausência de protocolo clínico ou diretriz terapêutica, a dispensação seguirá as relações de medicamentos instituídas pelo gestor federal e, suplementarmente, pelos gestores estaduais ou municipais.

A incorporação de medicamentos, produtos ou procedimentos no SUS, de modo a integrar a assistência terapêutica integral referida no parágrafo anterior, ou sua exclusão ou alteração, compete ao Ministério da Saúde, por intermédio da Comissão Nacional de Incorporação de Tecnologias – CONITEC –, e se faz por meio de um processo administrativo, regido pela Lei nº 9.784/99, a ser concluído no prazo de 180 dias, prorrogáveis por 90 dias, com realização de consulta pública e, em casos justificados, de audiência pública.[13]

A decisão administrativa sobre a incorporação de tecnologia ao SUS tem por balizas: (1) evidências científicas sobre a eficácia, a acurácia, a efetividade e a segurança do medicamento, produto ou procedimento, acatadas pelo órgão competente para o registro ou a autorização de uso; 2) a avaliação econômica comparativa dos benefícios e dos custos em relação aos medicamentos, produtos ou procedimentos já incorporados ao SUS.[14]

Portanto, apesar de autorizado ou registrado o uso ou comercialização de um novo produto no mercado, para quem puder pagar por ele, a incorporação de uma nova tecnologia no SUS depende da análise de requisitos específicos, pela CONITEC.

O acesso ao relatório e à decisão sobre incorporação de tecnologia melhorou muito após a criação da CONITEC. Atualmente, é possível conhecer as consultas públicas realizadas, as propostas de incorporação, as demandas avaliadas e em avaliação e seus relatórios e decisões, na *internet*.[15] O acesso a essas informações é útil para qualificar a propositura das ações, a defesa e as decisões judiciais. Por meio delas, é possível saber se a dispensação de determinado medicamento, produto ou procedimento está sendo analisada administrativamente, ou, caso já tenha sido analisada, conhecer a fundamentação para o

---

[13] Para um fluxo simplificado de incorporação de tecnologia no SUS confira-se CAPUCHO e outros (2012).

[14] A Lei nº 8.080/90, na redação dada pela Lei nº 12.401/11, disciplina a incorporação de tecnologia no SUS.

[15] O acesso *on line* é possível por intermédio do *link* da CONITEC, no endereço do Ministério da Saúde, www.saude.gov.br.

deferimento ou indeferimento do pedido administrativo, notadamente a comparação com tecnologia já existente e a avaliação econômica realizadas.

Propõe-se a seguir a análise das ações coletivas sobre incorporação do palivisumabe, da risperidona, do trastuzumabe, do rituximabe.

Também será analisada a situação de um grupo específico e significativo de ações individuais (fármaco adalimumabe).

Corre-se o risco de deixar de lado outras ações muito importantes, mas se acredita que a análise dessas fornece um panorama satisfatório da defesa do direito à saúde, individual e metaindividual, no âmbito da Justiça Federal no Estado do Rio Grande do Sul.

4.1. Palivizumabe

A ação civil pública[16] foi proposta pelo Ministério Público Federal no Estado do Rio Grande do Sul. Concluiu-se que o palivizumabe era eficaz como medida profilática, consistente em imunização passiva, na Prevenção da Doença Respiratória Grave pelo Vírus Sincicial Respiratório (VSR). A decisão fundamentou-se em documento produzido pelo Departamento de Neonatalogia, Infectologia e Pneumonia, da Sociedade Brasileira de Pediatria, e no fato de já ser fornecido em alguns Estados, tendo sido realçado que o medicamento tem registro na ANVISA, mas não fazer parte da Relação de Medicamentos Essenciais, nem integrar qualquer Componente da Assistência Farmacêutica do SUS, inexistindo alternativa. Determinou-se que a União elaborasse, no prazo de 180 dias, diretrizes para o uso do palivizumabe e providenciasse a disponibilização a todos os usuários do SUS no País, mediante aquisição e repasse do medicamento às Secretarias Estaduais de Saúde, conforme critérios preconizados pela Sociedade Brasileira de Pediatria.

No cumprimento provisório da obrigação de fazer foram estabelecidos critérios para o cumprimento da decisão, realização de audiência e negociações na via administrativa com o único laboratório fabricante para definição de preços e critério de apresentação dos produtos (frascos de 50mg e de 100mg). Ao final, a União comprovou a realização de contrato administrativo para aquisição do medicamento, disponibilização de forma centralizada no almoxarifado do Ministério da Saúde, e distribuição segundo a solicitação da área demandante.

---

[16] TRF 4ª Região, Reexame Necessário Cível n° 5018028-70.2010.404.7100, 3ª Turma, rel. des. fed. Maria Lúcia Luz Leiria, j. 08/02/2012. A ação e o cumprimento provisório da sentença (autos n°s 5062271-65.2011404.7100) tramitaram na 6ª Vara Federal de Porto Alegre.

No processo administrativo que tramitou na CONITEC para incorporação do medicamento, constou a Justiça Federal da 4ª Região – Seção Judiciária do Rio Grande do Sul –, como demandante. A CONITEC analisou os estudos mencionados no documento da Sociedade Brasileira de Pediatria; sua própria pesquisa de evidências científicas; o resultado da consulta pública; e o impacto orçamentário e o custo-efetividade, e recomendou a incorporação do palivizumabe para a prevenção da infecção grave associada ao vírus sincicial respiratório em crianças do subgrupo de mais alto risco para internações ou complicações.[17]

Esta ação civil pública, é um exemplo de como as instâncias judicial e administrativa podem se articular no sentido de promoção da saúde coletiva. Com efeito, a decisão, de âmbito nacional, fundamentou-se no documento da Sociedade Brasileira de Pediatria. A posterior análise pela CONITEC ampliou a pesquisa sobre as evidências científicas e acrescentou a análise do custo-efetividade e a análise econômica. Demonstrou-se, ainda, a importância do envolvimento dos órgãos especializados do Ministério da Saúde na busca do melhor preço e da melhor apresentação do medicamento para fornecimento no SUS, considerando o fato de que apenas um único laboratório fabrica o medicamento.

4.2. Risperidona

A ação civil pública[18] tem por objeto a incorporação no SUS do medicamento risperidona para tratamento de autismo infantil. Neste caso, é de ser destacada a concessão de prazo para que a CONITEC instaure o processo administrativo para análise da incorporação da tecnologia, medida que, se levada a cabo, irá com certeza subsidiar a jurisdição com informações sobre as evidências científicas, custo-efetividade e análise econômica sobre o impacto da incorporação no SUS da tecnologia.

No endereço eletrônico da CONITEC, constam três pedidos em análise para incorporação da risperidona, solicitados: pela Defensoria Pública da União no Rio Grande do Sul, para tratamento de autismo infantil (aguarda apreciação final para publicação); pelo Ministério Público Federal – Procuradoria da República no Rio Grande do Sul,

---

[17] A íntegra da decisão foi obtida no endereço eletrônico <http://portalsaude.saude.gov.br/images/pdf/2014/janeiro/28/Palivizumabe-VirusSincicial-final.pdf>, acessado em 18/8/2014. A Portaria SCTIE-MS nº 53, de 30/11/2012, tornou pública a decisão de incorporar o medicamento.

[18] Ação Civil Pública nº 5003151-23.2013.404.7100/RS, proposta pela Defensoria Pública da União, está em tramitação na 1ª Vara Federal de Porto Alegre.

para tratamento de transtornos mentais e comportamentais decorrentes do uso de substâncias psicoativas (em análise); e pela Secretaria de Atenção à Saúde/MS, para transtorno afetivo bipolar (em análise).[19]

4.3. Trastuzumabe e Rituximabe

A ação civil pública[20] tem por objeto o fornecimento dos medicamentos Trastuzumabe e Rituximabe para tratamento de Câncer de Linfoma Não Hodgkin e Câncer de Mama. Aqui a antecipação da tutela foi deferida para restringir a obrigação de fornecimento da medicação aos pacientes, residentes no Município de Porto Alegre, que estiverem sob tratamento e com prescrição expedida por médico do SUS.[21] A extensão da decisão a todos os pacientes residentes no Estado do Rio Grande do Sul foi negada em sede de subsequente agravo,[22] obrigando os usuários residentes nos demais municípios do Estado do Rio Grande do Sul a proporem ação individual. A partir da concessão parcial da antecipação dos efeitos da tutela, foi criado um fluxo de contato administrativo de cadastramentos dos pacientes, com retirada dos medicamentos pela farmácia dos hospitais.

Neste processo, houve a realização de audiência púbica e constituição de uma Comissão Técnica de Notáveis na área da Oncologia, para analisar a necessidade de incorporação dos medicamentos. Foi apresentado relatório no sentido de que o trastuzumabe tem eficácia bem estabelecida no tratamento de pacientes com câncer de mama HER2-positivo.

Em outra ação civil pública[23] foi formulado pedido para fornecimento do Trastuzumabe a todas as mulheres, residentes no Estado de Santa Catarina, acometidas por câncer de mama metastático, que apresentem tumores maiores que 1,0cm, com superexpressão do receptor HER2. O TRF da 4ª Região negou o pedido de suspensão dos

---

[19] Informações obtidas em consulta ao endereço eletrônico <http://portalsaude.saude.gov.br/index.php/o-ministerio/principal/leia-mais-o-ministerio/259-sctie-raiz/dgits-raiz/conitec/l2-conitec/8777>, propostas no dia 18/8/2014.

[20] Ação Civil Pública nº 2009.71.00.009143-8/RS, proposta pela Defensoria Pública da União, em tramitação na 6ª Vara Federal de Porto Alegre.

[21] TRF 4ª Região, Agravo de Instrumento nº 2009.04.00.027992-7, 4ª T., Rel. Juiz Federal Sérgio Renato Tejada Garcia, j. 09/12/2009.

[22] TRF 4ª Região, Agravos de Instrumento nºs 0012551-43.2012.404.0000/RS e 0012580-93.2012.404.0000, Rel. Des. Fed. Vivian Josete Pantaleão Caminha, j. 29/10/2013.

[23] Ação Civil Pública nº 2009.72.00.011736-3/SC, em tramitação na 2ª Vara Federal de Florianópolis/SC, proposta pela Defensoria Pública da União, com ingresso posterior, no pólo ativo, do Ministério Público Federal.

efeitos da antecipação da tutela.[24] A decisão fundamentou-se em parecer elaborado pela Câmara Técnica de Medicamentos – CATEME –, da Associação Catarinense de Medicamentos, e na Nota Técnica 2010, do Ministério da Saúde. A matéria foi submetida ao Supremo Tribunal Federal,[25] que concluiu pela inexistência de risco de ruptura social ou de ruína institucional, e de dano ao erário.

A CONITEC decidiu incorporar o Trastuzumabe no SUS para tratamento de câncer de mama localmente avançado, com alguns condicionantes[26] e para tratamento de câncer inicial, também com alguns condicionantes.[27] Em relação ao câncer de mama localmente avançado, a CONITEC conseguiu disponibilizar no Brasil a apresentação de 60mg, comercializada na Austrália, ao lado da de 100mg.

A decisão de não recomendar o medicamento para a quimioterapia paliativa do câncer de mama metastático irá proporcionar um excelente debate sobre evidências científicas, custo-benefício e análise econômica, no Poder Judiciário. Segundo a CONITEC, o caráter paliativo, o resultado modesto, os múltiplos esquemas terapêuticos disponíveis e o maior impacto da alocação de recursos na detecção precoce do câncer de mama justificam a não incorporação para esse estágio da doença.[28]

Em relação ao Rituximabe, a CONITEC decidiu incorporar o medicamento para o tratamento de linfoma não Hodgkin de células B, folicular, CD20 positivo, em 1ª e 2ª linha, no SUS.[29]

4.4. Adalimumabe

As ações individuais para obtenção do medicamento Adalimumabe tiveram expressivo impacto na Justiça Federal da 4ª Região.

Em Pesquisa conduzida pela ANIS – Instituto de Bioética, Direitos Humanos e Gênero e pela Universidade de Brasília, cujos resultados foram apresentados por Débora Diniz, no II Seminário sobre Direito à Saúde, organizado pela Escola da Magistratura do TRF da 4ª Região, em 29 de setembro de 2009, identificou-se o Adalimumabe

---

[24] TRF 4ª Região, Agravo (Inominado, legal) em SUEXSE nº 0001633-14.2011.404.0000/SC, Corte Especial, rel. des. fed. Vilson Darós, rel. p/acórdão Des. Fed. Luiz Carlos de Castro Lugon, j. 30/6/2011.

[25] STF, Suspensão de Liminar 710 Santa Catarina, decisão monocrática, Ministro Joaquim Barbosa, j. 05/9/2013.

[26] Portaria nº 18, de 25/7/2012, pub. DOU-Seção I, de 26/7/2012, p. 57.

[27] Portaria nº 19, de 25/7/2012, p. DOU-Seção I, de 26/7/2012, p. 57.

[28] Informação extraída no endereço eletrônico <http://portalsaude.saude.gov.br/images/pdf/2014/janeiro/27/Trastuzumabe-caavancado-final.pdf >, em 18/8/2014.

[29] Portaria nº 63, de 27/12/2013, pub. DOU-Seção I, de 30/12/2013, p. 766.

como o medicamento mais postulado, presente em 22% dos casos, e sua correlação com as doenças mais prevalentes nos processos: artrite (17% dos casos) e espondilite anquilosante (15% dos casos), somando 32% dos casos de doenças que motivaram os processos. O pico de proposituras de ações foi em 2008, com 57% dos casos do período analisado (2006 a 2009).

O medicamento foi incorporado no SUS pela Portaria GM/MS n° 2.981/2009 e, em relação ao adalimumabe, a CONITEC, em julho de 2012, decidiu manter o fornecimento do medicamento no SUS para tratamento da artrite reumatoide.[30]

Conclusões

A proteção judicial coletiva do direito à saúde, compreendido como direito fundamental de titularidade metaindividual, pode ser obtida por intermédio da ação civil pública, mandado de segurança coletivo e ações coletivas, cuja admissibilidade, processamento e julgamento, demandam especial atenção e comprometimento dos diversos atores, assim como exigem, para sua resolução, a busca de novos aprendizados e procedimentos, de forma a buscar solução adequada em prazo razoável.

A ação individual de saúde também pode vir a ser o ponto de partida para a busca de solução coletiva, de natureza administrativa ou judicial, uma vez detectado defeito jurídico relevante e repercussão metaindividual.

Especificamente em relação ao acesso a medicamentos, produtos ou procedimentos, é importante a articulação entre as esferas administrativa e judicial para viabilizar a construção de soluções adequadas a minimizar o impacto da decisão judicial na organização, procedimentos e funcionamento do SUS.

Referências

BERMUDEZ, Jorge A. Z.; OLIVEIRA, Maria Auxiliadora; LUIZA, Vera Lúcia. Assistência Farmacêutica. p. 657/685. In: ESCOREL, Sarah; LOBATO, Lenaura de Vasconcelos Costa; NORONHA, José Carvalho de; CARVALHO, Antonio Ivo de (Organizadores). *Políticas e Sistemas de Saúde no Brasil*. 2ª ed. rev. e amp. Rio de Janeiro: FIOCRUZ, 2012.

---

[30] Conforme consulta no endereço eletrônico <http://portalsaude.saude.gov.br/images/pdf/2014/janeiro/27/Biologicos-ArtriteReumatoide-final.pdf>, em 18/08/2014.

DE CARA, Juan Carlos Gavara. *Derechos Fundamentales e desarrollo legislativo:* la garantía del contenido esencial de los derechos fundamentales en la Ley Fundamental de Bonn, Madrid: Centro de Estúdios Constitucionales, 1994.

DELDUQUE, Maria Célia; BADIM, Silvia; CIARLINI, Álvaro. Judicialização das Políticas de Saúde no Brasil. In: *Direito Sanitário em Perspectiva*, org. Sandra Mara Campos Alves, Maria Célia Delduque e Nicolao Dino Neto, Brasília: FIOCRUZ: ESMPU, 2013, p. 185 – 221.

DELDUQUE, Maria Célia; MARQUES, Sílvia Badim. O Direito Social à Saúde deve ser garantido por políticas públicas e decisões judiciais. p. 121-128. In: DELDUQUE, Maria Célia. *Temas Atuais de Direito Sanitário*. 1º vol. Brasília: CEAD/FUB, 2009.

MINISTÉRIO DA SAÚDE. Nova Comissão Nacional de Incorporação de Tecnologias de Saúde e impacto ao Sistema Único de Saúde. *Rev. Saúde Pública*, São Paulo, v. 45, n. 5, out. 2011. Disponível em: <http://portalsaude.saude.gov.br/images/pdf/2014/janeiro/29/ArtigoClariceCONITECimpactoSUS.pdf>, acesso em 19/08/2014.

PETRAMALE, Clarice Alegre; CAPUCHO, Helaine Carneiro; RIBEIRO, SALOMON, Flávia Cristina Ribeiro; VIDAL, Ávila Teixeira; LOULY, Priscila Gebrim; SANTOS, Vânia Cristina Canuto. *Incorporação de Tecnologias em Saúde no Brasil:* novo modelo para o Sistema Único de Saúde. BIS, vol. 131 n. 3, p. 1215/1222. Disponível em: <http://portalsaude.saude.gov.br/images/pdf/2014/janeiro/29/IncorporacaodeTecnologiaemSaudenoBrasil.pdf>, acesso em 19/8/2014.

SCHEFFER, Mário. Aids, tecnologia e acesso sustentável a medicamentos: a incorporação dos anti-retrovirais no Sistema Único de Saúde. *Tese de Doutorado*, Faculdade de Medicina da Universidade de São Paulo, São Paulo, 2008, disponível em <http://www.google.com.br/url?sa=t&rct=j&q=&esrc=s&source=web&cd=8&ved=0CF4QFjAH&url=http%3A%2F%2Fwww.teses.usp.br%2Fteses%2Fdisponiveis%2F5%2F5137%2Ftde-08072008-133201%2Fpublico%2Fmarioscheffer.pdf&ei=CAntU7rtFpfesATNtYCYDA&usg=AFQjCNGNolaGTaLVltSjx74L9_Ca4Mj8jg&sig2=6o_8weIcHFOMf1HNUZ-Rww&bvm=bv.72938740,d.cWc>, acessado em 27/07/2014.

ZAVASCKI, Teori Albino. Defesa de Direitos Coletivos e Defesa Coletiva de Direitos, *Revista da Associação dos Juízes Federais do Brasil*, nº 43, 1994.

— 10 —

Políticas públicas de saúde e burocratização: o (des)caminho trilhado para efetividade do direito à saúde – um olhar sobre a década de 1990 a 2000 no Estado do Rio Grande do Sul

TÊMIS LIMBERGER[1]

Sumário: Introdução; 1. A burocracia no pensamento de Max Weber e Hannah Arendt; 2. A burocracia de Weber subsiste diante do patrimonialismo descrito por Faoro?; 3. O gigantismo da estrutura burocrática do SUS e sua debilidade: a banalização da saúde – um olhar sobre o Estado do Rio Grande do Sul; 4. A tensão entre os Poderes e o redirecionamento do direito à saúde; 5. A responsabilidade dos três entes da federação; Conclusões; Referências.

Introdução

O direito social à saúde está delineado na Constituição Federal de 1988, o debate que surge é a respeito de sua a efetividade. A acessibilidade desenhada pelo texto constitucional ao Sistema Único de Saúde – SUS – é de grande vulto, o que torna mais complexa a resolução da questão.

Neste contexto, pergunta-se: As estruturas burocráticas aperfeiçoam/democratizam as políticas públicas de saúde? Indagando de outra maneira: a estrutura do SUS, criada pela Constituição Federal, consegue implementar o direito à saúde, focando-se para um olhar sobre o Estado do Rio Grande do Sul, na década de 1990-2000?

---

[1] Pós-Doutora em Direito pela Universidade de Sevilha. Doutora em Direito pela Universidade Pompeu Fabra de Barcelona. Mestre e bacharel em Direito pela Universidade Federal do Rio Grande do Sul – UFRGS. Professora do Programa de Pós-Graduação em Direito da Universidade do Vale do Rio dos Sinos – UNISINOS. Procuradora de Justiça do Ministério Público do Estado do Rio Grande do Sul. Membro do Instituto Brasileiro de Direito Eletrônico – IBDE – e da *Federación Iberoamericana de Asociaciones de Derecho e Informática – FIADI*.

A solução do texto constitucional foi pretensiosa, no sentido de criar uma macro estrutura envolvendo os três entes da federação e com milhões de possíveis demandantes. Diante deste contexto, a efetividade do direito à saúde desafia a todos os operadores jurídicos e da área da saúde.

1. A burocracia no pensamento de Max Weber e Hannah Arendt

O conceito de burocracia pode ser pensado, a partir dos referenciais teóricos de Max Weber[2] e Hannah Arendt.[3] Weber parte do Estado Racional dotado de objetividade-neutralidade e a estrutura burocrática tem a tarefa de prestar o serviço de uma maneira técnica, imune às influências político-partidárias. Hannah Arendt[4] trabalha a questão a partir do distanciamento que a estrutura provoca com relação ao ser humano, ocasionando que a pessoa faça parte de uma engrenagem e cumpra ordens sem questioná-las, isentando-se, assim de qualquer responsabilidade com relação ao resultado final de determinada ação.

O caráter institucional surge da sua dependência de instâncias politicamente responsáveis com relação aos cidadãos. Para Weber,[5] existem três tipos de dominação legítima: de caráter racional, tradicional e carismático. O Estado Racional se fundamenta no Direito, fonte do poder do governante e de obediência para os súditos. O tipo mais puro de dominação é aquele que se exerce por meio de um quadro administrativo burocrático. O Estado racional se fundamenta na burocracia profissional e no direito racional. Assim, o corpo funcional é garantidor da prestação do serviço público de maneira a permitir que este seja prestado independente de forças partidárias, que estão presentes nos governos.

Das visões de Weber e Arendt se pode concluir que os autores têm perspectivas distintas a respeito de burocracia. Para Weber a burocracia é algo positivo, é uma estrutura que permite a realização do serviço público de forma profissional, enquanto que para Arendt, a burocracia é algo negativo, que isola o indivíduo do todo, faz com que

---

[2] WEBER, Max. *Economia y Sociedad*. 1ª reimpresión argentina. México: Fondo de Cultura Econômica, 1992.

[3] ARENDT, Hannah. *Eichmann em Jerusalém: um relato sobre a banalidade do mal*. São Paulo: Cia das Letras, 1999.

[4] ARENDT, Hannah. op. cit., p. 32 a 47.

[5] WEBER, Max. op. cit., p. 170/5.

ele perca a noção de conjunto, fazendo com que dissocie a sua responsabilidade no resultado final do processo.

2. A burocracia de Weber subsiste diante do patrimonialismo descrito por Faoro?

Em que pese a doutrina de Weber se constituir em importante desiderato, características sociológicas da formação do Estado brasileiro devem ser consideradas, sob pena de uma análise formal do direito à saúde. A administração pública brasileira é herdeira de uma forte burocracia latina com características de patrimonialismo e de pessoalidade, aí já colidindo de frente com o princípio da impessoalidade e da efetividade. O Congresso Nacional que deveria promover a regulamentação, no tocante aos percentuais de investimento da União, Estados e Municípios tem o PL 306/2008, decorrente da propositura de regulamentação dos §§ 2º e 3º do art. 198, trazidos pela EC nº 29/2000. Ou seja, passou o tempo e não houve a elaboração da legislação que o país tanto necessita. O Executivo que deveria investir percentuais, por vezes não o aplica de forma séria. Como causa do não funcionamento as demandas acabam no Poder Judiciário que, na maioria das vezes, oferece uma solução individualizada para os casos, em detrimento da construção de uma solução coletiva, reforçando este aspecto da pessoalidade. Compreensível, em muitos casos, devido à situação aflitiva no qual se vê o juiz, diante da enfermidade de uma pessoa, sem vislumbrar o sistema como um todo. Tudo isto serve para agravar o problema, quando é concedido determinado medicamento, sem atenção ao contexto global, tornando-o ainda mais caótico.

O Estado não é uma ampliação do círculo familiar[6] e, ainda menos, uma integração de certos agrupamentos, de vontades particularistas, de que a família é o melhor exemplo. Estado e família pertencem a ordens diferentes em essência. No Brasil, desde o princípio da colonização vigorou o tipo primitivo de família patriarcal, em imensas áreas rurais e o início da formação das cidades. Nesta situação, os detentores de posições públicas de responsabilidade não tinham a clareza entre os domínios da esfera pública e privada. As ideias de Max Weber não encontram ressonância teórica no funcionário "patrimonial", aonde a própria gestão política apresenta-se como assunto de seu interesse particular. As funções, os empregos e os benefícios relacionam-se a direitos pessoais do funcionário e não a interesses objetivos, como se sucede no verdadeiro Estado burocrático, em que prevalecem a espe-

---
[6] HOLANDA, Sérgio Buarque de. *Raízes do Brasil*. Edição comemorativa dos 70 anos. São Paulo: Cia das Letras, 2006, p. 153.

cialização das funções e o esforço para se assegurarem garantias jurídicas aos cidadãos. Em síntese, falta a impessoalidade que caracteriza o Estado burocrático no sentido weberiano.

O patrimonialismo, na definição de Faoro,[7] fecha-se sobre si próprio com o estamento, de caráter marcadamente burocrático. Burocracia não no sentido moderno, como aparelho racional, mas de apropriação do cargo (o cargo carregado de poder próprio).

O patrimonialismo se fez presente no Brasil por seis séculos, cujo fundamento se assenta no tradicionalismo "assim é porque sempre foi".[8] Desde 1808, a modificação mais importante que acontece é a elaboração da Constituição de 1988, visando a instauração de uma nova ordem jurídica sob novos postulados, a partir do movimento de redemocratização do país. Ou seja, o país teve de percorrer 180 anos de história política para que algo juridicamente novo fosse cunhado. Ocorre, porém, que as antigas oligarquias não foram extirpadas, subsistiram na estrutura política do país, dotadas de significativo poder. Tal conduz a um conflito permanente, que ainda não propiciou a efetividade dos novos preceitos constitucionais. Passados 200 anos de histórica política brasileira e alguns anos da promulgação da CF/88, a luta não é mais pela codificação de direitos, mas sim pela sua efetividade, por uma leitura madura que otimize os recursos orçamentários existentes, dos direitos sociais, em geral e do direito à saúde, em particular.

Assim, retoma-se à pergunta: é possível compatibilizar a proposição de Weber, considerando o cenário brasileiro descrito por Faoro? A crítica que é possível construir, a partir da leitura dos dois autores, é no sentido de que os modelos racionais, tais como o proposto por Weber, não levam em conta os fatores irracionais que são inerentes à condição humana e que comporão determinada sociedade. Deste modo, os postulados de Weber em que pese terem de ser perseguidos, desconsideram toda a forma estamental e patrimonialista, a partir da qual foi construída a sociedade brasileira e de como não podemos dela ainda nos libertar. É como se houvesse sido construído um edifício moderno, a CF/88, e por baixo da edificação existisse um córrego subterrâneo, sempre caudaloso e em movimento, que comprometesse a estrutura do prédio, devido à formação do solo não ser firme, o que comprometeria a habitação de novos moradores.

A proposição de Weber deve ser buscada, enquanto estrutura institucional, mas desconsiderar o "patrimonialismo" alertado por

---

[7] FAORO, Raymundo. *Os donos do poder: formação do patronato político brasileiro*. Vol. 1, 15. ed., São Paulo: Globo, 2000, p.84.

[8] FAORO, Raymundo. op cit., p. 733.

Faoro ou ignorar a "cordialidade",[9] descrita por Sérgio Buarque de Holanda, é fazer vista a um problema nacional. A cordialidade é descrita como sendo a excessiva aproximação de uma pessoa com relação a outra, como forma de burlar os pressupostos distintos que vigoram nas esferas pública e privada, muito presente na formação do estado brasileiro. Ignorar estas características não conduz à construção de uma solução para os problemas. Assim, no caso da saúde o alerta que se instaura é no sentido de que o deslocamento do foro para a estatuição das políticas públicas deve ser o legislativo e a sua implementação pelo executivo. Na omissão ou implementação de novas políticas, o Judiciário pode cumprir um papel importante com o processamento de ações coletivas. As ações individuais devem servir como um instrumento de pressão, sob pena de se constituírem, casuística dotada exclusivamente de pessoalidade, comprometendo a impessoalidade que deve nortear a administração. Nas palavras de Streck,[10] conduz ao solepsismo, uma escolha calcada em aspectos subjetivos, enquanto o desejável seria a decisão adequada, na perspectiva constitucional.

3. O gigantismo da estrutura burocrática do SUS e sua debilidade: a banalização da saúde – um olhar sobre o Estado do Rio Grande do Sul

As políticas públicas relativas à saúde com repercussão no tratamento médico a pacientes, procedimentos clínicos e medicamentos que não são fornecidos conduzem à reflexão a respeito da blindagem que vamos fazendo, a ponto de tratarmos a dor de um ser humano como um número a mais de paciente que não foi atendido, parafraseando Hannah Arendt a "banalidade do mal",[11] ao qual poderíamos dizer a banalidade com relação ao sofrimento alheio. Todos os pedidos chegam ao Poder Judiciário sob um argumento genérico: o direito à vida. É inegável que o direito à vida e o princípio da dignidade da pessoa humana são alicerces básicos em nosso ordenamento jurídico,

---

[9] No cap. 5, Buarque de Holanda, discorre a respeito do Homem Cordial, dizendo que a cordialidade não é exercida levando em conta o sentido semântico da expressão oriunda do latim "cordiale" que vem do coração, mas no sentido de aproximação para burlar a separação que existe entre espaço público e privado e assim conseguir benefícios próprios. A falta de distinção entre as duas formas é característica vinda do romantismo, que vigorou no século XIX.

[10] STRECK, Lenio. *Decisionismo e discricionariedade judicial em tempos pós-positivistas: o solipsismo hermenêutico e os obstáculos à concretização da Constituição no Brasil*. Separata: o Direito e o Futuro do Direito. Coimbra: Almedina, 2008, p. 99.

[11] ARENDT, Hannah. *Eichmann em Jerusalém: um relato sobre a banalidade do mal*. São Paulo: Cia das Letras, 1999, p. 274.

mas não podem ser utilizados de uma maneira genérica, sob pena de perderem a credibilidade.

É uma estrutura burocrática enorme, que torna a busca do medicamento ou do tratamento de saúde uma verdadeira *via crucis*, fazendo com que a pessoa que dele necessita se veja em um emaranhado de repartição de competências entre os entes da federação com relação às responsabilidades que cada um tem. As alternativas administrativas não existem em todos os estados, e o recurso ao Poder Judiciário também é um longo caminho. Então, quando o cidadão já está fragilizado com a enfermidade, enfrentar todos estes percalços, fazer movimentar toda esta estrutura burocrática é algo penoso.

O direito à saúde estabelecido no art. 196 da CF, e os §§ 2º e 3º, que foram alterados pela EC nº 29/2000, contém seis diretrizes: a) direito de todos, b) dever do Estado, c) garantido por políticas sociais e econômicas, d) que visem à redução do risco de doenças e de outros agravos, e) regido pelo princípio do acesso universal e igualitário, f) às ações e serviços para sua promoção, proteção e recuperação.

Vale dizer que houve redução dos investimentos em saúde e saneamento na década de 90 no Estado do Rio Grande do Sul e em todo o país, de modo que os custos tarifários elevados contribuíram para o agravamento de uma situação de precariedade no acesso aos serviços, com o consequente comprometimento da qualidade do ambiente urbano e da saúde da população. Isso porque, a década de 90 concretizou a possibilidade da privatização dos serviços de saneamento básico aos moldes das grandes empresas. Esse modelo de gestão induziu o governo federal a impedir a contratação de novos financiamentos por parte de empresas públicas e a disponibilizar grandes somas às empresas privadas no setor.[12] Em 1992, a rede geral de esgoto no RS era de 12,25% de economias atendidas, passando para apenas 14,77% após 14 anos, crescimento de 0,17% ao ano no período.[13] Em 1995, a população atendida com esgoto no RS era de 9%, sendo que a média nacional era de 25%.[14] Veja-se o quadro na página seguinte:[15]

---

[12] ARRUDA, Débora Trois et al. *A efetividade do controle social na área do saneamento no RS*. Disponível em: <http://ambito-juridico.com.br/site/index.php?artigo_id=5930&n_link=revista_artigos_leitura>. Acesso em: 15 ago. 2014.

[13] TRATA BRASIL. *Impactos Sociais de Investimentos em Saneamento Básico*. Disponível em: <www.tratabrasil.org.br/files/itb_neri_fgv.pdf>. Acesso em: 16 ago. 2014.

[14] PARLATORE, Antônio Carlos. *Privatização do setor de saneamento no Brasil*. Disponível em: <http://www.bndes.gov.br/SiteBNDES/export/sites/default/bndes_pt/Galerias/Arquivos/conhecimento/ocde/ocde08.pdf>. Acesso em: 16 ago. 2014.

[15] BRASIL. Ministério da Saúde. Data SUS. *Cadernos de Informações de saúde no Rio Grande do Sul*. Disponível em: <http://tabnet.datasus.gov.br/tabdata/cadernos/rs.htm > Acesso em 16 ago. 2014.

Unidade da Federação: Rio Grande do Sul - RS

Proporção de Moradores por Tipo de Abastecimento de Água		
Abastecimento Água	1991	2000
Rede geral	71,2	78,9
Poço ou nascente (na propriedade)	24,9	17,4
Outra forma	3,9	3,7
Fonte: IBGE/Censos Demográficos		

Proporção de Moradores por tipo de Instalação Sanitária		
Instalação Sanitária	1991	2000
Rede geral de esgoto ou pluvial	9,7	26,3
Fossa séptica	48,5	40,7
Fossa rudimendar	29,5	24,6
Vala	4,0	4,0
Rio, lago ou mar	-	0,9
Outro escoadouro	1,6	1,0
Não sabe o tipo de escoadouro	0,2	-
Não tem instalação sanitária	6,5	2,5
Fonte: IBGE/Censos Demográficos		

Proporção de Moradores por Tipo de Destino de Lixo		
Coleta de lixo	1991	2000
Coletado	68,2	83,2
Queimado (na propriedade)	14,1	11,2
Enterrado (na propriedade)	5,5	2,9
Jogado	5,4	1,8
Outro destino	6,8	0,8
Fonte: IBGE/Censos Demográficos		

Fonte: BRASIL. Ministério da Saúde. Data SUS.

No ano de 2000, o Brasil gastou 0,09% do PIB com saneamento básico, sendo 0,01% via despesa direta, 0,01% transferência a estados e DF, 0,04% transferências a municípios e 0,03% do FGTS. O país gastou no período cerca de 1,76% do seu PIB (3,1% das despesas totais) com saúde. No ranking de gastos em saúde como proporção do PIB, Tocantins, Acre e Roraima são, nessa ordem, os Estados com maiores gastos: respectivamente, 10,18%, 9,83% e 9,65%. No extremo oposto estão o Distrito Federal (2,13%), Rio Grande do Sul (2,32% – 26º lugar – penúltimo) e Paraná (2,71%). O gasto total per capita em saúde no RS: R$ 308,73 (13º lugar) (Dados de 2000).[16]

Outro dado que se verifica quanto ao baixo investimento no setor é o da mortalidade infantil, neonatal e pós-neonatal, no Estado do Rio Grande do Sul, conforme se pode visualizar na informação na página seguinte:[17]

---

[16] TRATA BRASIL: *Saneamento e Saúde* / Coordenação Marcelo Côrtes Neri. Rio de Janeiro: FGV/IBRE, CPS, 2007. Disponível em: <http://www.cps.fgv.br/ibrecps/CPS_infra/texto.pdf>. Acesso em: 16 ago. 2014.

[17] RIO GRANDE DO SUL. Secretaria de Planejamento, Gestão e Participação Cidadã. *Atlas Socioeconômico do Rio Grande do Sul*. Disponível em: <http://www.scp.rs.gov.br/atlas/conteudo.asp?cod_menu_filho=814&cod_menu=811&tipo_menu=INDICADORES&cod_conteudo=1426>. Acesso em 16 ago. 2014.

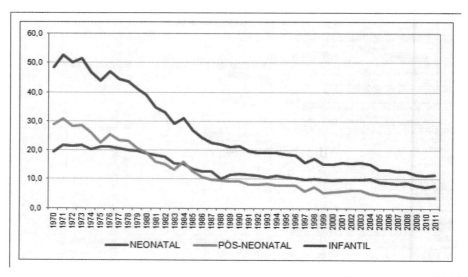

Fonte: RIO GRANDE DO SUL. Secretaria de Planejamento, Gestão e Participação Cidadã. Atlas Socioeconômico.

4. A tensão entre os Poderes e o redirecionamento do direito à saúde

Por vezes, a demanda pode ser motivada pelo descumprimento de uma política pública ou a omissão na sua realização, e isto envolve posições distintas na prestação jurisdicional. A problemática do direito à saúde que põe de frente a tensão entre os Poderes Legislativo, Executivo e Judiciário.

Estas questões imbricam o direito social à saúde com o custo econômico para sua realização. Impõem uma leitura da CF, na sua maioridade de uma forma mais adulta por parte de seus intérpretes. Logo após a publicação da CF/88, os artigos 5º e 6º eram interpretados de uma mesma maneira, sem atentar para o contexto distinto dos direitos sociais que impõem uma leitura correlata com o orçamento e o percentual de investimento de cada um dos entes da federação.

Os direitos sociais estão a reclamar um redirecionamento. Pode-se perguntar: existe um direito público subjetivo[18] para cada cidadão ou suprimem-se as demandas individuais, já que estamos na seara dos direitos sociais a serem implementados única e exclusivamente

---

[18] SARLET, Ingo W. *O acesso às prestações de saúde no Brasil – os desafios do poder judiciário*. Disponível em: <http://www.stf.jus.br/portal/cms/verTexto.asp?servico=processoAudienciaPublicaSaude>. Acesso em: 08 jul. 2009.

por meio de políticas públicas. Estas são posições extremas e busca-se a construção de uma solução mais equilibrada contemplando as diversidades e o pluralismo existente em nossa sociedade. O que já foi apregoado por Aristóteles *in medio virtus*. Na maioria das vezes, existe a política pública, mas não está sendo cumprida a contento. A omissão dos serviços não pode ser resolvida por uma atitude isolada, mas demanda atuação conjunta de diversos órgãos das instituições públicas.

O conceito de direito público subjetivo foi cunhado por Jellinek[19] no princípio do século XX, quando a doutrina liberal e o individualismo eram dominantes, por isso, quando se trata de direitos sociais, merece um repensar, pois sua teoria para estes não estava voltada. Apesar de prever o *status* positivo, *status civitatis*, no qual o indivíduo tem o direito de exigir prestações concretas do Estado, seus escritos são antes do constitucionalismo social que começa em 1917 com a Constituição Mexicana, no que é seguido, dois anos mais tarde, em 1919, pela Constituição de Weimer.

O desafio é a conciliação entre a dimensão subjetiva, individual e coletiva do direito à saúde e a dimensão objetiva da saúde como dever da sociedade e do Estado, e de como a judicialização deve ser sensível a ambas as dimensões.[20] Conciliar a dimensão individual e coletiva do direito à saúde, não tomando partido exclusivamente por nenhuma delas, mas fazendo coexistir ambas, é um desafio.

O direito à saúde é um direito de cada pessoa, visto que diretamente relacionado à proteção da vida, da integridade física e corporal e da dignidade humana.[21] O direito à saúde, enquanto direito público subjetivo, deve ser assegurado mediante políticas sociais e econômicas. Não é um direito absoluto a todo e qualquer procedimento necessário à proteção, promoção e recuperação da saúde, independentemente da existência de uma política pública que o concretize. Há um direito público subjetivo a políticas públicas que promovam, protejam e recuperem a saúde.

---

[19] JELLINEK, Georg. *System der Subjektiven öffentlichen recht*, zweit durchgesehene und vermehrte auflage, anastatischer neudruck der ausgabe von 1905, Tübigen, 1919, p. 86 e segs.
Assim, denominam-se: a) *status* negativo, *status libertatis*, em que o indivíduo é titular de uma esfera de liberdade individual, à margem de intervenção do Estado; b) *status* positivo, *status civitatis*, no qual o indivíduo tem direito a exigir prestações concretas do Estado; c) *status* ativo, *status activo civitatis*, onde o indivíduo é detentor do poder político e, como tal, tem direito a participar no exercício do poder.
[20] SARLET, Ingo W. op cit.
[21] SARLET, Ingo W. FIGUEIREDO, Mariana Filchtiner. Algumas considerações sobre o direito fundamental à proteção e promoção da saúde aos 20 anos da Constituição Federal de 1988. *Revista de Direito do Consumidor*, Ano 17, n. 67, jul.-set. São Paulo: Revista dos Tribunais, 2008, p. 152.

Deve-se cuidar para não cair no descrédito jurídico, Krell[22] adverte para o risco de os direitos sociais se converterem em promessas vazias do Estado. O texto constitucional deve ter respaldo na realidade fático-social para que seja efetivo, sob pena de gerar a "frustração constitucional" (*verfassungsenttäuschung*), o que acaba desacreditando a própria instituição da constituição como um todo.[23]

5. A responsabilidade dos três entes da federação

O SUS é um sistema composto de diversas partes que se relacionam entre si, com regras que visam lhe conferir coerência. Não agir de acordo com estas regras inviabiliza todo o sistema. Estes dispositivos têm de ser interpretados de forma coerente com os objetivos fundamentais constantes no art. 3º da CF, quais sejam: a construção de uma sociedade livre, justa e solidária, erradicar a pobreza e a marginalização e reduzir as desigualdades sociais e regionais. A responsabilização dos três entes da federação com os investimentos que lhe são correspondentes, bem como o fornecimento dos medicamentos dentro de suas atribuições (aos municípios a farmácia básica, aos Estados os medicamentos excepcionais e à União os medicamentos estratégicos). Assim, é importante a busca de soluções para que o sistema se aperfeiçoe e não se estratifiquem problemas já existentes.

A CF/88 mudou a estrutura até então existente, de forma que o Estado deixou de atender somente os contribuintes do antigo sistema previdenciário (INAMPS Instituto Nacional de Assistência Médica e Previdência Social) ou seja, o trabalhador formal, e a compreensão de saúde pública (promoção de saúde e prevenção de doenças, como ações de vacinação, campanhas de eliminação de causadores de doenças, etc.). Com a edição do art. 196 da CF, foi atribuído à saúde as características de universalidade, integralidade e isonomia, estabelecendo-se a saúde como direito de todos e dever do Estado.

Como enfrentar a questão dos medicamentos não previstos na lista do SUS? Deve ser entendida no contexto de integralidade, que é explicitado pelo art.7º da Lei nº 8.080/90, que conceitua assistência como conjunto articulado e contínuo das ações e serviços preventivos e curativos, individuais e coletivos, exigidos para cada caso, em todos os níveis de complexidade do sistema. Integralidade diz respeito a todo o tipo de ação: a preventiva, que a CF diz que tem de ser aquela

---

[22] KRELL, Andreas J. *Direitos Sociais e Controle Judicial no Brasil e na Alemanha: os (des)caminhos de um direito constitucional "comparado"*. Porto Alegre: Fabris, 2002, p. 46.

[23] SARAIVA, Paulo Lopo. *Garantia Constitucional dos Direitos Sociais no Brasil*. Rio de Janeiro: Forense, 1983, p. 63 e segs.

a que se dedique prioridade; a ação corretiva; a vigilância sanitária e epidemiológica. Integralidade não significa totalidade. "A questão da escassez se põe de maneira especial no acesso à saúde. Algumas pessoas podem pensar que quando a saúde e a vida estão em jogo, qualquer referência a custo é repugnante, ou até imoral. Mas o aumento do custo com tratamento tornou essa posição insustentável".[24] Nenhum país do mundo por mais rico que o seja tem condições de suportar qualquer tratamento médico ou fornecimento de indistinto medicamento, considerando o avanço da medicina nos dias atuais e a longevidade das pessoas. Por isto, a necessidade de um olhar preventivo em detrimento do curativo, apenas, impõe-se.

Conclusões

Retomando a questão proposta, no início do artigo: as estruturas burocráticas o ajudaram a implementar o direito à saúde no RS de 1990 a 2000?

Esta foi uma década importante, pois marcou o início da efetividade do direito à saúde no Brasil, devido à promulgação da Constituição de 1988. Neste período, foi promulgada a lei que estrutura o SUS – Lei nº 8.080/90 – e vigorou a EC 29/2000, que estabelece a repartição de competências e recursos entre os entes da federação. Este período foi crucial para começar a tornar mais efetivas políticas públicas na área da saúde, bem como para tomada de consciência de que o direito à saúde tem um custo e não pode ser fornecido de maneira ilimitada. Frente a algumas omissões dos Poderes Legislativo e Executivo, o Poder Judiciário foi chamado a intervir. Os dados revelam pouca atenção aos gastos com saúde preventiva, dentre os quais se situa o saneamento básico. O país de uma maneira geral descuida deste aspecto, e o estado do RS não possui melhores indicadores em saneamento básico.

Desta forma, as estruturas burocráticas na área da saúde apresentam deficiências, mas devem ser melhoradas, não se pode banalizar o sofrimento humano decorrente da doença, deve-se aprimorar o caminho na caminhada, unindo-se livremente o pensamento de Hannah Arendt e Antonio Machado.

---

[24] AARON, Henry J. & SCHWARTZ, William B. *The Painful Prescription: rationing hospital care*. Washington: The Brookings Institution, 1981, p. 81 *apud* AMARAL, Gustavo. *Direito, escassez e escolha: em busca de critérios jurídicos para lidar com a escassez de recursos e as decisões trágicas*. Rio de Janeiro: Renovar, 2001, p. 136.

Referências

AARON, Henry J. & SCHWARTZ, William B. *The Painful Prescription: rationing hospital care*. Washington: The Brookings Institution, 1981.

AMARAL, Gustavo. *Direito, escassez e escolha: em busca de critérios jurídicos para lidar com a escassez de recursos e as decisões trágicas*. Rio de Janeiro: Renovar, 2001.

ARENDT, Hannah. *Eichmann em Jerusalém: um relato sobre a banalidade do mal*. São Paulo: Cia das Letras, 1999.

ARRUDA, Débora Trois, *et al*. A efetividade do controle social na área do saneamento no RS. Disponível em: <http://ambito-juridico.com.br/site/index.php?artigo_id=5930&n_link=revista_artigos_leitura>. Acesso em: 15 ago. 2014.

BRASIL. Ministério da Saúde. Data SUS. *Cadernos de Informações de saúde no Rio Grande do Sul*. Disponível em: <http://tabnet.datasus.gov.br/tabdata/cadernos/rs.htm> Acesso em 16 ago. 2014.

FAORO, Raymundo. *Os donos do poder: formação do patronato político brasileiro*. Vol. 1, 15ªed., São Paulo: Globo, 2000.

JELLINEK, Georg. *System der Subjektiven öffentlichen recht*, zweit durchgesehene und vermehrte auflage, anastatischer neudruck der ausgabe von 1905, Tübigen, 1919.

KRELL, Andreas J. *Direitos Sociais e Controle Judicial no Brasil e na Alemanha: os (des)caminhos de um direito constitucional "comparado"*. Porto Alegre: Fabris, 2002.

RIO GRANDE DO SUL. Secretaria de Planejamento, Gestão e Participação Cidadã. *Atlas Socioeconômico do Rio Grande do Sul*. Disponível em: <http://www.scp.rs.gov.br/atlas/conteudo.asp?cod_menu_filho=814&cod_menu=811&tipo_menu=INDICADORES&cod_conteudo=1426>. Acesso em 16 ago. 2014.

PARLATORE, Antônio Carlos. *Privatização do setor de saneamento no Brasil*. Disponível em: <http://www.bndes.gov.br/SiteBNDES/export/sites/default/bndes_pt/Galerias/Arquivos/conhecimento/ocde/ocde08.pdf>. Acesso em: 16 ago. 2014.

SARAIVA, Paulo Lopo. *Garantia Constitucional dos Direitos Sociais no Brasil*. Rio de Janeiro: Forense, 1983.

SARLET, Ingo W. *O acesso às prestações de saúde no Brasil – os desafios do poder judiciário*. Disponível em: <http://www.stf.jus.br/portal/cms/verTexto.asp?servico=processoAudienciaPublicaSaude>. Acesso em: 08 jul. 2009.

SARLET, Ingo W. FIGUEIREDO, Mariana Filchtiner. Algumas considerações sobre o direito fundamental à proteção e promoção da saúde aos 20 anos da Constituição Federal de 1988. *Revista de Direito do Consumidor*, Ano 17, n. 67, jul.-set. São Paulo: Revista dos Tribunais, 2008.

STRECK, Lenio. *Decisionismo e discricionariedade judicial em tempos pós-positivistas: o solipsismo hermenêutico e os obstáculos à concretização da Constituição no Brasil*. Separata: o Direito e o Futuro do Direito. Coimbra: Almedina, 2008.

TRATA BRASIL. Impactos Sociais de Investimentos em Saneamento Básico. Disponível em: <www.tratabrasil.org.br/files/itb_neri_fgv.pdf>. Acesso em: 16 ago. 2014.

——. *Saneamento e Saúde* / Coordenação Marcelo Côrtes Neri. Rio de Janeiro: FGV/IBRE, CPS, 2007. Disponível em: <http://www.cps.fgv.br/ibrecps/CPS_infra/texto.pdf>. Acesso em: 16 ago. 2014.

WEBER, Max. *Economia y Sociedad*. 1ª reimpresión argentina. México: Fondo de Cultura Econômica, 1992.

Impressão:
Evangraf
Rua Waldomiro Schapke, 77 - POA/RS
Fone: (51) 3336.2466 - (51) 3336.0422
E-mail: evangraf.adm@terra.com.br